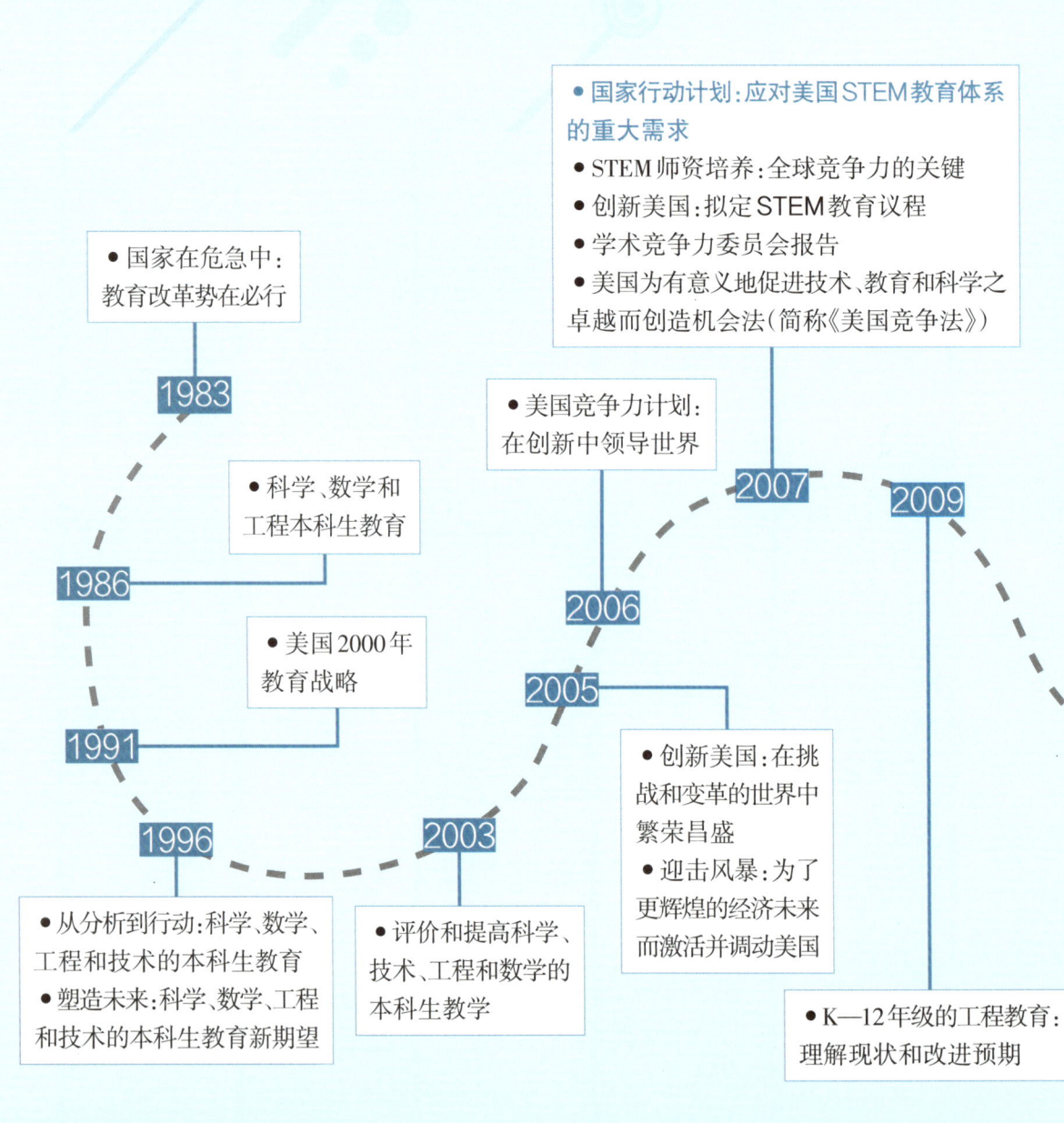

注：蓝色字为选入本书的篇目

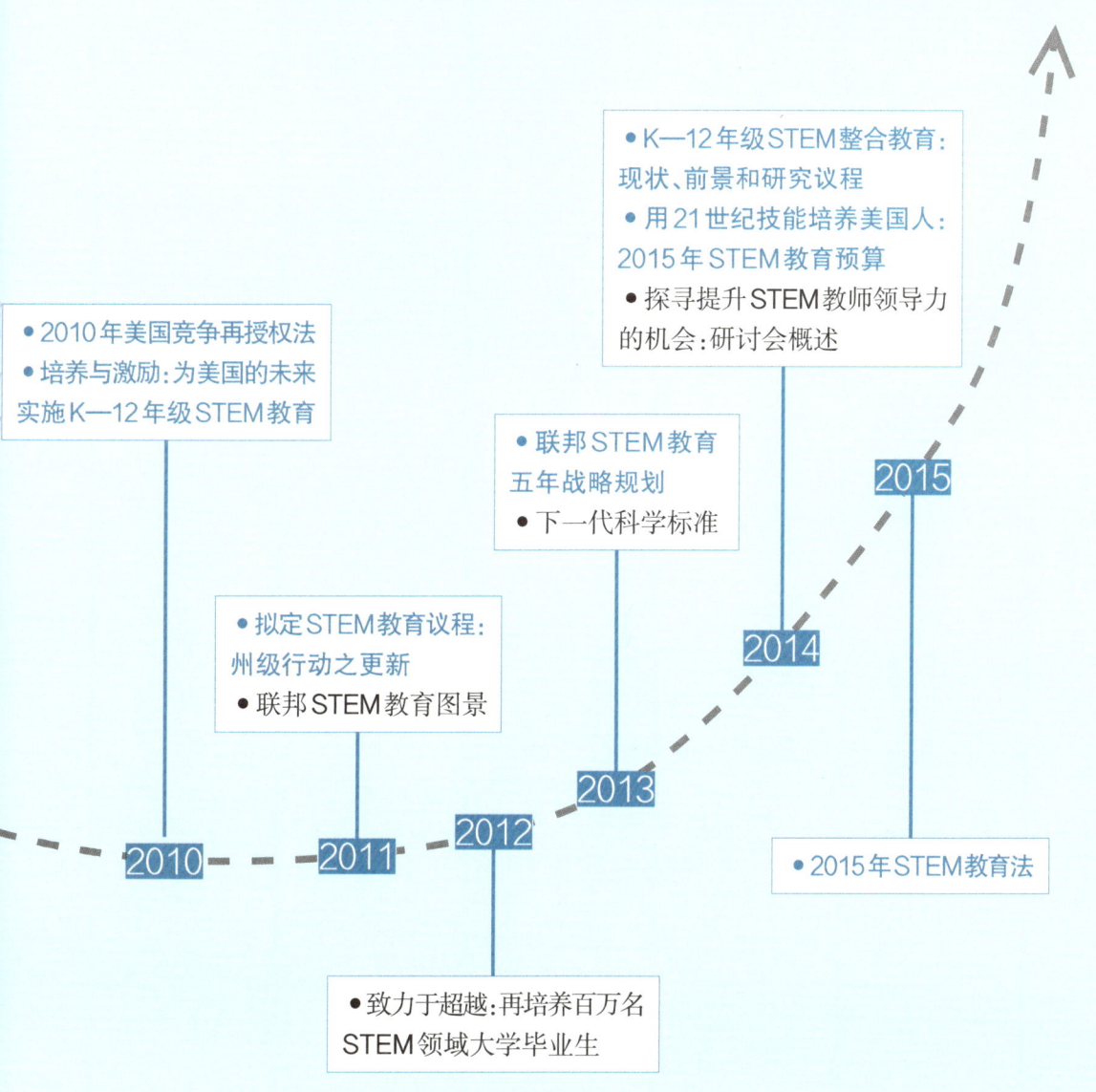

上海高校服务国家重大战略出版工程资助项目

中小学 STEM 教育丛书
主编　赵中建

The Process of
美国
STEM
教育政策进展
STEM Education Policies in America

赵中建　选编

上海科技教育出版社

图书在版编目(CIP)数据

美国STEM教育政策进展/赵中建选编. —上海：上海科技教育出版社,2015.11(2017.9重印)
(中小学STEM教育丛书)
ISBN 978-7-5428-6212-9

Ⅰ.①美… Ⅱ.①赵… Ⅲ.①中小学教育—教育政策—研究—美国 Ⅳ.①G639.712.0

中国版本图书馆CIP数据核字(2015)第071231号

责任编辑　蔡　洁　苏艳平　张嘉穗
封面设计　符　劼

"中小学STEM教育"丛书
美国STEM教育政策进展
赵中建　选编

出　　版	上海世纪出版股份有限公司 上海科技教育出版社 (上海市冠生园路393号　邮政编码200235)
发　　行	上海世纪出版股份有限公司发行中心
网　　址	www.sste.com　　www.ewen.co
经　　销	各地新华书店
印　　刷	启东市人民印刷有限公司
开　　本	787×1092　1/16
印　　张	14.5
插　　页	2
版　　次	2015年11月第1版
印　　次	2017年9月第3次印刷
书　　号	ISBN 978-7-5428-6212-9/G·3505
定　　价	55.00元

正确理解STEM教育
——"中小学STEM教育"丛书总序

最近,英国国际权威科学期刊《自然》(Nature)与美国权威科普期刊《科学美国人》(Scientific American)合作,在2015年7月15日出版的《自然》期刊上集中推出几篇从幼儿园到大学的"科学、技术、工程和数学"(STEM)方面的文章,并配以非常醒目的封面图片、名为《培育21世纪的科学家》的封面文章和名为《一种教育》的期刊社论,系统审视了全球STEM教育的挑战和希望。美国连接在校教育和职业生涯的期刊《技术》(Techniques)在2015年3月出版了STEM专题(STEM Issue),指出:当STEM教育的重要性和价值已经成为教育改革和经济发展的主要部分时,STEM教育就成为"今天的创新,明天的成功"。同样,由美国督导和课程开发协会主办的著名教育期刊《教育领导》(Educational Leadership)在2015年1月出版了题为《全民STEM》(STEM for All)的专题文章。这一切确切地传递着这样一个信息:现在是关注和重视STEM教育的时候了!

早在近30年前的1986年,美国国家科学基金会(NSF)就发布了名为《科学、数学和工程本科生教育》的报告,强调要"加强大学教育并追求卓越,以使美国下一代成为世界科学和技术领导者",并就此向各州、学术机构、私营部门和作为联邦机构的国家科学基金会提出诸多建设性建议。这或许是最早提出STEM教育的一份重要文献(最初的英文缩写为SME&T)。国家科学基金会在1996年对美国大学科学、数学、工程和技术教育的十年进展进行回顾和总结,发表了名为《塑造未来:科学、数学、工程和技术的本科生教育新期望》的报告,针对新的形势和问题,对学校、地方政府、工商界等提出明确的政策建议,包括要大力"培养K—12教育系统中科学、数学、工程和技术学科的师资队伍"。2007年10月3日,国家科学基金会又发布了名为《国家行动计划:应对美国科学、技术、工程和数学教育体系的重大需求》的报告(以下简称《国家行动计划》),针对面临的两项主要挑战,提出两个方面的措施:一是要求增强国家层面对

K—12年级和本科阶段的STEM教育的主导作用,在横向和纵向上进行协调;二是要提高教师的水平和增加相应的研究投入。而10月3日这一天正是苏联第一颗人造卫星上天50周年纪念日。此时发表《国家行动计划》的目的,就是要向美国朝野警示:50年前的威胁今天正以另外一种形式出现,美国必须时刻不忘加强对学生的STEM教育。

这里还须提及的一份重要文献,是美国总统科技顾问委员会于2010年向美国总统提交的名为《培养与激励:为美国的未来实施K—12年级科学、技术、工程和数学教育》的报告。该报告的如下表述充分显示了STEM教育对于美国的战略意义和积极价值,这在一定程度上也显示出STEM教育的普遍价值:"STEM教育将决定美国未来能否成为世界领袖,能否解决如能源、卫生、环境保护和国家安全等诸多领域的巨大挑战。STEM教育将有助于培养国际市场竞争所需要的能干且灵活的劳动力。STEM教育将确保美国社会继续做出基础性发现并提升我们对我们自身、我们的星球和宇宙的理解。STEM教育将造就科学家、技术专家、工程师和数学家,他们将提出新的思想,制造新的产品并创造出21世纪的全新产业。STEM教育将为每一个个体提供为获取足够生活的薪水,以及为他们自身、他们的家庭和社区作出决定所必需的技术技能和计算素养。"

STEM是科学、技术、工程和数学(Science, Technology, Engineering and Mathematics)的英文单词首字母的缩写。我们可以这样来认识STEM:首先,STEM是分科的,它代表着科学、技术、工程和数学四门独立的学科领域;其次,STEM又是整合的,这或许是今天强调和重视STEM时最为看重的;再次,STEM还是延伸和扩展的。

就分科而言,这里以美国中小学各科标准为例予以说明。最早是美国全国数学教师理事会(NCTM)在1989年公布其《美国学校数学课程与评价标准》,而后又在2000年公布了新版标准《学校数学的原则和标准》。隶属于美国国家科学院的国家研究委员会会(NRC)在1996年发布了美国第一份《全国科学教育标准》,且在2013年再次公布了标志着美国新一轮科学教育改革的新标准,即《下一代科学标准》(NGSS)。此次新科学标准第一次将工程和技术教育单独列出并加入到科学教育的标准中,且非常注重跨学科学习和实践参与,"旨在帮助实现科学和工程领域的教育愿景"。2000年4月,美国国际技术教育协会及其下属的"面向全体美国人的技术项目"隆重推出《技术素养标准:技术学习之内容》的全国性中小学技术教育标准。此外,美国国家科学院于2009年发布了由国家工程院和国家研究委员会组成之"K—12年级工程教育委员会"提出的研究报告《K—12教育中的工程:理解现状和改进未来》,并提出中小学实施工程教育的三项原则和七条政策建议,其中的建议七提出:"国家科学基金会和美国教育部应该支持研究'STEM素养'的特征和界说。研究者应该不仅要思考科学、技术、工程和数学的核心知识,还要思考连接这四个学科领域的大概念(big ideas)。"这是我们理解科学、技术、工程和数学作为各自相对独立的学科的基础。

作为集成战略的STEM教育并不局限于四门各自独立的学科,而是更关注其"整合"的意义和价值。这正如美国瓦利市州立大学(Valley City State University)的STEM教育中心官网在解释"什么是STEM教育"时所说:STEM"超越其首字母缩写所意味的,它远不止于科学、技术、工程和数学","STEM 教育是关于学生参与的学习,是基于项目的学习,它运用科学探究过程和工程设计过程,是跨学科的,是关于积极学习的,是关于合作与团队工作的,是关于解决实际问题的,它连接抽象知识与学生的生活,整合过程和内容……"。美国"项目引路"(Project Lead The Way, PLTW)机构的观点更明确了STEM教育的整合特点及其现实意义:

STEM教育课程计划旨在使学生参与以活动、项目和问题解决为基础的学习,它提供了一种动手做的课堂体验。学生在应用所学到的数学和科学知识来应对世界重大挑战时,他们创造、设计、建构、发现、合作并解决问题。

美国国家科学院出版社于2014年出版的《K—12年级STEM整合教育:现状、前景和研究议程》,对理解STEM教育的整合有了更为全面的认识,认为"STEM整合教育远不是单独的、定义明确的经验,它包括一系列不同的体验,涉及一定程度的联系。这些体验可能发生在一个或几个课时内,贯穿整个课程,体现在单一学科或整个学校中,包含于校外活动中";认为通过对STEM整合方案的研究获得如下三点重要启示:整合必须明确,支持学生学习单个学科的知识,整合并不一定越多越好。

同样,从目前发展的情况看,STEM教育本身也在不断扩展和延伸。首先,STEM教育发端于美国,但现在已经不断地出现在其他国家的教育改革中。如英国教育与技能部早在2006年就发布过《科学、技术、工程和数学计划报告》(*The Science, Technology, Engineering and Mathematics Programme Report*),英国"代表教育之科学团体"(SCORE)机构在2010年发布了一份三次专业发展活动的总结报告《STEM提供者的变革性课程》(*The Changing Curriculum for STEM Providers*);2013年全球STEMx教育大会的专题中涉及的国家有芬兰、澳大利亚、新西兰、赞比亚等;此外,还有"美洲国家组织对拉丁美洲与加勒比地区STEMx教育的支持"的专题。

其次,STEM教育本身也在扩大。如全球STEMx教育大会名称中STEM后的x就是最明显的扩大,这里的"x"代表着计算机科学、计算思维、调查研究、创造与革新、全球沟通、协助及其他不断涌现的21世纪所需的知识与技能,"其他不断涌现的"表示出一种极大的"包容性"。此次大会专题中还多次出现STEAM,如"以STEAM为支撑的高尔夫课程""从STEM向STEAM进发""STEAM设计";又如2013年8月,中国第一届中小学STEAM教育创新论坛在浙江温州中学举办;以STEAM模型为中心的技术教育课程设计正成为当前韩国技术教育发展的最新动向。STEAM中的"A"即艺术(Arts)。

再次,STEM教育的实施正在越来越多地与教育信息与通信技术(ICT)结合,而后者的引入为STEM教育的实施提供了更为丰富的方式和途径。美国科学与技术研究联盟(ASTRA)于2013年7—11月连续发布了《2013教育技术》报告,对教育技术革命及其对教育领域的影响进行了全面的阐述,认为"教育技术革命正在为学生创造出更为有效的学习方式,让他们理解学习如何与'真实世界'相联系,并向他们提供有助于其更为彻底、深入地进行学习所必需的工具"。"教育技术正在变革着K—12教育的面貌。随着教育技术延伸至课堂,学生不再是信息的被动接受者。当学生已经拥有智能手机或iPad时,很少有人能够静静地坐在课桌后面"。当STEM教育与迅速发展中的教育信息与通信技术相联系时,它所带来的教育效果或许难以预料,但其前景却令人十分期待。

最后,STEM教育从最初关注或集中于高等教育,到逐步下移至中小学教育乃至幼儿园活动,从国家竞争力人才的培养扩展至学习方式的变革。

尽管从比较研究的角度看,STEM教育在世界其他国家的出现和实施已经为时不短,且越来越显现其引人注目的积极方面,但它在我国教育研究界和中小学一线的出现只是最近几年的事情。2012年第4期《上海教育·环球教育时讯》曾开辟STEM教育专栏,刊登有《STEM:美国教育战略的重中之重》等若干篇文章,这是我国教育类杂志第一次较为集中地介绍STEM教育,而由中国科协青少年科技中心翻译、科学普及出版社于2013年出版的《STEM项目学生研究手册》,或许是我国第一本有关STEM教育的译著。

我国中小学新课程改革至今已有10多年的发展历史,且已取得相当的成就并获得诸多有益的经验,但在如何延续或深化这一课程改革,尤其在学校教育如何注重培养学生的批判性思维和问题解决能力(或者说21世纪基本素养或技能)等方面,国际的经验或许可以为我们提供某些方面的借鉴。为了使我们能够充分了解世界其他国家尤其是美国在中小学课程改革和发展中实施STEM教育的现状,从中获得某些有益的经验,我们策划出版"中小学STEM教育"丛书(本丛书系由我本人主持承担的上海市教育科学规划课题"美国中小学STEM教育研究"成果之一),其中既有翻译著作(出版机构均为上海科技教育出版社),包括《在课堂中整合工程与科学》[2015年出版,原版由美国国家科学教师协会出版社(NSTA Press)于2012年出版]、《设计·制作·游戏——培养下一代STEM创新者》[2015年出版,原版由英国劳特里奇出版社(Routledge Press)于2013年出版]和《基于项目的STEM学习——一种整合科学、技术、工程和数学的学习方式》[2016年出版,原版由荷兰赛思出版社(Sense Publishers)于2013年出版]3本译著;也包括由我本人选编或撰写的《美国STEM教育政策进展》和《美国中小学STEM教育研究》2本著作;同时计划出版出自我国一线学校的相关著作。

华东师范大学 课程与教学研究所
国际与比较教育研究所 赵中建
2015年8月25日

编者的话

至今依然清晰地记得自己就读研究生时邱渊教授对我的一席教诲:做学问出书要经历"三部曲":第一是"选编",第二是"编著",第三才是真正自己"著"。选编是详尽了解一门学科或一个研究领域之发展路径的最好途径。尽管我在做各项研究时未必都能走完这"三部曲",但第一步却是努力去完成的。这里呈现给各位的,就是我在学习和研究美国STEM教育发展方面的第一步。

我们将1983年美国颁布的《国家在危急中:教育改革势在必行》报告和至今颁布或出版的有关STEM教育的主要政策、立法和研究报告编制成一幅路径图(见附图),试图较为完整地呈现美国STEM教育的发展路径。而本书则以我个人的理解选取了与美国中小学STEM教育密切相关的8份政府文件,以期展现美国中小学STEM教育的政策进展。

《国家行动计划:应对美国STEM教育体系的重大需求》(*National Action Plan for Addressing the Critical Needs of the U.S. Sciences, Technology, Engineering, and Mathematics Education System*)系隶属于美国国家科学基金会的国家科学委员会(National Science Board)在2007年10月发布的一份报告(http://www.nsf.gov/nsb/documents/2007/stem_action.pdf)。它针对美国面临的两项主要挑战提出两个方面的措施:一是要求增强国家层面对K—12阶段和本科阶段的STEM教育的主导作用,在横向和纵向上进行协调;二是要提高教师的水平和增加相应的研究投入。2007年10月3日正是苏联发射第一颗人造卫星50周年纪念日,此时发表《国家行动计划》的目的,就是要向美国朝野警示:50年前的威胁今天正以另外一种形式出现,美国必须时刻不忘加强对学生的STEM教育。这是编者所见的最早涉及中小学STEM教育的美国政府文件。

《〈美国竞争法〉第五章:STEM支持计划》选编了《2010年美国竞争再授权法》(*America COMPETES Reauthorization Act of 2010*)中有关STEM教育的相关条文。2007年8月2日,美国众议院首先以367票对57票的绝对优势（参议院在若干小时后又一致同意），通过了《美国为有意地促进技术、教育和科学之卓越而创造机会法》(America Creating Opportunities to Meaningfully Promote Excellence in Technology, Education, and Science Act)，时任总统的布什则在8月9日签署该法，从而使其正式成为一项立法，以确保美国的人才培养，促进国家的创新和竞争力。有意思的是，该法名称的英语中除首尾两个单词外，其余单词首字母缩写即为COMPETES(compete意为竞争)，因而该法又被称为《美国竞争法》。该法有关教育的内容主要涉及教师教育、外语教育、本科生研究生奖学金计划以及STEM教育，我本人也曾为此发表过题为《用立法确保人才培养和教育创新——〈美国竞争法〉教育条款评析》的文章（《全球教育展望》2007年第9期）。本书选编了该法经修订而形成的《2010年美国竞争再授权法》之总目录及有关STEM支持计划的第五章，该法的完整内容可参见http://www.nsf.gov/statistics/about/BILLS-111hr5116enr.pdf。

美国总统科技顾问委员会(PCAST)是就科学、技术和创新领域向美国总统提出政策建议的顾问机构，由白宫科技政策办公室(OSTP)负责管理，其成员均为美国国内顶尖的科学家和工程师，由总统亲自任命。总统科技顾问委员会曾就基础教育和高等教育领域的STEM教育先后于2010年9月和2012年2月向总统提出政策建议报告，分别题为《培养与激励：为美国的未来实施K—12年级STEM教育》(Prepare and Inspire: K—12 Science, Technology, Engineering, and Math (STEM) Education for America's Future)和《致力于超越：再培养百万名STEM领域大学毕业生》(Engage to Excel: Producing One Million Additional College Graduates with Degrees in Science, Technology, Engineering, and Mathematics)。本书选编了《培养与激励》报告的导言部分，以期窥见报告的关键结论及7条建议。完整的报告可参见总统科技顾问委员会官网(http://www.whitehouse.gov/ostp/pcast)。

2007年，美国州长协会(National Governors Association, NGA)曾发表过《拟定STEM教育议程》(Building a Science, Technology, Engineering and Math Education Agenda)，就全美范围内开展和推广STEM教育积极表达了在州级层面采取行动的观点。本书选编了美国州长协会最佳实践中心2011年发表的更新版《拟定STEM教育议程：州级行动之更新》(Building a Science, Technology, Engineering and Math Education Agenda: An Update of State Actions)，着重表达了如下2个目标：一是提高所有学生的STEM精熟度，二是增加未来从事STEM职业和在STEM领域深造的学生数量。本报告选自州长协会官网(http://www.nga.org/files/live/sites/NGA/files/pdf/0702INNOVATIONSTEM.PDF)。

2013年5月31日，美国国家科学技术委员会(National Science and Technology Council)下属之STEM教育委员会(Committee on STEM Education, CoSTEM)公布了题为《联邦STEM

编者的话

教育五年战略规划》(Federal Science, Technology, Engineering, and Mathematics(STEM) Education 5-Year Strategic Plan)的报告,以作为对《2010年美国竞争再授权法》所提要求的回应,它同时也成为该委员会于2012年2月发布之《协调联邦STEM教育投资:进展报告》(Co-ordinating Federal STEM-Education Investments: Progress Report)的后续报告。《联邦STEM教育五年战略规划》提出了5个STEM教育战略重点和2个STEM教育协调目标。五个战略重点依次为:(1)改进STEM教学;(2)提高和维持青少年及公众对STEM的参与度;(3)丰富本科生的STEM经验;(4)改善对过去较少参与STEM领域的群体的服务;(5)设计研究生教育,储备未来的STEM人才。两个协调目标分别为:(1)构建新的模式——充分利用投资及专业技能;(2)制定及使用基于证据的方法。本报告来自https://www.whitehouse.gov/sites/default/files/microsites/ostp/stem_stratplan_2013.pdf。

2014年,由美国国家工程院(NAE)和国家研究委员会(NRC)下属的科学教育委员会(Board on Science Education)主办的STEM整合教育委员会(Committee on Integrated STEM Education)发布了题为《K—12年级STEM整合教育:现状、前景和研究议程》(STEM Integration in K—12 Education: Status, Prospects, and an Agenda for Research)的研究报告。该报告是由不同学科专家组成的STEM整合教育委员会研究经2年的最终成果。该委员会的主要任务就是开发研究议程,以便确定最可能为美国K—12年级STEM整合教育带来积极结果的途径和条件。为实现这一目标,STEM整合教育委员会致力于识别正规和非正规教育,或校外教育环境中STEM整合教育的现有途径,并归纳此类途径的特征。本书选编的该报告之概要和导言部分反映了此项研究的最基本内容,完整报告可参见美国国家工程院官网(www.nae.edu)。

为了更有效地落实STEM教育战略规划和积极地推进STEM教育的实施,白宫科技政策办公室(White House Office of Science and Technology Policy)于2014年3月制定了《用21世纪的技能培养美国人:2015年STEM教育预算》[Preparing Americans with 21st Century Skills: Science, Technology, Engineering, and Mathematics(STEM) Education in the 2015 Budget]。该报告可参见https://www.whitehouse.gov/sites/default/files/microsites/ostp/fy_2015_stem_ed.pdf。

2015年10月8日,美国总统奥巴马签署了经国会参众两院通过的《2015年STEM教育法》(STEM Education Act of 2015),从立法角度对STEM教育的实施给予保障。该法正式将计算机科学纳入STEM教育,规定非正式STEM教育由国家科学基金会管辖,并对罗伯特·诺伊斯奖学金计划进行部分修订。在一定程度上可以说,该法是对《美国竞争法》中有关STEM教育内容的补充和完善。此法之议案最初由共和党众议员拉马尔·史密斯(Lamar Smith)和民主党众议员伊丽莎白·埃斯蒂(Elizabeth Esty)等人于2015年2月20日提出。原文可参见https://www.congress.gov/bill/114th-congress/house-bill/1020/text

  本书的翻译工作主要由我和我的部分研究生(刘春香、杨九斌、张燕南、陈晨、龙玫、卓泽林、李谦、焦学萍)共同完成,并由我审校全部译稿。第7篇《用21世纪技能培养美国人:2015年STEM教育预算》由上海斯坦默国际科学教育中心王雪华女士翻译。在此对各位参与者的辛勤劳动表示感谢。本书系由我主持承担的上海市教育科学规划课题(B12012)"美国中小学STEM教育研究"成果之一。

  鉴于本书涉及内容较为广泛且受水平所限,本书译文中可能存在不当之处,恳盼指正(电子邮箱:zjzhao@gec.ecnu.edu.cn)。

华东师范大学 课程与教学研究所 赵中建
国际与比较教育研究所
2015年10月15日

目录

国家行动计划：应对美国STEM教育体系的重大需求（2007） ……1

  美国国家科学委员会针对美国教育面临的主要挑战，提出两方面的措施：一是要求在国家层面增强对K—12年级阶段和大学本科阶段STEM教育的主导作用，在横向和纵向两个方面进行协调；二是要提高教师的水平并增加相应的研究投入。报告敦促要重新确保美国的"STEM教育体系能够培育我们的孩子为维持美国在未来科学技术领域的卓越地位做好准备"。

《美国竞争法》第五章：STEM支持计划（2010） ……39

  2007年首次通过的《美国竞争法》在2010年经修订成为《美国竞争再授权法》。选取该法第五章之"STEM支持计划"，对主要负责教育拨款的国家科学基金会及其下属机构的职责，以及具体项目如研究生支持计划、教师奖学金项目、本科生项目、高中生研究经验项目等，从内容到经费资助予以规定，从立法和经费支持的角度为STEM教育的顺利实施提供保障。

培养与激励：为美国的未来实施K—12年级STEM教育（2010） ……67

  总统科技顾问委员会应总统"为确保美国在未来几十年保持STEM教育的领袖地位"之要求，而提出《培养与激励》之报告，并得出"要改进STEM教育，必须重视培养与激励"和"联邦政府在K—12年级STEM教育中向来缺乏连贯的策略和足够的领导能力"2项结论，以及包括"在未来10年招收和培养10万名优秀的STEM教师"及"未来10年创建1000所专注于STEM教育的新学校"等在内的7条建议。

拟定STEM教育议程：州级行动之更新（2011） ·············· 75

美国州长协会（NGA）在2007年发表的《拟定STEM教育议程》中，就在全美各州范围内开展和推广STEM教育，积极表达了在州级层面采取行动的观点，并在2011年更新版《拟定STEM教育议程：州级行动之更新》中着重表达要实现如下2个目标：一是提高所有学生的STEM精熟度，二是增加未来从事STEM职业和在STEM领域深造的学生数量。

联邦STEM教育五年战略规划（2013） ················ 115

美国国家科学技术委员会下属之STEM教育委员会（CoSTEM）于2013年5月公布了美国实施STEM教育的五年战略规划，提出了5个STEM教育战略重点和2项STEM教育协调目标。前者包括：(1)改进STEM教学；(2)提高和维持青少年及公众对STEM的参与度；(3)丰富本科生的STEM经验；(4)改善对过去较少参与STEM领域的群体的服务；(5)设计研究生教育，储备未来的STEM人才。后者包括：(1)构建新的模式，以充分利用投资及专业技能；(2)制定及使用基于证据的方法。

K—12年级STEM整合教育：现状、前景和研究议程（2014） ······· 181

由不同学科专家组成的STEM整合教育委员会（Committee on Integrated STEM Education）旨在确定最可能为美国K—12年级STEM整合教育带来积极结果的途径和条件，因此在为期2年的研究过程中致力于识别正规和非正规教育，或校外教育环境中STEM整合教育的现有途径，并归纳此类途径的特征，并就更为有效地实施STEM整合教育提出了涉及STEM整合教育的利益相关者、课程设计人员、测评评估开发人员以及研究者的10条建议。

用21世纪技能培养美国人：2015年STEM教育预算（2014） ··· 205

  推进STEM教育是需要经费支持的。本文就美国K—12年级教育、本科STEM教育、研究生教育、非正式STEM教育以及学习技术等方面提出了经费预算，旨在为实施STEM教育提供财政保障。

2015年STEM教育法（2015） ····························· 213

  2015年10月8日经美国总统奥巴马签署而正式生效的《2015年STEM教育法》将计算机科学归入STEM教育，将非正式STEM教育纳入国家科学基金会管辖，并对诺伊斯奖学金计划作出修正。

附录：美国STEM教育相关政策、法规、研究报告一览表（1983—2015） ····························· 217

国家行动计划:

应对美国STEM教育体系的重大需求(2007)

一、美国国家科学委员会主席的备忘录

主题：应对美国科学、技术、工程和数学教育体系重大需求的国家行动计划

美国国家科学委员会(National Science Board,以下简称"科学委员会")乐意于呈交一份应对美国科学、技术、工程和数学(STEM)教育体系重大需求的紧迫的国家行动计划。在此国家行动计划中,科学委员会明确指出所有利益相关者应当采取优先行动并通力合作,以取得国家STEM教育体系的重大进展。

科学委员会认为,国家未能满足美国学生的STEM教育需求,从而严重影响了21世纪科学和工程方面的劳动力,而处理这个问题对于保持经济繁荣和维护国家安全至关重要。所有美国公民必须拥有基本的科学、技术和数学知识素养,使个人能根据信息来源作出选择,成为受过教育的选民,并在科技日益进步的全球市场中茁壮成长。

科学委员会1950年由美国国会成立,为美国国家科学基金会(National Science Foundation, NSF)提供监督和制定政策。在有关科学和工程的研究及教育的国家政策问题上,作为独立顾问,科学委员会同时也服务于总统和国会。在国会的敦促下,科学委员会承担了这一计划,作为对上述两项责任的回应。行动计划的某些部分由国家科学基金会负责,其余部分则由国家统筹。

科学委员会制定该行动计划已近2年,收录的资料来自于科学委员会主持的一系列听证会、一个由科学委员会成立的顾问委员会——21世纪STEM教育委员会有关STEM教育的话题,以及呼唤在美国进行STEM教育重大变革的以前的报告、座谈组、专门工作小组、委员会的发现。

2007年10月3日,科学委员会、国会相关成员、利益相关团体和公众一起在国会大厦正式宣布此项行动计划。碰巧此时正值苏联人造卫星上天50周年前夕,这一事件震惊了世界,并促使美国人民采取激烈的行动,促进STEM研究和教育。今天,由全球化带来的潜在经济威胁和机遇使我们面临着同样艰巨的挑战。我们敦促所有美国人,重新确保我们的STEM教育体系能够培育我们的孩子为维持美国在未来科学技术领域的卓越地位做好准备。

美国国家科学委员会主席

斯蒂文·C·比林(Steven C. Beering)

2007年10月30日

二、执行纲要

美国拥有世界上最具创新性和技术性的经济,然而,其STEM教育体系却无法保证所有美国学生作为21世纪的劳动力获得成功所需的技能和知识。要构建一个强大且协调的STEM教育体系,美国面临着两项主要的挑战:**一是确保STEM学习的连贯性;二是确保有足够数量受过良好培训且高效的STEM教师。**

为了引起对STEM教育中紧迫问题的关注,协调和提高各地、各州及联邦的STEM教育项目,科学委员会提出以下建议:

● 美国国会应该授权一个新的、独立的、非联邦的STEM教育全国委员会(National Council for STEM Education),总统也应签署法案,由该委员会来协调和促进全国的STEM教育项目与计划,以及将美国STEM教育状况告知政策制定者及公众。

● 总统科技政策办公室应在美国国家科学技术委员会(National Science and Technology Council, NSTC)内部成立一个STEM教育常务委员会,以负责协调所有的联邦级STEM教育项目。

● 教育部应该创设一个新的教育部助理部长(Assistant Secretary of Education)职位,来负责协调部门内的STEM教育举措,并与教育部之外的利益相关者进行交涉。

● 国家科学基金会应该利用其在科学界和工程界的全国性地位以及在科学、工程研究和教育方面的专长,牵头创建一份国家路线图,以提高前幼儿园(pre-kindergarten)到大学及其以后(P—16年级/P—20年级)的STEM教育。

由于认识到地方和州的管辖权在国家P—12年级教育体系中的引领作用,科学委员会建议所有的利益相关者携手合作,以STEM教育全国委员会为着力点,横向协调各州的STEM教育。

- 促成一个界定国家STEM内容指南的策略,并勾勒出每个年级所需的主要知识和技能。
- 开发评价学生成绩的指标,使指标与国家内容指南相一致。
- 确保《不让一个孩子掉队法》之下的评估能促进STEM学习。
- 在STEM教与学中,提供一个分享和传播最佳实践信息的论坛。

科学委员会同时也建议所有的利益相关者通过如下途径促使STEM教育在不同年级之间实现纵向的协调(这里的不同年级指从学前到高等教育的最初几年):

- 加强高中与高等教育或从业人员之间的联系。
- 在每个州创立或扩充关注STEM教育的P—16年级或P—20年级委员会。
- 鼓励整个P—12年级教育体系中STEM内容的一致性。

最后,为了确保学生由准备充分且高效的STEM教师教授,科学委员会推荐了一些举措,包括增加此类教师数量和提高教师培训质量的策略:

- 开发以市场价格补偿STEM教师的策略。
- 为未来的STEM教师培训提供资源。
- 通过创建全国STEM教师资格认证标准来增强STEM教师在不同地区间的流动性。
- 训练STEM教师有效地教授STEM内容。

这一国家行动计划勾画出一个结构,它将使从地方、州到联邦政府以及非政府的STEM教育利益相关群体共同努力,以协调和加强国家形成具有计算素养、科学素养和技术素养社会的能力,并提升目前STEM教育下劳动力的数量和质量。至于培养下一代创新者的策略,在这一行动计划中没有得到明确的解决,需要开展后续研究。一个连贯一致的STEM教育体系对国家经济和福祉至关重要。

三、导言

建立在科学和工程基础上的美国创造力,带动美国在19和20世纪走在创新与发现的前沿,并改变了其经济基础。在21世纪,由于面临全球化及知识经济带来的优势和挑战,科学和技术创新已经变得日益重要。为了能在信息化和高度科技化的社会中取得成功，所有学生必须发展STEM能力，而且要远远超出过去所认可的程度。尤其需要在国家教育体系的各个层面日益强调技术和工程教育。

工商界领袖、州长、政策制定者、教育者、高等教育官员以及国防安全部门已经多次重申，需要在全美范围内对STEM学科的教学进行改革，以使美国在全球化的知识经济中继续保持竞争力。过去25年中，许多报告已经指出这种日益增长的危机。其中较近且最具影响力的是美国国家科学院（National Academies）的报告——《迎击风暴》（*Rising Above the Gathering Storm*），这份报告为提升美国STEM教师质量及学生教育——据认为，它们对于全球竞争力具有重要意义——提供了若干建议。[1]尽管这些建议在过去的报告中被广泛称颂，但其重要性和启示仍然没有得到正确的认识和理解，因此，它们没有得到全方位的实施。

尽管科学委员会关注STEM领域的P—20年级优质教育问题已经很久了，但是这份国家行动计划源自于《2006年科学与工程学指标》（*2006 Science and Engineering Indicators*）的开发。科学委员会开始注意到STEM教育中令人担忧的趋势，并在"指标"的参考手册——《美国的紧迫挑战——建立一个坚实的基础》中进行了评论。由于其评论及国会的要求[2]，科学委员会开始考虑制定国家行动计划，来解决提升STEM教育的需求。2005年和2006年，科学委员会在全国范围举行了一系列有关STEM教育的领导、专家的听证会。[3]随后，科学委员会成立了21世纪STEM教育委员会这一顾问委员会，来为全新的国家行动计划提供建议，以推行之前呼吁美国STEM教育须作出重大转变的报告、座谈会、专门工作小组和委员会中的发现。2007年3月，顾问委员会为科学委员会提出了建议。除了顾问委员会的投入和科学委员会在听证会上获得的证词外，科学委员会自身也对之前的座谈会、专门工作小组以及委员会的发现作了回顾。

科学委员会提出这份行动计划是以上述旨在完善美国STEM教育体系投入为基础的。这里推崇的措施不仅是可能得以推行的积极行动，而且是科学委员会已经确定的全美优先行动。人们已经认识到，要培养新一代的创新人员，国家必须向广大学生提供对STEM形成基本了解的机会。[4]所以，该行动计划主要关注提高所有学生在科学、技术和数学能力上的基本水平。在2008财政年度，科学委员会将开始努力把重点放在关注培养下一代创新者的特殊要求上。

把国家行动计划中的所有建议结合在一起，将对美国STEM教育的教和学的转化迈出重要的第一步。一个由准备充分且高效的STEM教师教授的、内在一致和协调的STEM教育体系,对美国未来的繁荣和安全至关重要。[5]

四、行动计划的背景

(一) 当前美国STEM教育体系的状况

在当前的教育体系中,美国学生未能掌握获得成功所必备的STEM知识。正如《迎击风暴》报告所指出的:"其危险之处就在于美国人或许没有足够的科学、技术或数学知识,因此既无法对我们周围正在成形的知识经济作出重大贡献,也无法从中充分地受益。"[6]大约30%的大学一年级学生被迫参加科学和数学补习课程,因为他们没有做好接受大学课程的准备。[7]国际标准,诸如国际学生评估项目(Programme for International Student Assessment, PISA)测试表明,跟其他工业化国家相比,美国学生在STEM批判性思维技能方面稍逊一筹。[8](见表1-1)

为了给美国学生提供他们所需要的STEM知识,必须解决两个方面的挑战。

表1-1

美国15岁学生的科学素养落后于其他经合组织[1]国家

国 家	分 数	排 名
芬兰	548	1
日本	548	1
韩国	538	3
澳大利亚	525	4
荷兰	524	5
捷克	523	6
新西兰	521	7
加拿大	519	8

[1] 经合组织即经济合作与发展组织(Organization for Economic Cooperation and Development, OECD)。

(续表)

国家	分数	排名
瑞士	513	9
法国	511	10
比利时	509	11
瑞典	506	12
爱尔兰	505	13
匈牙利	503	13
德国	502	15
波兰	498	16
冰岛	495	17
斯洛伐克	495	17
美国	491	19
奥地利	491	19
意大利	487	21
西班牙	487	21
挪威	484	23
卢森堡	483	24
希腊	481	25
丹麦	475	26
葡萄牙	468	27
土耳其	434	28
墨西哥	405	29

资料来源：M. Lemke, A. Sen, E. Pahlke, L. Partelow, D. Miller, T. Williams, D. Kastberg, and L.Jocelyn, *International Outcomes of Learning in Mathematics Literacy and Problem Solving: PISA 2003 Results From the U.S. Perspective: Highlights*. U.S. Department of Education, Center for Education Statistics.

第一,美国当前的STEM教育在横向上(各州之间)和纵向上(各年级之间)都不协调。在横向上,不同学校体系中的STEM内容标准以及这些内容的教授顺序大不相同,成功指标和对成功的期望也不相同。由于各州对于学生应该掌握哪些核心概念以及某一年级的课程或是某一具体的内容领域中应该包括哪些核心概念没有达成共识,教科书中常常包含太多肤浅的主题[9],而非着重深入地关注一些重要主题。在我们这个高度流动的社会中,学生常常从一所学校转学到其他学校,他们在这一过程中就会错过掌握其中一所学校的重要基本概念[10],而且往后也没有机会掌握这些概念。同样地,各州对学生成绩的评价差异也很大。[11]在纵向上,学生在校的STEM学习几乎很少有系统性或者根本没有系统性。学生在小学和初中的学习过程中并未总是掌握主要的概念,这就影响到在高中时掌握系统的概念。而且许多高中所提供的课程没有启发性和系统性,缺乏严谨性,并且是过时的、没有预见性的。这产生的直接后果就是几乎30%的高中毕业生进入大学时没有做好大学一年级的课程准备[12],抑或进入工作岗位时缺乏雇主所要求的数学、科学和技术技能。[13,14]今天,拥有高中文凭往往并不意味着年轻人能够在全球化的知识经济中成长。

第二,美国长期缺乏做好充分准备、能有效教授STEM学科的合格教师。[15]地方学校在招募和保留住优秀STEM教师时面临着重重障碍。受过STEM专业训练的人员通常并不选择从教,极少数教育者接受过STEM专业训练,[16]特别是中小学教师在接受职前培训时没有获得足以从教的STEM知识技能。一旦进入工作岗位,许多教师在关键的初始几年中既没有在教室里获得足够的支持,也没有获得充分的指导或是参加职后培训的机会。对于接受过STEM专业训练的人来说,相比于教师行业,就业市场为非教师职业提供了更高的工资[17]和更好的工作环境。缺乏灵活的教师工资补偿办法,[18]制约了地方教育机构争取并留住有资格的教师。[19]由于缺乏有效教学的设施和资源,常常导致招募和留住教师出现问题。

(二) 利益相关者直接和间接地参与并协调

在美国,教育主要是地方和州的责任。在全国范围内,超过14 000个地方学校的董事会[20]决定着地方教育政策,而州政府对于监督本州的教育体系起着重要作用。因此,任何有助于提高STEM教育的全国性有效策略必须在兼顾地方和州实行教育政策时能使全国范围内的所有学生共同具有世界级水准成就的抱负。

近来,STEM教育计划和项目在各个州、联邦机构、非正式学习社区,以及从前幼儿教育到高等教育机构得以呈现。仅在联邦政府内部就有十几个办公室、部门和机构涵盖了STEM教育项目(见图1-1)[21],但却没有强大的行政部门来协调这些项目。[22]而且,目前没有独立存在的机构来协调所有对STEM教育起直接作用者(如地方教育部门、学校董事会、州教育委员会、州长及联邦政府)和起间接作用者(如高等教育机构、工商业界、教师联盟、非正式STEM学习社区及私人基金会)。

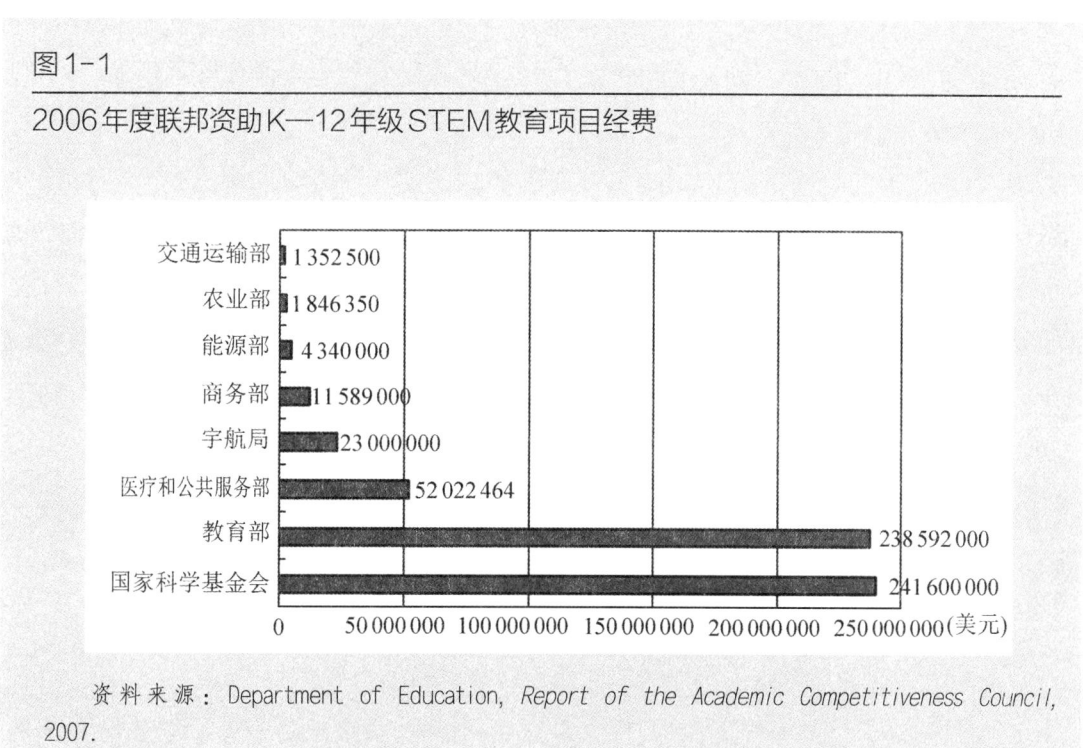

图1-1
2006年度联邦资助K—12年级STEM教育项目经费

资料来源:Department of Education, *Report of the Academic Competitiveness Council*, 2007.

(三)接受变化的前例

今天,国家STEM教育的重大改进需要地方、州和联邦政府的领导层担当起责任,并在不同政府层面进行有效的沟通和协调。这种责任和协调并非前所未有。有两个主要的例子诠释了重构联邦政策可以使教育更加完善。

苏联在1957年成功发射"斯普特尼克"号人造卫星的轰动效应刺激了美国采取适当行动来赢得太空竞赛。在一年之内,美国国会成立了美国宇航局(National Aeronautics and Space Administration, NASA）来监督美国太空项目的成功发展；还成立了总统科学顾问体系,来持续提供科学和技术方面的建议。通过《国防教育法》(National Defense Education Act, NDEA),向美国国防部、国家科学基金会及其他联邦机构提供了史上最大的联邦教育援助。新的数学与科学课程开始研发、测试和实施,并掀起了提高这些核心学科的教与学的全国统一运动。STEM领域的合格毕业生数量开始快速增长。[23]

另外一个富有启发性的例子就是对有特殊需求的孩子教育的转变。自20世纪70年代初以来,在全国范围内已经取得巨大进步。[24]这种转变是由联邦政策的改变促成的,并在各级地方教育机构得以实施。它是将联邦立法、法院法令与联邦基金结合起来,要求地方和州采取联邦标准及指导方针。

今天,大幅度改进国家STEM教育,需要地方、州和联邦政府的领导层担当起同样的责任,并在不同政府层面进行有效的沟通和协调。当前,许多州政府运用新的州计划来解决STEM教育需求,联邦教育机构也开始反思现有的多种多样的联邦STEM教育项目。国会也着手起草并通过一些与STEM教育相关的立法。推行这项大胆而又全新的国家行动计划,是为把STEM教育带进21世纪创造机会。现在是时候把全国团结起来,使这一计划成为现实了。

五、建议

科学委员会认为地方政府和州政府在国家公共教育体系中承担着最终的责任。科学委员会所提建议并非是向责任的恰当性发起挑战。相反,国家行动计划旨在支持、提高地方政府及州政府改善地方和州STEM教育的努力。[25]科学委员会也意识到难以协调不同的党派以达成统一效果。然而,大家深信不疑,为了确保长期改进STEM教育,以让美国学生达到世界级水平,必须协调所有利益相关者。

因此,科学委员会给国家提出了以下两项主要建议:第一,确保国家STEM教育体系的连贯性;第二,确保学生是由受过良好培训且高效的教师教授。

科学委员会认为以上两项建议解决的都是重大问题,且同样重要。

（一）重要建议A:确保国家STEM教育体系的连贯性

为了满足国家对大量技术和科学劳动力的需求,美国需要一个在全国范围内连贯的

STEM教育体系。STEM教育的连贯性意味着STEM科目所教授的内容、教授的时间与教授的对象是一致的——横向上,在各州之间是一致的;纵向上,从前幼儿园阶段到大学或职业学院的各个年级也是一致的。为了确保这种连贯性,科学委员会建议在基于世界一流水平研究和全国经验的基础上,在全国范围传播并实施最好的教育实践。

一个具有连贯性的STEM教育体系的影响将是广泛的。在各州及不同年级之间协调好STEM教育内容,将能确保各课程关注理解的深度,而不仅仅关注主题的表面。深刻而有序的课程在结构上能够使学生在获得知识内容与发展分析、批判性思维及问题解决技能之间取得平衡。它们也会培养学生在观点间建立联系,并形成终身学习的能力。

科学委员会建议通过以下具体行动来达成STEM教育的连贯性:

1. 主要利益相关者的协调行动

为了获得STEM教育的连贯性,科学委员会提议在不同利益相关者之间建立一个新的行政机构,并组织一系列活动,以进行必要的协调。单是这部分的结构转变无法解决STEM教育的所有问题。所建议的改变旨在通过论坛讨论和实施有意义的行动,从而加强沟通、团结联邦及非联邦成员。这些党派应该共同努力,实施21世纪STEM教育委员会提交给科学委员会之报告及由许多专家撰写之其他报告中列出的优秀建议。

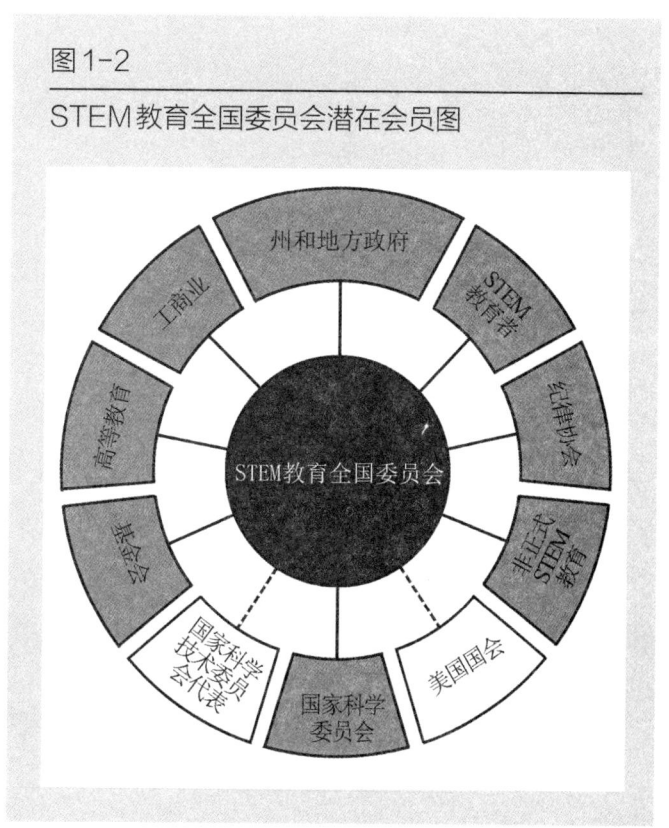

图1-2 STEM教育全国委员会潜在会员图

(1) STEM教育全国委员会

科学委员会建议国会通过并由总统签署授权建立一个新的、独立的、非联邦的STEM教育全国委员会,其主要职责是协调和促进全国的STEM教育计划,以及告知政策制定者和公众有关STEM教育在美国的状况。作为STEM教育全国委员会职责范围的一部分,国会应当要求联邦

STEM教育项目[26]通过STEM教育全国委员会与州和地方教育机构互相协调。

主要的州和地方政府机构与非政府组织构成了STEM教育全国委员会的投票席位（见图1-2）。无投票权席位将通过总统行政办公室（Executive Office of the President）中科学技术政策办公室（Office of Science and Technology Policy）下辖的国家科学技术委员会保留给联邦政府，此外，还将保留给国会代表。国会将在章程中指定STEM教育全国委员会的代表席位。科学委员会建议国会任命STEM教育全国委员会的初始成员及主席，并由初始成员达成一个有序的程序来委任后续成员及主席。

科学委员会建议STEM教育全国委员会大约由25个成员组成。有些席位必须长期授予一些具有重要作用的主要利益相关团体，以使他们长期代表STEM教育全国委员会。这些席位应当授予两位州长、两位主要州学校官员、一位地方学校董事会代表或政府代表、两位高等教育代表（其中一位代表社区学院）、一位执教STEM的教师、一位学校行政人员以及一位来自美国国家科学委员会的代表。[27]剩下的席位应该由利益相关团体轮流执掌，其中包括不同水平的STEM教育者、非正式STEM教育者、来自州和地方教育与政府组织的官员、高等教育协会、工商业、私人基金会及STEM学科协会。科学委员会建议最初的STEM教育全国委员会主席由一名州长和一名州学校官员担任。

科学委员会建议国会提供五年的初期运作开支（包括一个小型专业团队）来确保STEM教育全国委员会的有效性。从长远来看，STEM教育全国委员会的基本运作和专项项目经费将过渡到由委员会的各个利益相关团体自愿提供资助。这种资助计划的成功模式是美国国家科学院的交通研究委员会[28]，在该委员会中，各州和其他利益相关者发现这一机构有足够的价值，应当对其提供资金支持。

STEM教育全国委员会的核心使命是提供指导、协调和促进STEM教育信息在不同的利益相关者之间流动。委员会负责鉴别全国STEM教育体系的主要不足之处，并为其成员合作解决这些不足提供策略。根据学术竞争力委员会（Academic Competitiveness Council, ACC）报告的一个重要建议，STEM教育全国委员会还将为联邦机构改善协调地方与州学校体系发挥主要作用。[29]STEM教育全国委员会可以为美国州长协会确立的目标——为各州"确定STEM教育最好的实践形式并使之形成规模"提供有效的论坛。[30]根据这个总的框架，STEM教育全国委员会将：

• 定期发布STEM教育在各州和美国的状况报告，这可以作为两年一次发布的《科学与工程学指标》的补充。

- 定期并持续评估本行动计划设定之目标的进展情况,包括评估国家科学技术委员会为协调联邦的K—12年级STEM教育项目所做努力的有效性。
- 作为国家资源,为地方和州教育机构传播有关教与学研究的信息,其中包括最佳教育实践和有效的STEM教与学模式,STEM教育的P—16年级联盟,按比例增加有效的、经过验证的项目。
- 协调和协助制定P—12年级的全国STEM内容指南,这将利用到由不同团体和学科协会已经完成的大量工作。
- 与教育部及国家评估管理委员会(National Assessment Governing Board, NAGB)[31]共同工作,以确保国家教育进展评估(National Assessment of Educational Progress, NAEP)[32]与有待制定的STEM内容指南相匹配。
- 帮助各州成立和加强现有的P—16年级或P—20年级委员会[33],并作为P—16年级或P—20年级委员会的技术资源中心。
- 与所有利益相关者携手解决:(a)消除现有存在于全国的以市场价格补偿STEM教育者所遇到的障碍;(b)消除《学区工资条例》对于STEM教育者在同一州的不同学区之间或不同州之间调换工作所强加的障碍。
- 致力于协调全国STEM教师资格认证标准的发展。
- 建议有效的教师专业发展模式。

STEM教育全国委员会可能考虑开发项目来:

- 协调综合数据管理系统的开发与维护,以巩固和共享各州关于STEM教育实践、研究及产出的信息(如学生评价结果、教师质量检测和高中毕业要求)。
- 在美国国内和全球范围内发起和维持公共教育计划,来增强人们关于STEM教育对国家成功的重要性的认识。
- 为有兴趣在政府研究实验室、高等教育机构或STEM相关的工商业进行某一STEM领域暑期研究的教师提供大量机会。
- 为教师及当地学区使用STEM课堂资源筹集大量赠款和资金。

(2)科学技术政策办公室——国家科学技术委员会

科学委员会建议总统科学技术政策办公室[34]在国家科学技术委员会[35]之下成立一个STEM教育常务委员会,以负责协调所有联邦教育机构的STEM教育。尽管当前国家科学技术委员会下属的科学委员会有一个教育与劳动力发展分委员会(Subcommittee on Education and Workforce Development)³⁶,但是STEM教育对国家的重要性值得全体委员会注意。科学委员会自身的委员会和近期来自教育部长的学术竞争力委员会报告³⁷,都建议通过国家科技委员会协调联邦机构在STEM教育上的努力。国家科学技术委员会关于STEM教育的委员会成员包括在STEM教育中起重要作用的所有联邦机构和部门的代表,包括国家实验室在内。科学委员会建议STEM教育全国委员会的主席是来自教育部和国家科学基金会的代表。

国家科学技术委员会在STEM教育方面将:

• 协调联邦各部门和机构参与STEM教育项目及研究,以盘点、评估由联邦资助的STEM教育项目的有效性和连贯性。

• 在STEM教育全国委员会中代表所有联邦机构,并通过STEM教育全国委员会协调联邦机构与地方和州政府在STEM教育方面的事务。

(3) 教育部

科学委员会认可美国教育部在STEM教育中的重要作用,特别是在为STEM教育项目提供资金上。因此,科学委员会建议教育部长委任一名STEM教育方面的专家作为新任教育部助理部长,或采取其他措施确保以下所描述的结果。这个新任教育部助理部长职务可以践行两方面的功能:第一,在部门内提供中央的计划性资源,来加强现有和未来与STEM教育相关的项目;第二,能及时沟通联系各州及联邦政府其他教育机构,努力与STEM教育全国委员会各利益相关者协调教育部有关STEM教育的事务。作为实现这些功能的一部分³⁸,新任负责STEM教育的助理部长可以:

• 重点关注教育部运用资金支持高质量、研究型STEM教师专业发展以及为STEM学习提供技术支持的举措。

• 牵头教育部所有办公室、局、处及中心,努力改进和革新与STEM教育有关的研究和项目。

• 向教育部长、政策制定者和STEM的践行者通报教育部内部有关STEM教育研究及项目运作的有效性。

• 确保教育部与国家科学基金会及其他机构、集团相协调,按比例增加经证明有效的同行评审和研究型STEM教育项目。

• 引领教育部的资源,支持地方和州政府以及其他利益相关者推行连贯的STEM教育。这种支持包括协助制定STEM内容指导方针,评估全国STEM教育指导方针和调整不同年级水平的STEM学习。

(4) 国家科学基金会

教育是国家科学基金会的核心使命。数十年来,国家科学基金会在各层次的STEM教育中发挥了重要领导作用。根据K—12年级的STEM教育,科学委员会建议国家科学基金会将其活动集中在三个主要的、相互联系的领域:①研究学习和教育实践,开发教学材料;②在STEM领域开发人力资本,包括STEM教师;③增进公众对STEM的认识和理解(见图1-3)。

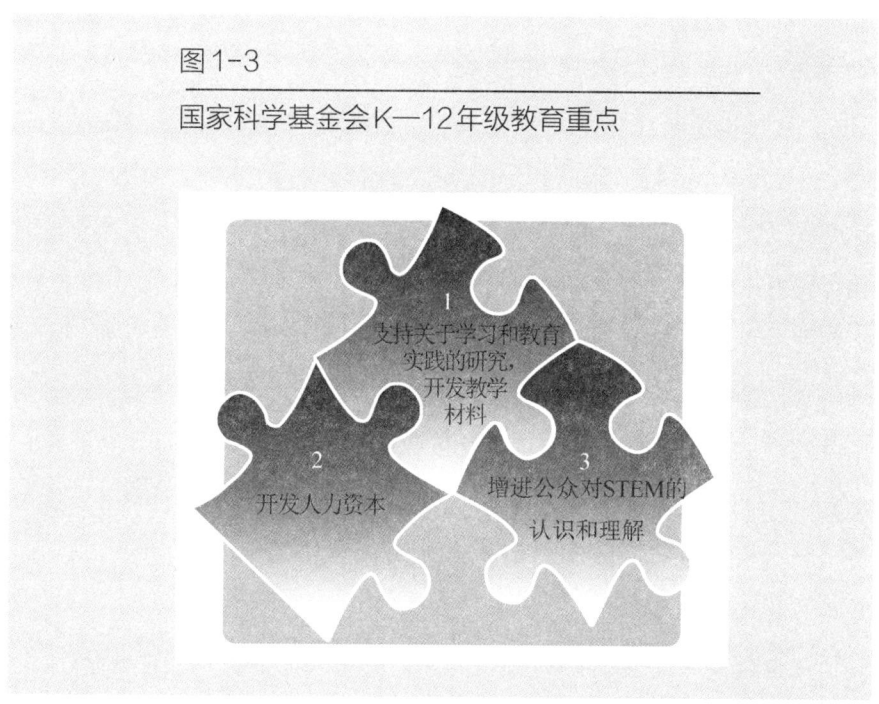

图1-3
国家科学基金会K—12年级教育重点

为了使国家科学基金会设置STEM教育的优先权和决定哪种活动值得资助,一个清晰的框架对国家科学基金会在STEM教育中的作用是至关重要的。教育项目的开发和资助应该反映国家科学基金会在制度上的优先权,而不能基于就事论事的基础。科学委员会相信:

国家科学基金会应该制定一份清晰的内部STEM教育路线图,并为STEM教育活动设置主要的优先权。国家科学基金会应当向科学委员会反馈2008年初的中期报告,以及科学委员会在2008年5月会议上通过的STEM教育路线图。国家科学基金会的目标应当是在2009财政年度开始实施这些具有优先权的活动,并把新近的STEM教育路线图优

先活动充分纳入 2010 年的财政预算要求中。

以下指导是这份路线图的基础,应当成为教育与人力资源学部(Directorate for Education and Human Resources, EHR)顾问委员会运作的依据。

由于 P—20 年级 STEM 教育是国家科学基金会一个重大优先考虑事项[39],所以关注国家科学基金会有关 STEM 教育的措施事关整个机构范围,而不仅仅局限于教育与人力资源学部。[40] 国家科学基金会应通过解决教育与人力资源学部同研究与相关活动(Research and Related Activities, R&RA)学部[41]之间的交叉领域,以及解决研究与相关活动学部内分散性教育活动,包括国家科学基金会之内的所有 STEM 学科,来增强基金会内部的 STEM 教育路线图与机构内部目标的一致性。

第二,由于国家科学基金会从制度上确立了 STEM 的优先权,并制定了内部的 STEM 教育路线图,它应该认识到自己在联邦机构和 STEM 教育团体中占有独特的位置。国家科学基金会在 STEM 学科方面具有渊博的知识基础,深入参与科学和工程研究团体,与高等教育机构始终保持良好关系,并由国会授权全方位参与 STEM 教育。没有其他联邦机构或组织能如此全面地对国家 P—20 年级 STEM 教育体系作出巨大的贡献,但国家科学基金会在如何运作上必须具有策略性。国家科学基金会应该利用自身与其他联邦机构、高等教育机构及广泛的 STEM 教育团体具有合作关系这一有利条件,尽可能地影响 P—20 年级学生在 STEM 学科中的兴趣与成绩。国家科学技术委员会 STEM 教育委员会和 STEM 教育全国委员会将为形成及有效运用合作关系提供背景;与其他团体相比,国家科学基金会应该是一个热心和积极的参与者。

国家科学基金会 STEM 教育路线图和战略重点应体现基金会的如下责任:

① 支持关于学习和教育实践的研究以及教学材料的开发

在联邦机构中,国家科学基金会在 STEM 学科的教与学中承担主要责任。国家科学基金会当前在 STEM 教育中行使着许多功能,从资助基础研究中的教与学、教师教育,到支持应用研究中的教育变革的作用与影响,到评估新项目的执行。国家科学基金会在开发教学材料中也发挥着重要作用。科学委员会在 1999 年的报告《为我们的孩子做好准备》(*Preparing Our Children*)[42] 中强调过优质教学材料的重要性。

国家科学基金会正在为支持关于学习和教育实践的研究以及教学材料的开发绘制路线图,此时需要认真考虑几个关键问题,包括:教育实践领域是如何界定的,国家科学基金会支持的教育研究结果如何得以传播和大规模施行,如何对 STEM 教育项目进行评估,以及赛百平台(cyberinfrastructure)如何支持STEM教育。

第一,由于国家科学基金会将关于学习和教育实践的研究设置为战略重点,因此它应该从教育研究团体和实践领域两个方面来考虑项目的价值。同时,为了继续支持在教育研究团体内发起的研究和维持长久的优秀传统,国家科学基金会还应该通过支持相应领域主要需求的研究,来促进STEM教育变革。国家科学基金会应确保机制到位,从而能够从教育者和政策制定者处收集有关该领域内巨大挑战的信息,并确保研究项目能够满足现实世界的需求和期望。通过这种方式,国家科学基金会能够致力于为全国范围内的教师每天在教室中遇到的挑战提供解决方案和工具。

作为自身教育研究投资业务的一部分,国家科学基金会应该考虑的领域包括:

● 能够支持大规模变革的基础设施——诸如卓越研究和开发新课程中心,有效教学策略以及专业发展模式。

● 系统研究技术的作用和网络教学促进学习的项目。

● 对整体教育系统的研究,其中包括实地调查研究和对整个领域研究结果的综合。

除了规定自身的研究重点,国家科学基金会应致力于制定国家研究路线图,以改善P—20年级STEM教育。更重要的是,在鉴别、开发和传播最好的STEM教育实践方面,国家科学基金会应与教育部及其他部门(包括地方和州机构)通力合作。

第二,国家科学基金会必须面对的一个主要挑战,是开发更好的机制,将来自国家科学基金会的STEM教育研究和教育项目的有益成果告知STEM研究者、STEM教育团体及政策制定者。国家科学基金会应建立机制,按比例增加经证实有效的、经过同行评议的且以研究为基础的创新,以实现影响的最大化。此外,当私人和社团基金加大对STEM教育项目的关注及投资的时候,国家科学基金会应为它们提供研究基础,以使它们在可靠实践的基础上开发项目。

第三,在学术竞争力委员会报告关于联邦机构的STEM教育项目支出以及需要严格评估这些项目的[43]背景下,国家科学基金会应凭借自身在评价方面的技术专长来帮助机构界定严格的评价标准并实施评价。虽然学术竞争力委员会报告把随机对照实验(randomized controlled trials)认定为决定教育变革有效性和影响的最强研究设计,但教育研究者也认可其他对变革和现状做比较的有效方式。评价标准应该包括如何决定项目的有效性和它们的潜在影响。在资源有限的条件下,在决定哪个项目应该获得资助和推广时,不仅要考虑这些项目能否实现预期目标,而且还必须考虑其结果是否有价值。国家科学基金会应该为州和联邦机构作出决策提供研究基础。它还应该运用这种战略思维来评价自己的教育项目,并且要利用外部评价者。

第四,国家科学基金会能够作出重大贡献的特定领域是开发赛百平台,包括电脑游戏和模拟软件,以支持STEM的教与学。[44]网络技术应该允许:

• 开发、收集、分配和管理数字内容,如动画、模拟试验、文本、视频、数据集、课程计划和课程。[国家科学基金会的国家科学数字图书馆(National Science Digital Library, NSDL)[45]和其他联合团体(尤其是那些以开放资源软件和开放存储内容为主的平台)一样,在这里可以发挥作用]

• 访问虚拟实验室——不必考虑地理位置,通过互联网可以把通用的和特定的实验经验带进任何教室。

• 让与STEM相关的学生、教师、研究人员同那些设计、开发数字教学及学习资源的人员进行合作。

• 知识和技能的学习对学生在科技发达的未来取得成功至关重要。

• 当前惯用互联网的P—12年级学生群体积极参与STEM学习。

最后,国家科学基金会应该带头培养和发展研究团队,包括社会科学家和教育研究者,他们要能够进行有效的教育实践研究,从而形成研究基地。国家科学基金会也应该支持那些开发教学材料和学习资源的团队。

② 开发人力资本

国家科学基金会要继续保持在STEM领域里开发人力资本的关键作用。科学和工程劳动力既包括大学预科中的STEM教师,也包括那些从事研究、工业和高等教育的人。培养雄厚的STEM师资力量,能极大地提高全国各地的STEM教育水平,同时也会促进科学和工程领域内劳动力的发展。国家科学基金会之所以能够在STEM师资力量的培养与壮大中发挥重要作用,在于它与高等教育系统有着独特的关系,能够促使高等教育体系发生大规模的变革。对此,国家科学基金会应考虑支持以下项目类型,加强大学预科的STEM教学:

• 开发和资助有效的STEM教师培养项目,这包括扩大罗伯特·诺伊斯(Robert Noyce)奖学金计划[46],旨在鼓励大学生未来从事高中阶段的STEM教学工作。

• 利用国家科学基金会与高等教育机构之间的密切联系,鼓励那些致力于研究有效的STEM教师培训项目的大学教师和管理者们,并为他们提供工具。

- 开发相关项目,使各年级学生对STEM领域产生兴趣。一种可能的做法是提供给高中生的STEM经验项目要与本科生科研体验(Research Experiences for Undergraduates, REU)项目类似。[47]
- 在学习和教育实践的研究基础之上,开发和推广在职教师专业化发展的有效项目模式,或者发展其他可大规模操作的项目。
- 进一步支持和发展在P—12年级教育与高等教育之间搭建桥梁的项目,例如数学和科学伙伴关系项目(Math and Science Partnership, MSP)这样的成功模式。国家科学基金会支持的这一项目早已被证实能提高K—12年级学生的数学和科学成绩,高校教师也很乐意与K—12年级教师合作。[48]科学委员会对国家科学基金会表达了对这个项目的坚定支持。[49]应当考虑继续扩大该项目的内容,如将技术和工程之间的合作以及数学和科学之间的合作纳入其中。
- 支持那些希望在所属的STEM领域里进行教学研究的STEM专业人员,他们可能与其他教育研究者互补来发展其兴趣和技能。
- 对于那些选择STEM职业(包括STEM教学)的少数族裔学生,要继续加大资金支持记录他们提升成绩以及坚守这种选择过程的项目,诸如路易斯·斯托克斯少数族裔参与联盟计划(Louis Stokes Alliance for Minority Participation, LSAMP)。[50]
- 与中学、高等教育研究机构、工商业界以及政府机构建立合作伙伴,以此来增强技术劳动力。
- 让STEM师生了解和意识到网络教学、探究以及学习将带来更多的机会。

③ 加强公众对STEM的认识和理解

国家科学基金会应该继续开发和资助增强公众对STEM认识和理解的项目。国家科学基金会应该考虑如何完善它们的STEM推广策略,以提供有关STEM和STEM教育问题的更一致的公众宣传。

为加强公众对STEM的认识和理解,国家科学基金会也应考虑采取方法,强化其内部协作及更广泛的科学界内部的合作。在国家科学基金会内部,应鼓励所有的学部和办公室进行合作,尤其包括立法与公共事务办公室(Office of Legislative and Public Affairs, OLPA),教育与人力资源(EHR)学部,社会、行为与经济学部(Directorate for Social, Behavioral and Economic Sciences, SBE,主要研究有效沟通)。

由于国家科学基金会正在为公众宣传努力制定一个路线图,它应考虑几个领域的直接资源问题。这些资源包括：

- STEM 项目的媒体宣传。对于公众来说，电视和电影是获取STEM领域信息的重要来源。[51]
- 基于网络的资源和工具。
- 博物馆和非正式的STEM教育学习环境。在对连贯性的关注中，国家科学基金会应发挥自身优势，协调非正式的STEM教育团体的活动和正式的STEM教育系统的活动。国家科学基金会应协助这些机构开发能够提升标准化课程建设、促进教师专业化成长的材料和项目。

此外，科学委员会在此前便指出，其本身的职责在于提升公众对科学的理解，甚至呼吁每个委员会成员均要成为"基础科学与工程的'个人形象大使'"。[52]当然，科学委员会的职责不仅在于提升公众对STEM领域的认识和理解，以及在STEM研究领域中有所突破，同时还要让公众意识到P—20年级的STEM教育项目对于国家的持续创新能力与全球竞争力十分重要。

2. 横向协调与连贯行动

科学委员会建议通过下述行动加强州与州之间的STEM教育合作关系。虽然地方教育机构和州政府承担着最终执行的责任，但科学委员会提出，遵循以下四条建议能使各州学生从中受益。

（1）开发国家STEM内容指南

STEM教育全国委员会在明确国家STEM教育内容指南方面，应促成相关策略。[53,54]指南应明确各个年级所需的STEM学科基本知识和技能，并着重强调批判性思维技能。不妨借鉴已有的指南[55]，力求使指南内容清晰、明确，并在年级间形成连接[56]；应吸纳跨年级的累进发展及概念之间的联系，还应力求反映国际比较。同时，指南开发的参与者应该包括来自STEM学科团体的代表、专业的STEM教师组织的代表、州教育机构的代表及学校的代表。州和地方教育机构更应自主将其STEM内容标准与国家指南相结合。一个开发和自主匹配内容的例子是全国数学教师委员会（National Council of Teachers of Mathematics, NCTM）课程的重点。[57,58]另外一个有关各州自愿采用反映国际比较的数学内容标准的例子是Achieve公司促成的"美国文凭项目"（American Diploma Project, ADP）。[59]STEM内容指南应该给予地方和州教育机构适当的灵活性，使其能够根据指南来选择最能满足当地需求的课程，进而促进高水平的STEM教育。

(2) 使学生表现评价标准与国家STEM内容指南一致

STEM教育全国委员会应与那些开发及管理评价的人合作,结合新的国家STEM内容指南,共同构建基于共识的标准,用于评价学生的表现。[60]同时,在这个方案中还应该考虑到国际基准。[61]一旦国家STEM内容指南研制成功,国家评估管理委员会就可以利用该指南对国家教育进展评估测试的一致性展开调查研究。

(3) 评价要确保在《不让一个孩子掉队法》之下促进STEM学习

科学委员会赞同《不让一个孩子掉队法》明确规定的"科学是充分的年度进步计划的一部分"。[62]科学委员会指出,《不让一个孩子掉队法》最终将把各州的期望同上述STEM内容指南紧密结合,各州将利用评价来衡量学生的知识水平、批判性思维技能以及面对现实生活挑战所需的问题解决能力。

(4) 互通最佳的实践

STEM教育全国委员会理应成为国家科学基金会与教育部之间的讨论平台,根据以往的研究和实践经验对资源的投入情况进行整理及反思,并对最佳的STEM教学实践进行宣传。该委员会既可视为现有教学研究的信息参考中心库,也可视为扩大有效教育和教师专业成长项目规模的模型。为了最大限度地提高其效能,委员会应联合其他相关组织来传播最佳教育实践的信息。例如,委员会可以联合全国州长协会(National Governors Association, NGA)最佳实践中心,主动帮助各州建立STEM中心。[63]而这些中心将重新设计K—12年级的STEM教育,以此来促进各州的经济发展并提升其创新能力。另一个可能的合作者可以是国家科学基金会的国家科学数字图书馆。[64]

3. 纵向协调与连贯行动

科学委员会建议,要为接受连贯教育体系的学生提供STEM教育,这一体系纵向上贯穿学前教育一直到高等教育的最初几年。STEM内容指南应设计成就像学生从一个年级升入更高年级,他们逐渐积累下一个年级所需的基本技能和知识(如图1-4)。科学委员会指出,遵循以下行动能加强各年级STEM教育之间的纵向联合。

(1) 加强高中同高等教育或劳动力之间的联系

缩小高中毕业要求与高等教育及劳动力所需技能、知识之间的差距,这是所有利益相关者应作出的努力。科学委员会赞同类似于美国文凭项目这样的计划[65],同时也支持全国州长协会创新美国机构所倡导的,"根据中学后教育以及劳动力的期望来调整各州K—12年级阶段的标准和评价,使高中毕业生能够掌握所需的知识和技能。"[66]职业和技术教育中

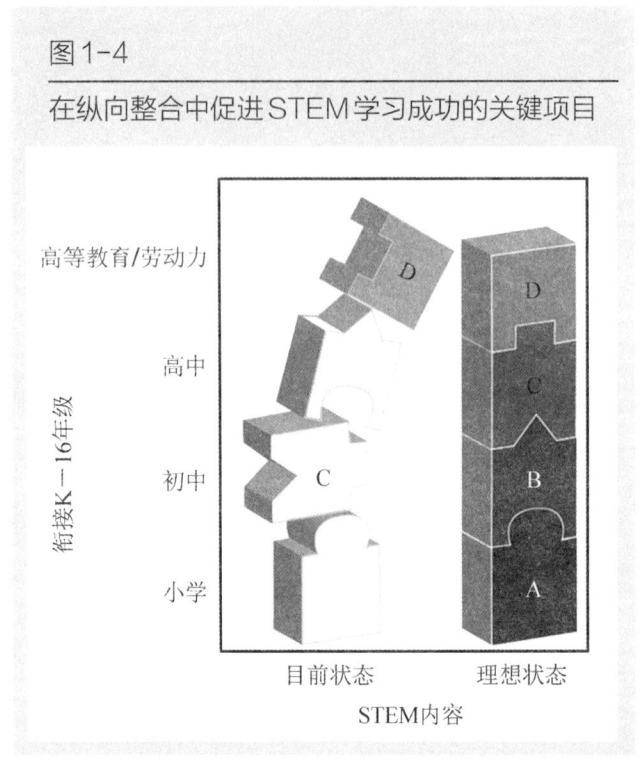

图1-4
在纵向整合中促进STEM学习成功的关键项目

如今的STEM学习在各年级之间很不均衡,原因在于STEM的基础不稳定。理想情况下,STEM学习应从一个教育水平累积到一个更高水平。

心应该参与到上述计划之中。

(2) 创建或加强现有的州P—16/P—20年级委员会

STEM教育全国委员会应帮助州长创建或加强现有的超党派的P—16年级或P—20年级委员会,这些独立的委员会以STEM教育为关注重点。[67]在一些州,P—16/P—20年级委员会早已在加强K—12年级的学校、两年制或四年制的高校以及职后教育之间STEM内容的联系上,成为了有效的政策推广者。每个P—16/P—20年级委员会都包含州长、立法机构、州教育机构、高等教育系统(包括社区学院)、地方学校董事会、教师协会、工商业界、商会、私人基金会、经济发展机构、非正式的STEM教育机构、民间团体及其他专业组织的投入。利用STEM教育全国委员的这些资源,每个P—16/P—20年级委员会可对本州的STEM教育系统进行审查,也可制定纵向联合的政策。另外,每个委员会可以设置本州STEM教育改革的整体愿景、可量化的目标及执行时间表等。在各自所属的领域中,他们将与其他委员会分享彼此的经验。

(二)重要建议B:确保学生由受过良好培训且高效的STEM教师教授

迄今为止,关于保持国家STEM教育系统的连贯性,这个行动计划只是聚焦于结构性的建议层面,但科学委员会深感国家应重点注意吸引、培养、挽留合格又尽职的教师资源。STEM教育者应该被视为宝贵的国家资源,而且应该鼓励表现最突出、最有才华的人考虑以大学预科STEM教学作为职业。

下面所描述的具体行动是为了增加STEM教师从教的数量,并保证提供给他们全套的职前培训。同样地,如果不是更重要的话,这些措施会为现有的STEM教师提供支持,让他们能够更加有效地工作且更可能继续从事此项工作。[68]在从教头几年的关键期,STEM教育者在课堂中应得到充分的指导[69],如得到恰当的教学上的指导和支持,获得专业成长的机会,以及丰富知识与技能。与此同时,为了顺利开展有效的STEM教学,他们应拥有接触课堂资源的渠道,这些资源包括教科书、实验室的设备与材料、该领域的经验及技术资源等。

1. 行动:增加受过良好培训且高效的STEM教师的数量

所有有助于增加受过良好培训且高效的STEM教师数量的策略,都应尽可能地加以利用。每一位STEM利益相关者都应致力于增加获得STEM教学培训的教师数量,以及从事大学预科教学工作的STEM专业人员的数量。为此,科学委员会建议,不妨努力增加高效的STEM教师的补贴,减少学区或州之间STEM教师流动的障碍,给那些想成为STEM教师或已经成为大学预科其他领域教师的人获得STEM知识内容提供奖励。

科学委员会指出,以下行动有助于增加受过良好培训且高效的STEM教师数量:

(1) 为增加STEM教师薪酬提供资源

科学委员会意识到,教师的薪酬是由地方教育部门负责的;按理来说,地方教育机构理应提高STEM教师的薪酬,使其尽可能与其他经济部门保持一致。[70]除非这一问题得到解决,否则仍将很难招聘到足够数量的有资格的STEM教师,在初中和高中学校这一情况尤甚。相关人士应与STEM教育全国委员会共同制定策略——在提高STEM教师薪酬方面,尽可能减少障碍。除了直接加薪,还可以适当考虑一些奖励措施,例如减少STEM教师的税收;对学生成绩有提高的教师进行奖励;对获得专业STEM教学资格的能够提高教学效率的教师进行奖励;通过暑期教师专业发展项目、研究经历或STEM实践工作经历,提高STEM教师的年收入。

(2) 为未来的STEM教师的培训提供资源

与教育部及国家科学基金会具有伙伴关系的STEM教育全国委员会,应当与典范合作并传播其信息,以此吸引并支持更多优秀的学生选择STEM教学生涯。例如,对于那些在大学里专修STEM内容并且承诺毕业后选择教学岗位的学生,STEM教育全国委员会可以考虑为他们实施减免学费或提供资金支持的计划。为了成为同时具备学科背景和教学技能的合格STEM教师,这些学生要完成这两方面的项目。[71]同样地,教育部、国家科学基金会、州政府以及其他相关机构可以扩展这样的计划:主修STEM专业的学生可以减免贷款,作为回报,他们将在未来从事STEM教学工作。[72]

(3) 创立和批准国家STEM教师资格指南

STEM教育全国委员会要在其成员(尤其是州教师资格认证机构)之间进行协调,开发一个机制来创建并认可全国性的、严谨的STEM教师资格认证指南,以供各州自愿采用。当STEM教师在不同州和地方之间流动时,该指南能够对他们继续从事教学工作有所帮助。至于从其他领域进入大学预科教学的STEM专业人员,指南也会对他们提出明确要求。这一点与现在的国家委员会资格认证项目不同,[73]其目标不在于奖励精英教师,而在于扩展可能的STEM教师资源、增加教师的流动性,以及提高STEM教师的标准。当然,也应鼓励制定中学教师在专业分科领域的资格认证指南。

2. 行动:提高STEM教师培训的质量

所有与师资培训相关的行动,尤其是高等教育机构里的教师教育项目,理应确保教师为教授STEM内容做好了充分的准备。STEM教师至少应该学过即将教授的STEM知识内容。小学和中学教师也应该获得恰当的STEM知识内容。虽然在此没有特别强调,但更为关键的是确保STEM教师掌握现有的STEM知识和教学法。做过超范围努力的公立大学、STEM学科团体、国家实验室及非正式的STEM教育机构,应该与地方和州政府机构通力合作,努力解决这一需求。

(1) 协调STEM教师培训与国家内容指南[74]

高等教育机构的教师教育项目要培训学生教授与国家STEM内容指南相匹配的课程。STEM教育全国委员会、教育部、国家科学基金会、高等教育认证机构以及教师资格认证机构,应该鼓励高等教育机构确保他们的毕业生在踏进课堂之前已经熟悉STEM知识内容,知道如何像在传统课堂中那样在实验室教STEM内容,并且掌握普通教学技能[75]。STEM教师需要做好的充分准备应该包括与教育学院及人文学院、科学学院和工程学院进行合作,以确保他们已获得的STEM知识内容具有足够的深度,对他们未来成为教师有用。STEM大学教师理应为大学预科教师负责,通过改善教学来吸引学生。未来STEM教师所掌握的知识内容应与他们的同学在大学科学和工程课程以及成为劳动力所需知识相一致。各专业学科协会(disciplinary societies)、非正式的STEM教育机构以及国家实验室都可以提供专业知识,从而有效地提高STEM教师培训的质量。

(2) 改善高等教育机构间的衔接协议

高等教育机构应该尽其所能,改进学生和课程转换(学分衔接)协议[76],以使准备执教STEM的学生不至于因为机构间不能进行学分转换而延误获取学位。

六、建议

在全国范围内加强STEM教育,对保持高质量公民生活及确保维持美国在科学和技术领域的国际竞争力具有关键作用。公众的意识和行动对解决这一危机至关重要。21世纪的工作,即使不在STEM领域,也亟需具备技术素养的劳动力。为了全方位和积极地参与日益基于科技的民主政治,所有公民必须拥有基本的STEM素养。当前,如果没有认真考虑STEM教育改革,国家现在的一代及未来一代就会处在衰落的危险之中。该行动计划中的建议十分重要,能为国家提供大量具备科学和技术素养的人口。我们所提出的建议将确保所有学生拥有在全球化知识经济时代获取成功所必备的基本技能和知识。在这些学生当中,一些人将成为人们非常需要的科学家、工程师、数学家以及STEM教师。为了确保我们的教育体系产生下一代的杰出创新者,需要我们进一步采取行动,科学委员会随后将探讨这个问题。国家现在就必须采取行动,解决STEM教育体系的重大需求;科学委员会在这里提出的行动计划,应当是迈出努力的第一步。

七、尾注

1. The National Academy of Sciences, National Academy of Engineering, and Institute of Medicine of the National Academies, *Rising Above the Gathering Storm: Energizing and Employing America for a Brighter Economic Future*, (Washington, DC: National Academies Press, 2005). http://www.nap.edu/execsumm_pdf/11463.pdf.

2. 众议院拨款委员会(The House Committee on Appropriations)报告了2006财政年度科学、州政府、司法、商业和相关机构的拨款预算,表明支持STEM教育全国委员会的成立。该报告声称:"拨款委员会了解到科学委员会已经逐步成立委员会,对国家科学基金会和联邦政府为使国家科学教育取得全方位的进展所采取的行动提出建议,拨款委员会坚定地认可这种努力。"这份报告可见于: Bill. Conference Committee, *Conference Report; Making Appropriations for Science, the Departments of State, Justice, and Commerce, and Re-*

lated Agencies for the Fiscal Year Ending September 30, 2006, and for Other Purposes, 109th Cong., 1st sess., 2005, H. Rep. 272, 184.

3. 国家科学委员会STEM教育听证会于2005年12月在华盛顿,2006年2月在博尔德(Boulder),2006年3月在洛杉矶举行。这些听证会的文本和视频可在如下网站下载:www.nsf.gov/nsb.

4. 例如,在以下报告中可以见到Vannevar Bush的论证:*Science-The Endless Frontier: A Report to the President*,(Washington, DC: U.S. Government Printing Office, 1945). http://www.nsf.gov/od/lpa/nsf50/vbush1945.htm.

5. 美国21世纪国家安全委员会在其2001年2月第三阶段的报告中指出:"本委员会认为,研究和教育系统的不足对美国国家安全构成的威胁,在未来的25年比任何我们所能想象的潜在的常规战争的威胁都更大。"The United States Commission on National Security/21st Century, *Roadmap for National Security: Imperative for Change*,(Washington, DC: U.S. Commission on National Security/21st Century, February 15, 2001), http://govinfo.library.unt.edu/nssg/PhaseIIIFR.pdf.

6. The National Academy of Sciences, National Academy of Engineering, and Institute of Medicine of the National Academies, *Rising Above the Gathering Storm: Energizing and Employing America for a Brighter Economic Future*,(Washington, DC: National Academies Press, 2005), http://www.nap.edu/execsumm_pdf/11463.pdf.

7. National Center for Education Statistics, *Remedial Education at Degree Granting Postsecondary Institutions in Fall 2000*,(Boston, MA:National Center for Education Statistics, 2000). http://nces.ed.gov/pubs2004/2004010.pdf.

8. 经济合作与发展组织(OECD)国际学生评估项目(PISA)测试强调"学生应用科学和数学概念及思维来解决他们所遇到的问题的能力,特别是在教室之外的情境中遇到的问题"。2003年,31个国家中有20个国家学生的得分高于美国4年级、8年级和15岁的学生。National Science Foundation, Division of Science Resource Statistics, *Science and Engineering Indicators 2006*,(Arlington, VA: National Science Foundation, February, 2006). http://www.nsf.gov/statistics/seind06/c1/tt01-05.htm.

9. "教科书必须覆盖越来越多的主题、关键词等,他们在不同主题之间穿梭而结束,包括对少量材料进行深度理解。"Thomas B. Fordham Institute Report, *The Mad, Mad World*

of Textbook Adoption,（Washington, DC: The Thomas B. Fordham Institute, 2004）. http://www.edexcellence.net/doc/Mad%20World_Test2.pdf.

10. 2004年度美国人口普查社会和经济增刊发现,"在前一年,15%—20%的学龄儿童在迁移。"Bureau of the Census of the Bureau of Labor Statistics, *Current Population Survey, 2004 Annual Social and Economic Supplement*,（Washington DC: Bureau of the Census, 2004）. http://www.census.gov/apsd/techdoc/cps/cpsmar04.pdf. 根据美国总审计局1994年的一项研究,在三年级结束的时候,六个孩子中就有一个上过三个或更多个学校。U.S. General Accounting Office, *Elementary School Children Many Change Schools Frequently Harming their Education*,（Washington DC: General Accounting Office, 1994）. http://archive.gao.gov/t2pbat4/150724.pdf.

11. National Center for Education Statistics, *Mapping 2005 State Proficiency Standards Onto the NAEP Scales*,（Washington DC: U.S. Department of Education, 2007）. http://nces.ed.gov/nationsreportcard/pdf/studies/2007482.pdf.

12. National Center for Education Statistics, *Remedial Education at Degree Granting Postsecondary Institutions in Fall 2000*,（Boston, MA: National Center for Education Statistics, 2000）. http://nces.ed.gov/pubs2004/2004010.pdf.

13. "三分之一的高中毕业生对进入高等教育或劳动力市场没有做好准备。"Council of Chief State School Officers, *Mathematics and Science Education Task Force. Report and Recommendations*,（Washington, DC: Council of Chief State School Officers, November, 2006）. http://www.ccsso.org/content/pdfs/Math%20Science%20Recom%20FINAL%20lowrez.pdf.

14. The National Commission on Mathematics and Science Teaching for the 21st Century, *Before It's Too Late: A Report to the Nation*,（Jessup, MD: Education Publications Center, September 27, 2000）. http://www.ed.gov/inits/Math/glenn/report.pdf.

15. Levine, Arthur, *Educating School Teachers*,（Washington, DC: The Education Schools Project, September, 2006）. http://www.edschools.org/pdf/Educating_Teachers_Report.pdf.

16. 例如,北卡罗来纳大学系统主席厄斯金·鲍尔斯（Erskine Bowles）说:"在过去的4年里,在北卡罗来纳大学的15个教育学院中总共只培养了3个物理教师。"Bowles, Erskine. "Inaugural Address." Inaugural address, UNC Presidential Inauguration, Greensboro,

NC, April 12, 2006. 备注:毕业于北卡罗来纳大学系统、具有更广泛的科学资质的教师数量是非常大的。

17. 2003学年度,全日制高中数学和科学全职教师的平均年薪是43 000美元,与之相比,计算机系统分析师平均年薪为72 000美元,会计师、审计师、其他金融专家为61 000美元,工程师为75 000美元。National Science Foundation, Division of Science Resources Statistics, National Survey of College Graduates.

18. 工资同步模式(the lockstep salary model)是一种决定教师工资,并且用于美国大多数公立学校系统的模式。总的来说,这个系统的一系列支付等级通常以教育水平、教师资格证书以及资历为依据。教师每年的加薪是基于他们符合计划表中升级的资格。

19. 这在前面也提到过。National Academy of Science, National Academy of Engineering, and Institute of Medicine of the National Academies, *Rising Above the Gathering Storm: Energizing and Employing America for a Brighter Economic Future*; The Center for Teaching Quality, *Performance Pay for Teachers: Designing a System that Students Deserve*.(Hillsborough, NC: Center for Teaching Quality, 2007). http://www.teacherleaders.org/teachersolutions/TSreport.pdf.

20. "在美国的50个州和州之外司法辖区中的15 000个学区中,拥有超过91 000所公立学校。"National Forum on Education Statistics. *The Forum Voice: Spring 2002*(Volume 5, No. 1).(Washington, DC: National Forum on Education Statistics, 2002). http://nces.ed.gov/forum/v_spring_02.asp.

21. 参与初等及中等STEM教育的联邦机构和部门包括(但不限于):教育部(DoED)、国家科学基金会(NSF)、科学和技术政策办公室(OSTP)、能源部(DoE)、美国宇航局(NASA)、国家海洋与大气管理局(NOAA)、国防部(DoD)、国家标准与技术研究所(NIST)、农业部(USDA)、国立卫生研究院(NIH)、史密森学会和地质调查局(USGS)。U.S. Department of Education, *Report of the Academic Competitiveness Council*(Washington, DC: U.S. Department of Education, May, 2007). http://www.ed.gov/about/inits/ed/competitiveness/acc-mathscience/ report.pdf.

22. 国家科学技术委员会的作用之一是协调这些利益相关者。然而,作为总统行政办公室的顾问班子,依据现有行政管理的政策目标,国家科学技术委员会有不同的使命和工作重点。

23. 太空竞赛始于1957年苏联发射人造卫星。在接下来的12年里,美国和苏联相互竞争,试图成为第一个征服外太空的国家。为了达到这个目标,美国注重科学和数学技能。为了满足这种技能需要,国会在1958年通过了《国防教育法》(NDEA)。这项立法的目的主要是为了刺激中小学教育在科学、数学和现代外语领域的发展,但它也为其他领域提供援助,包括技术教育和作为第二语言的英语。由于记录没有保存好,这项法令的作用难以被证明。但是,法令颁布之后,教育学士学位授予数量比其他领域增长更加快速。可以说,在最初几年的运作中,对于此前没有产生或很少产生博士毕业生的许多州而言,《国防教育法》在研究生教育的发展方面有相当大的影响力。

24. 1975年,国会通过了《全体残疾儿童受教育法》(Education for All Handicapped Children Act, EHA),它要求所有公立学校接受联邦基金,来为身体和智力残疾的儿童提供平等的受教育机会。公立学校被要求评估残疾学生,与父母创建一个教育计划,尽可能提供与身体健全学生相似的教育经历。更多的信息详见:http://www.scn.org/-bk269/94-142.html。

25. 尽管科学委员会的这份报告主要针对公众教育,但它也认识到,一部分美国学生在私立学校上学(根据美国国家教育统计中心的数据,2003—2004学年有大约10%的小学和中学学生在私立学校上学),或者接受家庭教育(2003年有2.2%,参考同样的数据来源)。Broughman, S.P. and Swaim, N.L., *Characteristics of Private Schools in the United States: Results from the 2003–2004 Private School Universe Survey*,(Washington, DC: U.S. Department of Education, National Center for Education Statistics, 2006). http://nces.ed.gov/pubs2006/2006319.pdf and Princiotta, D. and Bielick, S. *Homeschooling in the United States: 2003*,(Washington, DC: U.S. Department of Education, National Center for Education Statistics, 2005). http://nces.ed.gov/pubs2006/2006042.pdf.

26. 依据政府问责办公室(GAO)关于高等教育联邦科学、技术、工程和数学项目及相关趋势的报告,在2004财政年度,13个民间机构为207个教育项目支出了近28亿美元。United States Government Accountability Office. *Higher Education Federal Science, Technology, Engineering and Mathematics Programs and Related Trends*.(Washington, DC: U.S. Government Accountability Office, October 2005). http://www.gao.gov/new.items/d06114.pdf. 美国教育部学术竞争力委员会的报告也提到,在13个联邦机构中有105个STEM教育项目,在2006财政年度中,总共花了近31.2亿美元。U.S. Department of Education, *Report of*

the Academic Competitiveness Council,（Washington, DC: U.S. Department of Education, May, 2007）. http://www.ed.gov/about/inits/ed/competitiveness/acc-mathscience/report.pdf.

27. 国家科学委员会表示STEM委员会旨在证明国家科学委员会将长期、持续地参与和支持P—16年级STEM教育的承诺。

28. 例如,国家公路合作研究组织(它是交通研究委员会的一部分)由国家交通主管部门资助。支持是自愿的,并且资金是来自于国家规划和研究公司(SPR)基金中被联邦政府专门用来资助建造高速公路的各州分摊部分。此外,资金只能花在经三分之二的州批准的管理问题上。每个州分到相当于SPR分摊的5.5%。更多信息见:http://www.trb.org/default.asp.

29. 类似的建议也可见:U.S. Department of Education, *Report of the Academic Competitiveness Council*,（Washington, DC: U.S. Department of Education, May, 2007）, http://www.ed.gov/about/inits/ed/competitiveness/acc-mathscience/report.pdf. 他们在报告中提到:"联邦机构应该提高K—12年级STEM教育同州、地方学校系统的协调性。"

30. 在下面的文章中被推荐:National Governors Association and Council on Competitiveness, *Innovation America: A Partnership*,（Washington, DC: National Governors Association, February 24, 2007）.http://www.nga.org/Files/pdf/0702INNOVATIONPARTNERSHIP.PDF.

31. 美国国家评估管理委员会(NAGB)由教育部长任命,却是独立于教育部的机构,制定国家教育进展评估(NAEP)的政策,负责开发作为评估蓝图的框架和测试规范。NAGB是两党组织,其成员包括州长、州立法委员、地方和州学校官员、教育者、商业代表和公众成员。国会在1988年创建了有26个成员的评估管理委员会。更多信息在他们的相关网站上:http://www.nagb.org/.

32. 国家教育进展评估(NAEP),也被称为"美国的成绩单",是唯一具有全国代表性的、持续评估美国学生在不同学科领域知道什么和能做什么的工具。更多的信息在其相关网站上:http://nces.ed.gov/nationsreportcard/about/.

33. 在州一级,P—16年级和P—20年级委员会是教育利益相关者的团体。它包括州和地方政策制定者、教师、管理人员及父母,旨在改善教育和解决教育体系中的问题。

34. 1976年,国会成立了科学技术政策办公室(OSTP),并授权它为总统行政办公室的主任及其他人员就科学和技术在国内及国际事务中的影响提供建议。其主要职责是针对联邦政府的重大政策、计划和项目,为总统提供科学、技术上的分析和判断服务。更多信息可在相关网站找到：http://ostp.gov/index.html.

35. 1993年，通过行政命令建立了国家科学技术委员会(NSTC)。这个内阁委员会是行政部门在不同实体间协调科学和技术政策的主要手段，这些实体由联邦研发企业组成。国家科学技术委员会的一个主要目标是在广泛的领域中，为联邦的科学和技术投资建立明确的国家目标。为了完成多个国家目标，国家科学技术委员会制订研发策略，协调联邦机构间形成一揽子投资(investment packages)。国家科学技术委员会的工作由四个主要的委员会进行组织：科学委员会、技术委员会、环境和自然资源委员会、国土和国家安全委员会。更多信息见：http://www.ostp.gov/nstc/index.html.

36. 国家科学技术委员会科学分委员会对教育和劳动力问题已经发布了相关报告，如：*Review and Appraisal of the Federal Investment in STEM Education Research*，(Washington, DC: Office of the President, October 2006). http://www.ostp.gov/nstc/html/ReviewAppraisaloftheFederalInvestmentSTEMEducationResearchOctober06.pdf.

37. 在教育部学术竞争力委员会的报告中也提出了该建议，(Washington, DC: U.S. Department of Education, May 2007). http://www.ed.gov/about/inits/ed/competitiveness/acc-mathscience/report.pdf.

38. 在为下一代的创新者开发的项目(这是未来国家科学委员会有关STEM教育的活动主题)中，这个职位可能也起着重要的作用。

39. 尽管从前幼儿园到研究生教育(P—20年级)的STEM教育是国家科学基金会的首要职责，科学委员会行动计划的重点是P—16年级STEM教与学的联合，并不考虑研究生教育。

40. 国家科学基金会教育和人力资源学部负责在各年级全方位地(包括正式和非正式的)实现成功的STEM教育，以支持多样化且受过良好培训的劳动力(如科学家、技术人员、工程师、数学家、教育家及知识丰富的公民，他们会使用科学和技术的观念及工具)的发展。更多信息见：http://www.nsf.gov/ehr/about.jsp.

41. 国家科学基金会研究和相关活动委员会是国家科学基金会中首要的部门，它参与了所有的研究和开发工作，并从国会获取资金，用于所有非教育和非培训相关项目的研究活动。

42. National Science Board, *Preparing Our Children: Math and Science Education in the National Interest*, (Arlington, VA: National Science Foundation, 1999). http://www.nsf.gov/

pubs/1999/nsb9931/nsb9931.pdf.

43. 见学术竞争力委员会报告的建议2,其中提到"全体机构和联邦政府应该通过改进评估方法和/或者实施有效的、基于研究的教学材料及方法,来促进有效实践的知识"。U.S. Department of Education. *Report of the Academic Competitive Council*. (Jessup, MD: Education Publication Center, May 2007). http://www.ed.gov/about/inits/ed/competitiveness/acc-mathscience/report.pdf.

44. 同样见 *Cyber infrastructure Vision for 21st Century Discovery* (Arlington, VA: National Science Foundation, February 2007). http://www.nsf.gov/pubs/2007/nsf0728/index.jsp.

45. 国家科学数字图书馆网站:http://nsdl.org/.

46. 罗伯特·诺伊斯(Robert Noyce)奖学金项目旨在鼓励有才华的STEM专业的学生及专业人士成为K—12年级数学和科学教师。该项目为高等教育机构提供资金,来为那些致力于K—12年级学区教学的学生提供奖学金、助学金和项目支持。更多信息可访问:http://www.nsf.gov/funding/pgm_summ.jsp?pims_id=5733.

47. 本科生研究体验(REU)项目支持任何研究领域中由国家科学基金会资助的本科生积极参与的研究。REU项目会用有意义的方式(持续参与研究项目或专门为REU设计研究计划)让学生参与进来。更多信息可访问:http://www.nsf.gov/funding/pgm_summ.jsp?pims_id=5517&org=NSF.

48. 通过各种渠道(包括一个特别发达的网上管理信息系统)收集数据,已经取得了巨大的进展,包括2002—2003年、2003—2004年及2004—2005年学生在数学和科学熟练程度测试分数上有提升,在其他测量上也有提升。要了解更多信息可访问美国国家科学基金会网站阅读相关文章:*Math and Science Partnership National Impact Report*, http://www.nsf.gov/news/newsmedia/msp_impact/final_msp_impact_report.pdf.

49. National Science Board, *A Statement of the National Science Board: In Support of the Math and Science Partnership Program at the National Science Foundation*, (Arlington, VA: National Science Board, 2004). http://www.nsf.gov/nsb/documents/2004/nsb_msp_statement2.pdf. 更多有关"数学和科学伙伴关系项目"的信息可见:http://www.nsf.gov/funding/pgm_summ.jsp?pims_id=5756 以及 http://hub.mspnet.org/index.cfm.

50. 路易斯·斯托克斯少数族裔参与联盟计划(LSAMP)旨在增加成功完成STEM学士学位项目的学生数量和质量,增加有兴趣、有资格录取至研究生学习的学生人数。LSAMP

支持全面持久的方法来促进实现长期增加在STEM领域(特别是来自于STEM领域中缺乏代表性的人群)取得博士学位的学生人数。该计划的目标是通过联盟的形成来实现。更多的信息可在以下网站找到:http://www.nsf.gov/pubs/2003/nsf03520/nsf03520.htm.

51. 根据2006年的"公众对科学与技术的态度和理解指标"(Science & Technology Public Attitudes and Understanding Indicators),美国和其他国家的大多数成年人获取科学与技术信息主要靠看电视,包括教育性质的、非虚构的节目,新闻播报,甚至是娱乐节目。此外,互联网在传播科学和技术新闻方面也发挥了重要作用,由此,在2004年互联网上升至科学和技术新闻来源的第二名。National Science Foundation, Division of Science Resource Statistics, *Science and Engineering Indicators 2006*, (Arlington, VA: National Science Foundation, February 2006).http://www.nsf.gov/statistics/seind06/c7/c7h.htm.

52. National Science Board, *Communicating Science and Technology in the Public Interest*, (Arlington, VA: National Science Board, August 3, 2000). http://www.nsf.gov/nsb/documents/2000/nsb0099/nsb0099.htm.

53. "内容指南"在这里定义为描述在不同学科领域的预期的学生知识。

54. 有几项来自110届国会的立法,包括规定创建STEM内容标准。它们是:H. R. 35, *the Science Accountability Act of 2007*,要求各州在科学上制定具有挑战性的学术内容和学生成绩的标准;S.164, the *SUCCESS Act*,要求国家教育进展评估委员会的全国学术内容和学生成绩标准具有严格的国际竞争力,要将标准设置在某一水平,使符合该标准的学生无需补课就能接受高等教育,或成为21世纪的劳动力和武装力量(Armed Forces)。要求国家教育进展评估委员会帮助各个州致力于使州的标准与科学委员会提出的标准相匹配;S. 757, the *National Mathematics and Science Consistency Act*,指导教育部长与国家科学院通力合作,召集工作小组,为K—12年级科学和数学教育研发自愿性的国家期望(期望要能反映所有州共同的数学和科学教育核心思想)。 Library of Congress, "Thomas; Legislation in Current Congress", http://thomas.loc.gov/(accessed April 19, 2007).

55. 这些年级的具体标准必须建立在已有的标准之上,如:National Council of Teachers of Mathematics, *Principles and Standards for School Mathematics*, (Reston, VA: NCTM, 2000); International Technology Education Association, *Standards for Technological Literacy*, (Reston, VA: ITEA, 2000). http://standards.nctm.org/; American Association for the Advancement of Science, *Benchmarks for Science Literacy* (New York: Oxford University Press,

1993). http://www.project2061.org/publications/bsl/online/bolintro.htm; National Research Council, *National Science Education Standards* (Washington, DC: National Academy Press, 1996)以及 Douglas Gorham, Pam Newberry, and Theodore Bickart, "Engineering Accreditation and Standards for Technological Literacy," *Journal of Engineering Education* 92, (Ashburn, VA: American Society for Engineering Education, 2003).

56. 第三次国际数学和科学趋势研究(the Third International Mathematics and Science Study, TIMSS)评述,美国高中数学和科学课程缺乏连贯性和深度,肤浅地覆盖了太多的主题。标准必须强调:与覆盖大规模的内容相比,深入理解更为重要。National Center for Education Statistics, "Third International Mathematics and Science Study", *Institute of Education Sciences*, (Washington, DC: U.S. Department of Education, 2003). http://nces.ed.gov/timss/index.asp.

57. National Council of Teachers of Mathematics, *Curriculum Focal Points: From Pre-Kindergarten through Grade 8 Mathematics*, (Reston, VA: National Council of Teachers of Mathematics, 2006). http://www.nctmmedia.org/cfp/front_matter.pdf.

58. 尽管在公众评论期间,一些人强调美国科学促进协会(AAAS)的"2061科学素养基准"项目(http://www.project2061.org/publications/bsl/)以及"科学素养导航图"项目(http://www.project2061.org/publications/atlas/default.htm)作出的重要贡献,但由于该基准目前已有超过10年的历史,并且是跨年级编写而不是针对特定年级编写,因此需要更新。

59. "Achieve公司(Achieve Inc)由美国州长和商界领袖在1996年创建,是一个代表两党的非营利组织,旨在帮助各州提高学术标准、改善评估和加强问责制,以使所有年轻人进入高校、工作岗位和成为良好公民。Achieve公司已经实现了使超过一半的州以基准来检查学术标准、测试和问责制,以在美国及世界范围内树立起最好的范例。它已经开发了基准标准,用来描述高中毕业生如果想在高等教育及高效能的工作岗位中取得成功所必须具有的数学和英语技能。Achieve公司与各州通力合作,把州的预期标准和高中的评价合并起来。Achieve公司也为幼儿园至8年级开发了各个年级层次的数学标准。"http://www.achieve.org/.

60. 美国国家科学委员会对于大学预科教育的数学、科学和技术也有建议。*Educating Americans for the 21st Century: A Plan of Action for Improving Mathematics, Science and Technology Education for All American Elementary and Secondary Students So that Their*

Achievement is the Best in the World by 1995, (Arlington, VA:National Science Foundation, 1983); National Science Board, *America's Pressing Challenge - Building a Stronger Foundation: A Companion to Science and Engineering Indicators*, (Washington DC: Government Printing Office, 2006). http://www.nsf.gov/statistics/nsb0602/nsb0602.pdf; the Domestic Policy Council of the Office of Science and Technology Policy, *America's Competitiveness Initiative: Leading the World in Innovation*, (Washington DC: Government Printing Office, 2006). http://www.whitehouse.gov/state of the union/2006/aci/aci06-booklet.pdf.

61. 作为全国州长协会(NGA)创新美国计划的一部分,对自愿参加国际基准研究的资助已经被提议并且包括在STEM拨款项目内。作为该项目的一部分,国家州长协会已经鼓励各州参与国际评估,并根据国际基准调整他们的标准和评估。要了解更多信息可登陆以下网站:http://www.nga.org/portal/site/nga/menuitem.751b186f65e10b568a278110501010a0/?vgnextoid=e34e2bad2b6dd010VgVCM1000001a01010aRCRD&vgnextchannel=92ebc7df618a2010VgnVCM1000001a01010aRCRD.

62. 使用这种指标作为学术年项目(AYP)的一项补充措施,反映在如下文件中:H. R. 35, the *Science Accountability Act of 2007*. 这个法案将修改1965年颁布的《初等和中等教育法》,要求在年度进展的计算中采用科学评估。Library of Congress, "Thomas; Legislation in Current Congress", http://thomas.loc.gov/ (accessed April 19, 2007).

63. STEM中心拨款项目是全国州长协会(NGA)创新美国计划的一部分。该拨款项目旨在成功构建高中荣誉州计划(High School Honor States Initiative)。STEM中心将帮助州K—12年级教育体系确保所有高中毕业生在STEM学科中获得最基本的能力。关于该项目的更多信息可在以下网站找到:http://www.nga.org/Files/pdf/0702INNOVATIONSTEMRFP.PDF.

64. 要进入国家科学数字图书馆,可以登陆:http://nsdl.org/.

65. 美国文凭项目(ADP)是四个全国性组织(Achieve公司、教育信托、全国商业联盟及福特汉姆基金会)和五个州(印第安纳州、肯塔基州、马萨诸塞州、内华达州及得克萨斯州)的合作项目,他们在州级层面联手合作,努力加强正在进行的基于标准的改革。它的目标是确保美国高中生具有毕业后无论在大学、工作岗位还是部队中都能获得成功所必需的知识和技能。美国文凭项目也致力于发展、巩固在招生和招聘过程中基于标准的高中学校评估数据的需求;协助各州修改或加强他们当前基于标准的体系;开发英语语言艺术和数学的全国高中毕业基准,用以给所有州校正标准及评价的质量。更多的信息可通过以下网址查阅:http://www.achieve.org/node/604.

66. National Governors Association and Council on Competitiveness, *Innovation America: A Partnership*, (Washington, DC: National Governors Association, February 24, 2007). http://www.nga.org/Files/pdf/0702INNOVATIONPARTNERSHIP.PDF.

67. 在以下文件中也有建议:Business-Higher Education Forum, *A Commitment to America's Future: Responding to the Crisis in Mathematics and Science Education*, (Washington, DC: Business-Higher Education Forum, January 2005). http://www.bhef.com/solutions/MathEduPamphlet_press.pdf; National Science Board, *America's Pressing Challenge-Building a Stronger Foundation, Companion to Science and Engineering Indicators 2006*, (Arlington, VA: National Science Foundation, 2006). http://www.nsf.gov/statistics/nsb0602/; National Science Board Commission on Precollege Education in Mathematics, Science and Technology, *Educating Americans for the 21st Century: A Plan of Action for Improving Mathematics, Science and Technology Education for All American Elementary and Secondary Students So That Their Achievement is the Best in the World by 1995*, (Arlington, VA: National Science Foundation, 1983); the Domestic Policy Council of the Office of Science and Technology Policy, *America's Competitiveness Initiative: Leading the World in Innovation* (Washington DC: Government Printing Office, 2006). http://www.whitehouse.gov/stateoftheunion/2006/aci/aci06-booklet.pdf; National Science Board, *Preparing Our Children: Math and Science Education in the National Interest*, (Arlington, VA:National Science Foundation, 1999). http://www.nsf.gov/pubs/1999/nsb9931/nsb9931.pdf; American Association for the Advancement of Science, *A System of Solutions: Every School, Every Student* (Washington, DC: American Association for the Advancement of Science, 2005). http://ehrweb.aaas.org/PDF/GEReport.pdf.

68. 根据对教师跟踪调查获得的数据显示,在所有离开工作岗位的教师中,大约有一半人是因为对工作不满意或希望找到其他工作。显然,相比于其他学科的教师,数学或科学教师更有可能因为对工作不满而离开他们的工作岗位(40%的数学或科学教师和全体教师中的29%)。那些因为对工作不满意而离开教学岗位的人当中,由数学和科学教师给出的最常见原因是:工资低(56.7%);缺乏来自行政的支持(45.9%);学生纪律问题(29%);学生缺乏动力(21.4%)。需要指出的是,把教师所给出原因的百分比加起来超过100%,因为受访者可以同时选择三个离开的理由。Ingersoll, R. *Turnover Among Math and Science Teachers in the U.S.* （Washington, DC: Department of Education, 2000）. www.ed.gov/inits/Math/glenn/Ingersollp.doc.

69. 依据国家教育统计中心关于对学校与教师调查以及教师跟踪调查(TFS)的资料，有11%的教师会在工作1年后离开教师岗位，有29%的教师会在3年后离开教师岗位，有39%的教师会在5年后离开教师岗位。数据是基于1987—1989年，1990—1992年和1993—1995年施行的调查。Ingersoll, R. *Turnover Among Math and Science Teachers in the U.S.* （Washington, DC: Department of Education/National Commission on Mathematics and Science Teaching for the 21st Century, 2000）. www.ed.gov/inits/Math/glenn/Ingersollp.doc.

70. 为了使大学预科中的科学和数学教学与其他工作机会相比更具有竞争力，必须补偿教授数学、科学、技术学科的教师，使他们的收入可比于在其他经济部门工作的受过相似训练的人。National Science Board, *America's Pressing Challenge: Building a Stronger Foundation,* （Arlington, VA: National Science Foundation, February, 2006）. http://www.nsf.gov/statistics/nsb0602/71.

71. 这一要求与国家科学院、国家工程院及国家医学研究院的要求相一致。*Rising Above the Gathering Storm: Energizing and Employing America for a Brighter Economic Future*（Washington, DC: National Academies Press, 2005）. http://www.nap.edu/execsumm_pdf/11463.pdf.

72. 2007年8月2日，众议院与参议院通过的H.R.2272号法案体现了这一观点。H.R. 2272, the America Creating Opportunities to Meaningfully Promote Excellence in Technology, Education and Science Act（COMPETES）.

73. 国家专业教学标准委员会(National Board for Professional Teaching Standards, BNPTS)项目为24个学科与发展性教学领域提供证书。http://www.nbpts.org/ （accessed April 19, 2007）.

74. 还可参见下列文件：National Science Board Commission on Precollege Education in Mathematics, Science and Technology, *Educating Americans for the 21st Century: A Plan of Action for Improving Mathematics, Science and Technology Education for All American Elementary and Secondary Students So That Their Achievement is the Best in the World by 1995,* （Arlington, VA: National Science Foundation, 1983）; National Science Board, *Preparing Our*

Children: Math and Science Education in the National Interest,（Arlington, VA: National Science Foundation, 1999）. http://www.nsf.gov/pubs/1999/nsb9931/nsb9931.pdf; Building Engineering and Science Talent, *A Bridge for All: Higher Education Design Principles to Broaden Participation in Science, Technology, Engineering and Mathematics,*（San Diego, CA: Building Engineering and Science Talent, 2004）. http://www.bestworkforce.org/PDFdocs/BEST_BridgeforAll_HighEdFINAL.pdf; Business-Higher Education Forum, *A Commitment to America's Future: Responding to the Crisis in Mathematics and Science Education,*（Washington, DC: Business-Higher Education Forum, January 2005）. http://www.bhef.com/solutions/MathEduPamphlet_press.pdf.

75. 批判性教学能力包含行为管理与可以为来自不同文化背景及具有不同能力的学生提供教育的能力。

76. 学分衔接协议的政策是允许学生将其在一所学校的某个项目中获得的学分用于向另一所学校申请免修、等值转换或直接加入该学校的某个项目中。

《美国竞争法》第五章：

STEM支持计划(2010)

一、《美国竞争法》内容目录

本法可引用为2010年《美国竞争再授权法》(America COMPETES Reauthorization Act of 2010),或者2010年《美国创造机会以有意义地促进技术、教育和科学之卓越再授权法案》(America Creating Opportunities to Meaningfully Promote Excellence in Technology, Education, and Science Reauthorization Act of 2010)。

本法案的内容目录如下:

第一章　科学与技术政策办公室
　　第101条　协调联邦STEM教育
　　第102条　协调先进制造业的研究与开发
　　第103条　跨部门公众访问委员会
　　第104条　联邦科学作品汇编
　　第105条　奖金竞争

第二章　美国宇航局(NASA)
　　第201条　NASA对国家创新和竞争力的贡献

第202条　NASA对教育的贡献

第203条　少数族裔及未被充分代表的群体对NASA中参与空间科学和工程劳动力发展之障碍的评估

第204条　国际空间站对增强国家竞争力的贡献

第205条　潜在的商业轨道平台项目对STEM影响的研究

第206条　界定

第三章　国家海洋和大气管理局

第301条　海洋和大气的研发项目

第302条　海洋和大气的科学教育项目

第303条　劳动力研究

第四章　国家标准与技术研究所(NIST)

第401条　简称

第402条　拨款授权

第403条　负责标准与技术的商务部副部长

第404条　制造业扩张合作

第405条　应急通信及追踪技术的研究入门

第406条　扩大参与

第407条　NIST奖学金

第408条　绿色制造业和建筑业

第409条　界定

第五章　STEM支持计划

A分章　国家科学基金会

第501条　简称

第502条　界定

第503条　拨款授权

第504条　国家科学委员会行政管理修正案

第505条　国家科学和工程统计中心

第506条　国家科学基金会的制造业研究和教育

第507条　国家科学委员会关于中档仪器的报告

第508条　合作创新

第509条　可持续化学基础研究

第510条　研究生支持计划

第511条　罗伯特·诺伊斯教师奖学金项目

第512条　本科生扩大参与项目

第513条　高中生的研究经验

第514条　本科生的研究经验

第515条　STEM行业实习项目

第516条　应对国家挑战的网络学习

第517条　促进竞争力研究的实验项目

第518条　国会对STEM人才扩展项目的认识

第519条　国会对国家科学基金会为基础研究和教育所作贡献的认识

第520条　学术技术转让和大学研究的商业化

第521条　研究如何发展已改进的社会影响指标

第522条　资助博士后奖学金计划的国家科学基金会专款

第523条　大型设施管理工作规划中的合作

第524条　加强云计算研究

第525条　部落学院与大学项目

第526条　具有广泛影响的评审标准

第527条　21世纪的研究生教育

B分章　STEM教育资助计划

　第551条　目的

第552条　项目要求
第553条　资助项目
第554条　资助的监管
第555条　界定
第556条　授权拨款

第六章　　创新
第601条　创新创业办公室
第602条　制造业中创新技术的联邦贷款担保
第603条　区域创新项目
第604条　研究美国经济竞争力、创新能力及国家经济竞争力策略的发展
第605条　倡导使用高端计算机模拟并通过中小型制造商进行建模

第七章　　国家标准与技术研究所绿色就业
第701条　简称
第702条　调查发现
第703条　国家标准与技术研究所竞争性资助项目

第八章　　一般规定
第801条　美国政府问责办公室(GAO)评审
第802条　薪资限制
第803条　美国联邦电信交通委员会(FCC)的其他研究机构

第九章　　能源部
第901条　科学、工程和数学教育项目
第902条　能源研究项目
第903条　基础研究

第904条　美国能源部先进研究计划署

第十章　教育
　　第1001条　参考文献
　　第1002条　撤销与确定的修改
　　第1003条　拨款授权及相应要求

二、《美国竞争法》第五章:STEM支持计划

(一) A分章:国家科学基金会

第501条　简称

本分章可引用为2010年《国家科学基金会授权法》(National Science Foundation Authorization Act of 2010)。

第502条　界定(定义)

在本分章中:

(1) 主席——指国家科学基金会主席。

(2) EPSCoR——促进竞争力研究的实验项目(Experimental Program to Stimulate Competitive Research)的简称。

(3) 基金会——指在1950年《国家科学基金会法案》(42 U.S.C.1861)第2条指导下建立的国家科学基金会。

(4) 高等教育机构——"高等教育机构"的意思依据1965年《高等教育法》第101条(a)款的解释。[20 U.S.C. 1001(a)]

(5) 州——"州"(State)的适用范围包括:美国各个州中的一个、哥伦比亚特区、波多黎各自由联邦、美属维尔京群岛、关岛、美属萨摩亚、北马里亚纳群岛或美国任何其他领土或属地。

(6) 美国——"美国"(United States)的范围包括:美国各州、哥伦比亚特区、波多黎各

自由联邦、美属维尔京群岛、关岛、美属萨摩亚、北马里亚纳群岛以及美国任何其他领土或属地。

第503条 拨款授权

1. 2011财政年度

（1）总额：2011财政年度基金会经授权的拨款额度为7 424 400 000美元。

（2）第（1）项中授权拨款额的具体分配：

① 5 974 782 000美元用于开展研究和相关活动。

② 937 850 000美元用于教育和人力资源。

③ 164 744 000美元用于重大的研究设备和配套设施建设。

④ 327 503 000美元用于代理业务和奖励管理。

⑤ 4 803 000美元用于国家科学委员会办公室。

⑥ 14 718 000美元用于监察长办公室。

2. 2012财政年度

（1）总额：2012财政年度基金会的拨款额度为7 800 000 000美元。

（2）第（1）项中授权拨款额的具体分配：

① 6 234 281 000美元用于开展研究和相关活动。

② 978 959 000美元用于教育和人力资源。

③ 225 544 000美元用于重大的研究设备和配套设施建设。

④ 341 676 000美元用于代理业务和奖励管理。

⑤ 4 808 000美元用于国家科学委员会办公室。

⑥ 14 732 000美元用于监察长办公室。

3. 2013财政年度

（1）总额：2013财政年度基金会的拨款额度为8 300 000 000美元。

（2）第（1）项中授权拨款额的具体分配：

① 6 637 849 000美元用于开展研究和相关活动。

② 1 041 762 000美元用于教育和人力资源。

③ 236 764 000美元用于重大的研究设备和配套设施建设。

④ 363 670 000美元用于代理业务和奖励管理。

⑤ 4 906 000美元用于国家科学委员会办公室。

⑥ 15 049 000美元用于监察长办公室。

第504条　国家科学委员会行政管理修正案

1. 国家科学委员会的人员编制：1950年《国家科学基金会法案》第4条(g)款[42 U.S.C. 1863(g)]，现修订为强调"不超过5人"。

2. 国家科学委员会报告：1950年《国家科学基金会法案》第4条(j)款(2)项[42 U.S.C. 1863(j)(2)]，现修订为在"个别政策事宜"之后插入"该基金会的职权范围内(或者以国会或总统提出要求的方式)"。

3. 委员会遵守《阳光法案》：2002年《国家科学基金会授权法》第15条(a)款(2)项[42 U.S.C. 1862n-5(a)(2)]，现修订为：

(1) 强调"委员会"，并插入"为确保委员会整个决策制订过程的透明度，包括在其各个分支机构和委员会内发生的委员会审议业务"。

(2) 在最后增加："只要有足够法定人数出席，上述规定适用于委员会全体会议；有法定人数出席的委员会分支机构的会议也适用以上规定。"

第505条　国家科学和工程统计中心

1. 建立：在国家科学基金会内设立国家科学和工程统计中心，此中心应起到类似于联邦中央票据结算所的作用，来收集、解释、分析和传播有关科学、工程、技术以及研发项目的客观数据。

2. 职责：在执行1款时，主席通过中心应该履行以下职责：

(1) 收集、采集、分析、报告并传播对实践者、研究者、决策者和公众有帮助的美国及其他国家科学和工程企业相关统计数据，数据包括以下几个方面：

① 研发趋势。

② 科学和工程劳动力。

③ 美国在科学、工程、技术和研发方面的竞争力。

④ 美国STEM教育的状况和进展。

(2) 支持利用所收集到的数据进行的研究和以与本中心工作相关的研究方法所进行的研究。

(3) 在使用大型的、具有全国代表性的数据集方面，支持对研究人员进行教育和培训。

3. 统计报告：主席或国家科学委员会须通过本中心定期(或在必要时)提交与国家及国际科学和工程企业相关的统计报告，例如1950年《国家科学基金法案》第4条(j)款(1)

项[42 U.S.C. 1863(j)(1)]所要求的美国各州科学和工程学指标的双年报告。

第506条 国家科学基金会制造业研究和教育

1. 制造业研究：主席应该在高等教育机构设置评优和竞争性奖励项目，以支持在制造技术和工艺上引领变革的基础研究，以及可以通过提高绩效、生产力、可持续性和竞争力来提升美国制造业的企业。研究领域可能包括：

（1）纳米制造。

（2）制造业和建筑业的机器与设备，包括机器人、自动化及其他智能系统。

（3）制造业企业系统。

（4）先进的传感和控制技术。

（5）材料加工。

（6）制造业中的信息技术，包括预测和实时模型、模拟及虚拟制造。

2. 制造业教育：为确保制造业拥有训练有素的劳动力，主席应该通过奖励专款的形式来加强和扩展先进制造业中科学与技术教育及培训，包括通过基金会的先进技术教育项目。

第507条 国家科学委员会关于中档仪器的报告

1. 中档研究仪器的需求：国家科学委员会应当在基金会支持的所有学科中评估他们对中档研究仪器（mid-scale research instrumentation）的需求，这些中档研究仪器介于由重大研究仪器项目（the Major Research Instrumentation program）资助的仪器与由重大研究设备和设施建设项目（the Major Research Equipment and Facilities Construction program）资助的特大工程之间。

2. 关于中档研究仪器项目的报告。在本法案颁布之日起一年以内，国家科学委员会应当向国会提交一份关于基金会中档研究仪器的报告，这份报告应当包括：

（1）科学委员会关于仪器需求的评估结果须符合1款规定，须包含对学科间及基金会研究部门之间差异的说明。

（2）一份或多份关于基金会如何在各学科及基金会研究部门中重点推荐中档研究仪器的建议书。

（3）一份或多份关于扩展现有项目（包括重大研究仪器项目或者重大研究设备和设施建设项目）适用性的建议书，以支持更多的中档仪器项目。

（4）一份或多份建议书，述及基金会范围内支持中档仪器的新项目或新方案的必要性和适当性,建议包括任何关于对此类项目或方案预算的管理,以及在此类项目或方案资助下的仪器适用范围。

(5)任何关于支持基金会中档研究仪器其他选择的建议。

第508条 合作创新

1. 总则:主席应当设置评优和竞争性资助项目,对高等教育机构建立和拓展合作关系进行奖励,这种合作关系可以通过开发工具和资源,在新的科学发现与实践应用之间建立联系,从而推动创新,并能增加对研究的影响。

2. 合作关系:

(1)总则:为具备本款所要求的评选资格,高等教育机构须建议建立具备以下条件的合作关系:

① 合作伙伴中至少有一个私营企业。

② 在此基础上,可以有其他高等教育机构、公共部门机构、私营企业和非营利组织。

(2)优先权:在根据本款选择资助对象时,主席优先考虑的合作关系应包括一个或多个高等教育机构,并且至少要包括下列机构中的一个:

① 一个为少数族裔服务的机构。

② 一所重点本科院校。

③ 一个两年制高等教育机构。

3. 项目:受本条款资助的计划应寻求:

(1)通过知识转让或商品化,来增加合作机构或高等教育机构中最有前景的研究的影响力。

(2)在知识转让过程中,增加学科和部门间教师及学生的参与度,包括商学院以及其他非STEM领域和学科的教师及学生。

(3)通过网络、课程及最佳实践和课程的发展,增强对学生和教师在创新与创业方面的教育及指导。

(4)加强机构或高等教育机构中的文化建设,使其能够主动承担和参与同创新相关、并对经济或社会产生影响的活动。

(5)使所有类型的高等教育机构都参与到满足STEM劳动力需求、推动创新和知识转让的活动中。

(6)与当地及区域性的工商企业、地方政府和州政府以及其他相关单位建立长久的合作关系。

4. 附加标准：根据本条选择资助对象时，主席须考虑申请人所提供的制度上的保障证据的可信程度，并承诺：

（1）达到在3款中所描述的目标。

（2）如果最初的计划不是针对整个机构的项目，要将之扩展到整个机构。

（3）维持在本项目资金下产生的任何创新工具和资源。

5. 限制：本条款所提供的资金不得用于新建或改建建筑物或构筑物。

第509条　可持续化学基础研究

主席应设立一个绿色化学基础研究项目来奖励竞争性评优奖项，以支持绿色化学与可持续化学研究，而绿色化学与可持续化学将以清洁、安全、经济的特点替代传统的化学产品和实践。这个研究项目将通过以下方式为绿色化学的研究、教育和技术转移提供长久支持：

（1）对个体研究者和研究团队（在切实可行的范围内，包括参与研究的年轻研究人员）进行评优的竞争性补助。

（2）对大学、产业界和非营利组织之间的合作性研究伙伴关系进行资助。

（3）举办研讨会、论坛和会议，来增加绿色化学发展和实践的拓展、合作及传播。

（4）对本科生、研究生及专业的化学家和化学工程师进行有关绿色化学科学与工程的教育、培训和再培训（包括通过与产业合作的方式）。

第510条　研究生支持计划

1. 调查发现。国会的调查发现如下：

（1）对培养下一代科学家和工程师以团队形式开展跨学科研究及问题解决方面来说，综合研究生教育和研究培训（Integrative Graduate Education and Research Traineeship, IGERT）项目是一个重要的项目，且此项目可以为他们提供很多额外技能的学习，如交流沟通的技巧、在不同的STEM职业中茁壮成长的必要技能。

（2）在对研究生的准备和支持方面，综合研究生教育和研究培训项目具有与基金会的研究生研究奖学金（Graduate Research Fellowship, GRF）计划同样的价值。

2. 综合研究生教育和研究培训项目与研究生研究奖学金计划应获得同等待遇：从2011财政年度开始，主席应当增加或（如果有必要的话）减少对基金会的综合研究生教育和研究培训项目（或替代它的任何项目）的资助，至少与研究生研究奖学金计划的资金增加或减少的速度相同。

3. 研究生科研活动的经费支持：2011至2013年的每个财政年度，基金会分配给综合研究生教育和研究培训项目与研究生研究奖学金计划的资金，至少有50%应来自拨给研究和相关活动的资金。

4. 研究生研究奖学金项目的教育津贴费用。1950年《国家科学基金会法案》(42 U.S. C. 1869)第10条的修正：

(1) 在"1. 总则"之前插入"该基金会被授权"。

(2) 在最后补充以下内容：

"2. 金额：主席每年应根据本条款设立该年度的奖助学金总额。每一项奖助学金应包括12 000美元的教育津贴费用，并且由主席规定教育津贴费用的使用限制。"

第511条 罗伯特·诺伊斯教师奖学金项目

1. 评选要求：2002年《国家科学基金会授权法案》[42 U.S.C. 1862n-1a(h)(1)]第10A条(h)款(1)项修改如下：

"(1) 总则：根据本条接受拨款的合格单位应从非联邦资源中为拨款支持的各项活动提供：

① 在拨款不足1 500 000美元的情况下，在至少相当于拨款总额的30%中，至少有一半将以现金结算。

② 在拨款大于或等于1 500 000美元的情况下，在至少相当于拨款总额的50%中至少有一半将以现金结算。"

2. 退休STEM专业人士：2002年《国家科学基金会授权法案》[42 U.S.C. 1862n-1a(a)(2)(A)]第10A条(a)款(2)项(A)目修订为在"数学专业人才"后插入"包括在这些领域中的退休专业人士"。

第512条 本科生扩大参与项目

基金会应当继续支持历史性的黑人高校本科生项目(Historically Black Colleges and Universities Undergraduate Program)、路易斯·斯托克斯少数族裔参与联盟计划(Louis Stokes Alliances for Minority Participation Program)、部落学院与大学项目(Tribal Colleges and Universities Program)以及西语裔服务机构这些独立的项目。

第513条 高中生的研究经验

作为研究计划的一部分，主席应当允许开展研究的STEM高中参与到由获得基金会资助的大学、企业或政府实验室发起的重大数据收集行动中。

第514条　本科生的研究经验

1. 研究地点。主席应在评优、竞争性的基础上,对高等教育机构、非营利性组织或这些机构和组织的联盟给予奖励资助,来提供主席指定的使学生获得研究经验的地点——6个及以上STEM本科学生的指定地点主要在高等教育本科机构,10个及以上STEM本科学生的指定地点是所有其他地点。这样设定地点是考虑到《科学与工程平等机会法》(42 U.S.C. 1885a或1885b)第33或34条规定的促进个体参与的目标。主席应保证以下几点：

(1) 参与到本条所资助项目的学生,至少半数应从STEM研究机会有限的高等教育机构(包括两年制院校)招募。

(2) 该奖励在广泛的STEM学科中为本科生提供研究经验。

(3) 该奖励支持种类繁多的项目,包括独立研究者主导的项目、跨学科项目和多机构间项目(包括虚拟项目)。

(4) 参与到每一个受资助项目中的学生都会拥有导师,在学年中尽可能帮助学生将研究经验与所学的总体学术课程联系起来,并帮助学生在学习课程上取得成功,从而获得STEM领域的学位证书。

(5) 导师和学生都会有适当的薪水或津贴。

(6) 在STEM领域就业和继续在STEM领域深造的学生参与者会在获得本科学历之后被跟踪至少三年。

2. 将本科生纳入标准研究经费。主席应要求每一位获得基金会研究经费的人员让一名或更多名修读文凭课程、协士学位、学士学位的学生参与,研究时应请求经费支持,包括助学金支持,因为这些学生是研究计划的一部分,而非研究计划的补充,除非在提交原计划时无法预见这些本科生的参与。

第515条　STEM行业实习项目

1. 总则。主席可在评优和竞争性的基础上,对高等教育机构或其他合作机构提供资助,使之与地方或区域的私营企业建立或扩大合作关系,以便为本科学生提供将其STEM课程与私营企业对接的综合实习经验。这种合作关系也可以包括行业或专业协会。

2. 实习项目。根据1款授予的资助项目可以包括制造业领域的实习项目。

3. 拨款资金的使用。本条款下的拨款资金可以用于:

(1) 创造实践性学习的机会。

(2) 开发与行业(包括制造业)相关的课程和教学材料。

(3) 将之推广至中学。

(4) 与合作机构一起制订学生的导师制项目。

(5) 开展相关活动以增强对就业机会和技能要求的认识。

4. 优先权。对于本条发放的资金,主席应当优先考虑满足下列条件的高等教育机构或其他合作机构:它们在开发学术性课程(设计这些课程的目的是为学生提供在地方或区域性公司就业所必需的技能或资质证书)方面,展示出与地方或区域性私营企业及区域制造技术转移中心{Regional Centers for the Transfer of Manufacturing Technology,由《国家标准与技术研究所法案》[15 U.S.C. 278k(a)]第25条规定建立}有重要的延伸和协调。

5. 在农村地区的推广。基金会应进行宣传推广,鼓励农村地区的高等教育机构和私营企业参与到本条款的项目中。

6. 费用分摊。主席应规定50%的非联邦费用分摊来自组建或扩大的合作机构。

7. 限制。本条规定的联邦基金不可用于:

(1) 为在私营企业实习的学生提供津贴或报酬,除非私营企业提供了此类资金的75%。

(2) 除了高等教育机构之外,私营企业的支付或报销费用。

8. 报告。本法颁布之日起至少三年后,主席应向国会提交一份报告,报告内容应该包括根据本条所设奖励的数目和金额、受奖励的学生人数、奖励对这些学生的就业培训和安置有影响的证据,以及参与学生的经济状况和种族背景的情况。

第516条　应对国家挑战的网络学习

主席应当与合适的联邦机构协商,确定使用网络学习的方法来创建一支创新型的劳动力队伍,以及利用网络学习的方法来帮助对现有的STEM劳动力进行再培训,以应对国家挑战,包括国家安全和国家竞争力,并利用技术来增强或补充基于实验室的学习。

第517条　促进竞争力研究的实验项目(以下简称为EPSCoR)

1. 发现。国会经调查发现:

(1) 1950年《国家科学基金会法案》声明:"加强全美科学与工程的研究和教育(包括个人独立研究)应是基金会的目标之一,且应避免此类研究和教育过分集中。"

(2) 国家科学基金会的资助仍然高度集中,27个州和2个司法管辖区总共只接受了基金会研究经费的10%,其中每个州每年所接受的研究经费只是基金会1%研究经费中的一小部分。

(3) 为了储备足够数量的科学家和工程师、保持全球竞争力及支持经济发展,国家需要所有州的人才、专业知识和研究能力。

2. 项目的延续。主席应继续开展EPSCoR,通过帮助合格的州发展研究的基础设施,使之对基金会及其他联邦研究经费更具竞争力。该项目会随着国家科学基金会资金的增加而增加。

3. 国会的报告。主席每年应该使用最新的数据资料,向国会相关委员会报告:

(1) 由国家资助给EPSCoR的可用总金额。

(2) 可提供给EPSCoR州的共同出资的总金额。

(3) 国家科学基金会提供给EPSCoR州内所有机构和单位的总资助金额。

(4) 在基金会的大型活动和方案中使29个EPSCoR州与管辖区更紧密整合的努力及成就。

4. 协调EPSCoR和类似的联邦项目

(1) 另一项发现。国会发现:一些联邦机构的已有项目,如刺激竞争力研究的实验项目和国家卫生研究院制度发展奖励(National Institutes of Health Institutional Development Award)项目,旨在提高学术机构开展科学技术研究和培训的能力及质量,而这些学术机构所在州历史上得到的联邦研发经费相对较少。

(2) 要求进行协调。由国家科学基金会主持的EPSCoR跨部门协调委员会应做到:

① 协调EPSCoR和其他类似于EPSCoR的联邦项目,使联邦对建设有竞争力的科研基础设施的支持影响最大化,并整合全联邦的各种努力。

② 协调专业行政部门的目标与州和社会公共的预期目标,以获得持续的非联邦的对于科学技术研究和培训的支持。

③ 制定标准,以评估学术研究质量和竞争力方面的获益,以及科学技术人力资源开发方面的收益。

④ 开展对EPSCoR及其他类似于EPSCoR的联邦项目的跨部门评估,包括不同机构实施的管理、投资和测量指标策略。采用这些策略的目的是增加获得同行评议经费的新研究者的数量、扩大参与,使知识生成、传播和应用,以及提高国家的研发竞争力。

⑤ 协调州和地区为高校提供的EPSCoR或其他类似于EPSCoR的项目中新型研讨

会、拓展活动及后续指导活动的制定和实施,以便增加提交提案和成功获得资助的数量,并加强全州范围内EPSCoR和其他类似于EPSCoR的联邦项目的协调。

⑥ 协调新的、创新性的申请和项目,以在各个实施和未实施EPSCoR的州与管辖区的教师团体中促进合作、发展伙伴关系及开展指导活动。

⑦ 对不同联邦机构中的EPSCoR项目执行官或管理者(或同等职位)实施关于角色、责任和自治程度的评估,并评估这些方面的差异对EPSCoR州和管辖区参与同行评议的人数的影响,以及由个别EPSCoR州或管辖区和个别研究者成功而获得奖励的比例。

⑧ 调查各级高校教师对EPSCoR的理解和所掌握的知识,以及他们与各自所属的州和管辖区的EPSCoR委员会的互动水平及对其相关知识的掌握情况。

(3)会议和报告。委员会每财年至少应开两次会,同时应向国会相关部门提交一份年度报告,描述第(2)项的执行情况。

5. 联邦机构的报告。每一个负责管理EPSCoR或类似于EPSCoR的联邦项目的联邦机构应该向科学与技术政策办公室提交报告,作为其联邦预算报告的一部分。

(1)项目策略和目标的说明。

(2)描述在过去一年中取得的奖励,包括:

① 来自EPSCoR州的评审者的比例和新评审者的数量。

② 来自EPSCoR州的新研究者的比例。

③ 项目的数量或来自实施和未实施EPSCoR州的合作组织及机构的大型团体奖的数量。

(3)分析该项目在上一年中,学术研究的质量和竞争力、科学与技术人力资源发展的成果。

6. 国家科学院的研究

(1)总则。主席应与国家科学院合作进行一项针对管理EPSCoR或类似实验项目的联邦机构的研究。

(2)注意事项。(1)项要求实施的研究应该包括以下内容:

① 各联邦机构须考虑对EPSCoR州奖励资金的政策界定。

② 每个项目的成效。

③ 对每一机构提出改进建议,以便更好地实现EPSCoR目标。

④ 须对实施EPSCoR的州运用资金来发展科学与工程研究和教育的成效以及发展科

学与工程基础设施建设的成效进行评估。

⑤ 国家科学院所认可的其他关注EPSCoR成效性的问题。

第518条　国会对STEM人才扩展项目的认识

国会的认识如下：

（1）STEM人才扩展项目（Science, Technology, Engineering, and Mathematics Talent Expansion Program）是根据2002年《国家科学基金会授权法案》制定的，它在增加学生数量方面持续发挥着作用——美国公民或永久居民可以在科学、技术、工程和数学方面获得协士学位或学士学位，而这种授权也将继续。

（2）所采用的策略将会继续加强师生之间的监督与指导，并且为学生提供在STEM领域可能就业的信息。

（3）这个具有高度竞争性的项目在它运行的第一个6年里，资助了145个实施项目和12个研究课题。

（4）STEM人才扩展项目应该继续得到国家科学基金会的支持。

第519条　国会对国家科学基金会为基础研究和教育所作贡献的认识

1. 发现。国会的调查发现如下：

（1）国家科学基金会是美国国会于1950年创建的独立的联邦机构，其主要作用是促进科学进步，推动国家医疗、福利事业的发展，以及保障国防安全。

（2）受联邦政府支持的、美国高校所进行的基础研究，其研究经费中的20%左右来源于国家科学基金会，基金会也是联邦政府支持数学、计算机科学及其他科学学科的主要资金来源。

（3）2007年《美国竞争法》有助于振兴我们的重点领域，增加物理科学领域中基础研究的投入，增加在STEM领域的教育机会，并且开发出强大的创新基础设施。

（4）被再次授权的《美国竞争法》应该继续在基础研究和教育领域大力投资，并且把在STEM基础研究与教育领域加大投资作为国家性的优先事项，以此来保护原法案。

2. 认识。国会的认识如下：

（1）国家科学基金会是世界上最好的科学基金会，而且是支持推动美国进入21世纪所必需的基础研究的一个重要机构。

（2）国家科学基金会应重点关注在STEM基础研究及教育领域内的联邦研究与研发资源。

(3)国家科学基金会应努力确保联邦政府资助的研究具有最佳质量,有突破性,能够回答或解决非常重要的社会性问题。

第520条 学术技术转让和大学研究的商业化

1. 总则。高等教育机构[该名词的意思依据1965年《高等教育法》第101条(a)款的解释]如在最近的财政年度里接受国家科学基金会的研究支持,并且已经获得了至少2500万美元的联邦研究补助,就应该在一个公共网站上,每年向国家科学基金会保持、维护和报告其全面记录,该网站上的信息包括技术转让及研究成果商业化的一般方法和机制:

(1)使个人与负责技术转让和商业化的大学办公室信息对接。

(2)有关大学研究人员及行业的信息,这些信息应用于机构的技术许可和商业化策略。

(3)有关大学如何支持研究成果商业化的成功案例、统计数据和实例。

(4)可获得大学认证的技术。

(5)任何被机构视为对有潜力使大学的发明商业化的公司有帮助的其他信息。

2. 国家科学基金会网站。国家科学基金会应该创建和维持一个对公众开放的网站,并且能够链接访问到本条1款中提到的每个网站。

3. 商业秘密的信息。尽管有总则,但不得要求机构在其网站上披露机密、商业秘密或专有信息。

第521条 研究如何发展已改进的社会影响指标

1. 总则。在该法案颁布起的180天内,国家科学基金会主席应同国家科学院联合发起一项研究,用以评估、发展和改进可能存在的社会影响的测量指标,包括:

(1)研究的商业应用潜力,这些研究中全部或部分经费来自于基金会或其他联邦机构的财政补贴和资助。

(2)高等教育机构进行研究的方式,以及个人从高等教育机构毕业的方式,它们有助于新知识产权的开发和商业活动的成功。

(3)相关的科学出版物和国际性出版物的质量。

(4)这样的机构吸引外部研究经费的能力。

2. 报告。本条1款总则中所需要的研究启动一年后,主席必须向参议院商业、科学和交通委员会及众议院科学和技术委员会提交一份报告,陈述主席的发现、结论和建议。

第522条 资助博士后奖学金计划的国家科学基金会专款

国家科学基金会主席可合理利用资金资助高等教育机构[该名词依据1965年《高等教育法》第101条(a)款的解释],为研究生在可能的商业应用领域内进行研究提供资助,这些资助就整体或部分而言,应当与私营企业为该研究领域的博士后项目提供的财政资助相匹配。

第523条　大型设施管理工作规划中的合作

国会的认识:

(1)国家科学基金会应该在规划大型设施的建设和管理时,与其他联邦机构(包括能源部下属的科学办公室)协调合作,以确保在可行时联合投资。

(2)尤其是,国家科学基金会应该确保能响应国家科学院以及由国家科学技术委员会所召集的工作组提出的建议,这些建议涉及在设计和建造这些设施时与其他机构建立伙伴关系。

(3)研究设施有可能涉及多个学科,国家科学基金会主席在规划的过程中应该在基金会内部设置多个单元。

第524条　加强云计算研究

1. 重点研究领域。国家科学基金会主席可以支持受公共和私人使用云计算增长影响较大的关键领域的国家研究议程,包括:

(1)新的方法、技巧、技术和工具,用于:

① 优化云计算的有效性和云计算环境的效率。

② 降低在基于云的环境中有关安全、身份、隐私、可靠性和可管理性的风险,包括当它们与传统的数据中心不同时。

(2)新算法和技术,用以定义、评估及建立大规模的、值得信赖的、基于云的基础设施。

(3)模型和先进技术,用以测量、评估、报告和了解复杂云环境的性能、可靠性、能量消耗及其他特性。

(4)先进的安全技术,用来保护在全球范围云环境中敏感的或专有的信息。

2. 建立:

(1)总则。在不迟于该法案颁布之日起的60天内,国家科学基金会主席须着手审查、评估云计算研究的机遇和挑战,包括本条1款中所列出的研究领域,以及如下相关问题:

① 数据的管理和保证,是联邦法律和法规中有关云计算环境的主题,这些法律法规在本法案颁布时就已经存在了。

② 通过云技术对云服务的挪用、剽窃,以及其他对云服务完整性的威胁。

③ 先进技术,用以确保可信任的通信、处理和存储。

④ 其他领域的重点由主席作出适当的决定。

(2) 主动提供的建议。国家科学基金会主席可接受主动提供的有关审查和评估本条2款(1)项中所描述问题的建议。可以根据国家科学基金会现有标准对建议进行判断。

3. 报告。国家科学基金会主席应当在不少于连续五年的时间里每年向国会提交一份年度报告,陈述国家科学基金会在云计算研究方面的投资成果,在研究重点和项目改进方面的建议,或是其他方面的相关建议。这些报告,包括任何中期的研究发现或建议,都应该公开在国家科学基金会的网站上。

4. 国家标准与技术研究所(NIST)的支持。国家标准与技术研究所所长应:

(1) 在开发支持可信任云计算基础设施、度量标准、互通性和保证等方面与业界合作。

(2) 本着达到共同目标的目的去支持标准的开发。

第525条　部落学院与大学项目

1. 总则。国家科学基金会主席应该继续支持该项目,在评优和竞争性的基础上对部落学院与大学[如1965年《高等教育法》(20 U.S.C.1059c)第316条所规定的,包括本法案第317条(20 U.S.C.1059d)所描述的机构]进行奖励和补助,以提高这些机构本科STEM教育的质量,提高美国本土学生在STEM学科上获得学士学位或协士学位的保留率和毕业率。

2. 计划的组成。1款总则中的补助金应支持:

(1) 改进STEM中各种课程的活动。

(2) 教师的专业发展。

(3) 本科生的科研津贴。

(4) 由国家科学基金会主席决定的、与1款内容相符合的其他活动。

3. 仪器仪表。在本节条款中提及的资金可用于购买实验室的设备和材料。

第526条　具有广泛影响的评审标准

1. 目标。国家科学基金会应该采用一个具有广泛影响的评审标准,以实现下列目标:

(1) 增强美国的经济竞争力。

(2) 开发具有全球竞争力的STEM劳动力。

（3）增加女性和少数弱势群体在STEM中的参与度。

（4）加强学术界与产业界之间的合作。

（5）改进P—12年级的STEM教育和教师的发展。

（6）改进本科生STEM教育。

（7）提高公众的科学素养。

（8）增加国家安全。

2. 政策。在不迟于该法案颁布之后的6个月，国家科学基金会主席应当开始制定和执行具有广泛影响的评审标准政策，包括：

（1）根据本款的政策为基金会专职人员、评优小组和基金会研究资助的申请人提供培训。

（2）须澄清获资助者所从事的活动要满足具有广泛影响的评审标准，应该：

① 在切实可行的范围内采用已受检验的策略和模型，并且可利用现有的方案和活动。

② 新方法被证明合理须建立在最新的研究成果上。

③ 允许某项研究资金中的一部分被用于评定和评估具有广泛影响的活动，从而扩大该研究资金的影响。

④ 鼓励高等院校及其他非营利性教育或研究机构开发和提供（不论是以独立机构的形式还是合作的形式）适当的培训与项目，以帮助受基金会资助的主要研究者在他们的机构中实现本条1款中所描述的具有广泛影响的评审标准的目标。

⑤ 需要申请基金会研究资助的主要研究者提供制度上支持的证据——支持研究者为满足"具有广泛影响的评审标准"而构思的建议部分；证据包括相关培训、项目，以及其他研究者可利用的制度上的资源，它们或来自于研究者所属的机构、组织，或来自于其他具有相关专长的机构、组织。

第527条 21世纪的研究生教育

1. 总则。国家科学基金会主席应当在评优和竞争性的基础上，对高等教育机构给予奖励和补助，以实施和扩大硕士、博士学位层次的STEM教育中基于科研的改革，强调利用STEM学历（包括在不同类型的高等教育机构、工业企业、政府机构以及研究实验室）为多样化的职业生涯做准备。

2. 资金的使用。根据本款规定，所资助的活动可包括：

（1）创建多学科或跨学科的课程和项目，改进STEM的教学和研究。

（2）扩大研究生进行STEM研究的机会，包括跨学科的研究机会以及在工业企业、联邦实验室、国际研究机构或其他研究场所的研究机会。

（3）开发和实施致力于改进教学、指导、学习评价及支持STEM本科生的未来教师培训项目。

（4）支持和培训研究生参与到超越传统教学助教的教学活动中去，尤其是作为正在进行的教育改革的一部分，包括在P—12年级学校和主要的本科机构。

（5）创建、改进或扩展新的研究生项目，比如理学硕士学位项目。

（6）举办各种研讨会、讲习班及其他专业发展活动，来提高研究生从事创新和技术转让的能力以及培养企业家精神。

（7）举办各种研讨会、讲习班及其他专业发展的活动，来提高研究生向非本专业的听众和其他非专业的听众有效沟通他们的研究发现的能力。

（8）成功的STEM改革要由单一的学术单位向同一机构的其他学术单位或者其他机构可比较的学术单位扩展。

（9）对于研究生水平STEM教学研究改革要做的努力，包括对于被倡导的改革活动的评定和评价，以及对于改革方法的可扩展性和可持续性的研究。

3. 合作关系。一个高等教育机构可能会同一个或者多个其他非营利性教育或研究组织（包括科学和工程协会）建立合作关系，目的就是实现本条所授权的活动。

4. 选择的过程。

（1）应用。高等教育机构如要获得本款授予的拨款，应该在某个时间以某种方式向国家科学基金会主席提交一份申请，申请中应包含主席可能需要的信息。该申请至少应该包括：

① 对所建议的改革的说明。

② 如提出的建议是扩大申请者所在机构或其他机构已经实施的改革，需要提供有关先前所实施改革的说明。

③ 制度支持和承诺所建议改革的证据，包括对于实施成功策略的长期保证，这些成功的策略来自于当前学术单位之外或未包含在资助计划中的单位的改革；或者包括向其他机构传播成功策略的长期保证。

④ 一份有关评定和评价被资助的改革活动计划的说明。

（2）申请的审查。根据本条选择受资助者时,国家科学基金会主席至少应当考虑:

① 成功实现机构提交的申请中拟议的各项努力的可能性,包括:在多大程度上,机构的教师、员工和管理者致力于在其参与的学术单位中优先考虑拟议的制度改革。

② 当拟议的改革能够达到改变制度上的文化和政策的程度时,更大的价值应该放在培训研究生利用STEM学历获得多样化的职业上。

③ 机构在资助期之后维持和扩大改革的可能性。

④ 学术评价和评估计划被包含在改革设计中的程度。

（二）B分章:STEM教育资助计划

第551条 目的

这部分的目的是复制和实施高等教育机构在科学、技术、工程、数学以及教师教育方面提供综合课程的计划,由此产生兼具教师资格的STEM学士学位。

第552条 项目要求

国家科学基金会主席应该根据本分章内容复制和实施学士学位项目:

（1）招募和培养就读科学、技术、工程或数学专业学士学位的学生,使其成为有资质的中小学教师。

（2）需要教育主管部门与高等教育机构中负责为STEM专业做准备的分管部门合作建立和实施该机构的项目。

（3）需要学生参与到项目中——通过实地课程参与到项目中;并在高级教师的监督下继续完成实地课程,来贯穿整个项目。

（4）聘请足够的教师,使每百名学生中至少配有一名高级教师。

（5）包括使用基于科学的教育材料、方法、评价和教育内容(包括数学和科学之间的互动)的指导,使用教学技术,以及如何将国家和地方标准纳入到课堂的课程中。

（6）对于学生参与这一项目(特别是为STEM教师之需求设计的课程)的限制。

（7）要求学生参与到该项目中,以成功地完成最后一项有关他们教学能力的评估——基于他们的课堂教学表现,由多位训练有素的观察员进行评估,形成有关他们成就的一个档案袋。

第553条 资助项目

1. 总则。国家科学基金会主席应该建立一个资助计划来支持高等教育机构中的项目,以实现本分章的目的。

2. 地理因素。在本分章的管理中,国家科学基金会主席应该采取一些必要的措施,保证资助的款项能够被公平地分配给美国的各个地区,同时要将人口密度及其他地理学和人口统计方面的因素考虑在内。

3. 资助数目。服从于本条4款的要求,国家科学基金会主席每年要在高等教育机构竞争的基础上给予每个机构200万美元的资助,其中:

（1）150万美元用于:

① 设计、实施与评估能够满足第552条所提要求的项目。

② 聘请机构中的高级教师监督实地体验。

③ 为参与该项目的导师提供津贴。

④ 支持该项目中所教的与STEM内容有关的课程开发和实施策略。

（2）受资助者应留出最多50万美元,用来对将要进行项目复制的机构提供技术支持和评价服务。

4. 资格。为了有资格申请这部分资助,高等教育机构应该:

（1）吸纳中学前任科学、技术、工程或数学高级教师作为这个项目科学部门的教员。

（2）授予在STEM领域的终极学位。

（3）为了安置参与实地体验的学生,将同地方教育机构合作,包括确定由在地方学校工作的指导教师与高校的高级教师共同监督实地体验。

（4）维持政策:允许在整个本科教程中能够灵活地进入到项目中去。

（5）要求受雇于该机构的高级教师能够监督学生在该项目中的实地体验。

（6）要求该项目符合国家的认证和许可,以及1965年《初等和中等教育法》[20 U.S.C. 7801(23)]第9101(23)条的要求,打造一支高质量的教师队伍。

（7）为了长期支持和评价毕业生,在资助的过程中应开发一项计划,其中应该包括:

① 在毕业生投入教学的最初一至两年,对他们进行入职培训。

② 系统确定毕业生的教学现状,从而确定保留率。

③ 分析毕业生所教学生的成绩的方法和分析毕业生课堂实践的方法。

（8）可以根据在五年结束时拨款的完成情况,从经常性的大学预算中资助基本的项目支出,包括高级教师和其他必要人员的工资。

5. 申请条件。高等教育机构若想获得该项目的拨款,应当在某个时间以某种方式向

国家科学基金会主席提交一份申请,申请中应当包含主席可能需要的信息和保证,包括:

(1)一份说明,说明个人主修STEM专业后成为经过认证的中小学教师的当前比率。

(2)一份说明,有关在此项目支持下,该机构用来增加学生入学和毕业人数的计划。

(3)一份说明,用以说明该机构具有开发使主修STEM的个人成为认证的中小学教师之项目的能力。

(4)明确该机构的哪些文理科系或者科学系内的哪些组织单元会选定中小学教师的教师资格证作为首要任务。

(5)在该机构的文理科系或科学系中确定核心教员,通过以下方式支持师资培养:教授为未来的中小学教师做准备的课程;帮助创建新的学位计划;为申请本专业的学生提供建议;提供项目管理所需的所有支持。

(6)明确机构中教育系或与之相当部门的核心教员,通过以下方式支持师资培养:创建和教授为STEM做准备的课程;同文理科系或者科学系的同事密切合作。

(7)一份说明,关于涉及的实践、实地教学实习,以及让主修STEM的学生能够在4年中毕业并获得中小学教师资格认证的学位计划。

6. 匹配要求。高等教育机构可能无法获得这一部分拨款,除非它能够提供源自非联邦来源的资助,来开展拨款所支持的活动,资助的金额不得低于:

(1)第一财政年度拨款额的35%。

(2)第二和第三财政年度拨款额的55%。

(3)第四和第五财政年度拨款额的75%。

7. 指导。在该法案颁布之日起的90天内,国家科学基金会主席应该启动一个程序来公布如何管理根据本条1款制定的资助项目的指导意见。

第554条 资助的监管

1. 总则。国家科学基金会主席可能会与高等教育机构中的某一组织、非营利性组织或在以下方面展现出能力和经验的其他实体共同执行一份有关项目监督及财政管理的合同:

(1)能在地区和国家层面上复制一个或更多个相似的项目。

(2)能够为该项目的实施提供程序性和技术性的帮助。

(3)进行数据的采集和分析,来保证项目的正常实施及不断改进。

(4)通过测量和监管纲领性的里程碑式的成就,提供负责任的结果。

2. 监督职责。

（1）强制性义务。如果国家科学基金会主席根据本条1款中的内容,同一个组织共同执行了项目监督和财政管理的合同,那么这个组织应该：

① 确保受资助者能够忠实地复制和实施由经费资助的项目。

② 确保资助金用于被授权的用途,并且受资助者要有一个恰当的体制去跟踪和解释获得的所有联邦资助金的去向。

③ 向受资助者提供技术援助。

④ 收集和分析数据,并且每年定期向国家科学基金会主席报告项目在以下几方面的成效：

（i）参与的学生获得教学能力和教学认证的进度。

（ii）相比于地方和州分学科对中学教师的需求,学生分专业参与到该项目的情况。

（iii）参与该项目的学生在人口统计上的分类。

⑤ 收集和分析受此项目资助的毕业生所教中小学学生学业成绩的数据,据此每年向国家科学基金会主席报告该项目的成效。

⑥ 向国家科学基金会主席提交年度报告,展示符合从第①到⑤目要求的情况。

（2）自由决定的职责。在国家科学基金会主席的要求下,根据本条第1款签订合同的组织可能要协助主席对资助的申请进行评估。

3. 给国会的报告。国家科学基金会主席应该将根据2款(1)项⑥目要求撰写的年度报告的副本提交给参议院商业、科学和交通委员会,参议院卫生、教育、劳工和养老金委员会,以及众议院科学和技术委员会,众议院教育和劳工委员会。

第555条　界定

在本分章中：

（1）实地课程——是指由高等教育机构提供的一种教学的课程,要求学生对中小学学生至少要教3节课或者一系列课。

（2）高等教育机构——这一名词的解释是1965年《高等教育法》第101条(《美利坚合众国法典》第20章第1001条)赋予的。

（3）高级教师——意味着一个人：

① 已经获得了高等教育机构的硕士或博士学位。

② 其研究生课程包括数学、科学、计算机科学或工程学中的课程。

③ 在K—12年级的教育机构中至少有3年的教学经验。

④ 在教育学生的教学工作方面被公认为具有卓越的成就,或者被证明在提高学生的成绩方面有一定的成就。

(4) 指导教师——指的是帮助训练学生参与到实地课程中去的中小学课堂教师。

(5) 主席——是指国家科学基金会的主席。

第556条 授权拨款

国家科学基金会主席被授权在2011至2013年的每个财政年合理地执行本分章中1000万美元的拨款。

培养与激励：

为美国的未来实施K—12年级 STEM教育（2010）

一、导言

21世纪美国的成功——其财富与福祉——将取决于美国全体人民的思想和技能,这些一直是国家最重要的资本。随着世界开始日益技术化,这些资本的价值在相当大程度上依赖于STEM教育。

STEM教育将决定美国是否仍能保持其世界领先地位,是否能解决其在能源、卫生、环境保护及国家安全等领域所面临的日益严峻的挑战。它将有助于培养能灵活应对全球竞争的劳动力,确保美国社会持续作出重要发现,促进人民对自身、地球和宇宙的理解。它将会培养出创造21世纪新思想、新产品和全新产业的科学家、技术专家、工程师及数学家。它将会为个人提供技术技能和量化素养,使其能够赚取适宜工资,并作出对自身、家庭和社区更好的决策。通过全体公民在日益技术化的世界中作出明智抉择,它将使美国变得更加民主。

在整个20世纪,美国教育系统推动了美国的经济增长与繁荣。20世纪早期高中教育的发展,以及其后高等教育规模的空前扩大,培养了高水平的技术工人,从而支持了经济的增长并降低了经济上的不平等。同时,科学进步成为创新型发展的日益重要的推动力。从20世纪初至今,美国人均收入增长超过七倍,科技对此的贡献超过一半。

在21世纪,美国更需要世界领先的STEM劳动力,以及具备科学、数学和技术知识的人口。随着其他国家科技的快速发展,这种需要更加迫切。奥巴马总统说过:我们必须教孩子学会在这个"知识即资本,全球皆市场"的时代中竞争。

二、令人担忧的迹象

尽管有着辉煌的过去,但现在美国小学及中学阶段的STEM教育落后于其他国家。学生在科学和数学方面的表现的国际比较中,美国处于中等偏下水平。国家教育进展评估结果显示,只有不到1/3的8年级学生精通数学和科学。

此外,全美国的不同人群在STEM方面存在着很大的兴趣和成就差距。非洲裔、西语裔、美洲印第安人、女性在STEM领域处于相对弱势地位,这制约着他们进入很多薪酬高、前景好的行业,也使国家不能从他们的才华和观点中充分受益。

值得注意的是,美国不仅缺乏精通STEM的学生,还有很多学生对STEM领域缺乏兴趣。最近的证据表明,最优秀的学生,包括少数族裔学生和女生,正被引向偏离科学和工程的其他专业。当美国关注表现不佳的学生的同时,必须致力于向各个群组中表现最好的学生提供STEM方面的关注和资源。

平庸的测试成绩和普遍的兴趣缺乏背后隐藏的问题同样令人不安。可以肯定,某些原因是学校系统性的失败,这方面的问题必须加以系统性地解决。但即使成功的学校也经常在STEM领域存在不足。学校通常缺乏知道如何有效开展科学和数学教学的教师,以及足够理解和热爱自己所教学科、能够激励学生的教师。教师缺乏足够的支持,包括适宜的专业发展以及吸引人的、有趣的课程。学校系统缺乏评价进步和奖励成功的工具。国家缺乏清晰的、共享的STEM学科标准,以帮助系统内所有部门设置并实现目标。结果,很多美国学生过早推断STEM学科枯燥、太难、不受欢迎,导致他们在面临同龄人、国家和世界的挑战时准备不足。

三、国家的资产和最近的进步

虽然有这些令人担忧的迹象,但美国也有很多优势可以利用。

首先,美国有世界上最具活力和生产力的STEM团体,从学院、大学到新创办的大型公司,到科学机构,如博物馆和科学中心等。全美国具有STEM和医疗保健相关领域学历的大约2000万名人才是美国教育的巨大资产。

第二，最近几十年，越来越多的研究已经阐明了学生是如何学习科学、数学和技术的，这使设计更有效的教学材料和教学策略成为可能。美国国家研究委员会(National Research Council, NRC)及其他组织已在大量有影响力的报告中总结了这些研究进展，并利用其对数学和科学教学提出建议。这些报告超越了关于概念性理解、事实性回忆或程序上的流畅性等方面无休止的争论，强调学生学习科学和数学需要掌握所有这些能力，因为这些能力是相互依存的。

第三，大体上，民主与共和两党已在教育改革特别是STEM教育的重要性方面达成共识。2002年重新授权《初等与中等教育法》，将其改名为《不让一个孩子掉队法》，确立了每年收集有关学生及学校在数学和阅读方面的进步数据的重要性，并将联邦的教育资助与学业进步相关联。目前国会正在对这项法案重新授权，通过修改以完善法案。

奥巴马政府已将教育改革作为其优先发展事项之一。2009年《美国复苏与再投资法案》已设立了四个宽泛的"保障"，以发展K—12年级的教育系统，政府也致力于通过竞争性拨款以实现这些保障。具有历史性意义的、由各州自发主导、以全国州长协会和全美首席教育官员理事会领导的教育改革从2008年起已开始实施，旨在为各州K—12年级的数学和英语语言艺术教育建构清晰、一致和更高的标准。这些标准最近已经发布，截至这篇报告出版(2010年9月)，已有36个州和哥伦比亚特区采纳了这些标准。这对于采纳相似的标准(如科学标准)非常有益，也是改进STEM教育不可或缺的条件。

四、报告的目标

2009年秋，总统要求总统科技顾问委员会(President's Council of Advisors on Science and Technology, PCAST)研制政府最应采取的明确行动建议，以确保美国在未来几十年内保持STEM教育的领袖地位。作为回应，总统科技顾问委员会决定首先重视K—12年级。(随后的报告将会提及社区学院、四年制学院及大学的STEM教育问题)[1]

在过去20年，已有大量关于STEM教育的重要报告，包括一系列里程碑式的报告，如

---

[1] 美国总统科技顾问委员会尔后于2012年2月向总统提交了名为《致力于超越：再培养百万名STEM领域大学毕业生》(*Engage to Excel: Producing One Million Additional College Graduates with Degrees in Science, Technology, Engineering, and Mathematics*)的报告，详尽地讨论了高等教育领域的STEM教育问题。——选编者

要求关注STEM教育、研究文献综述、STEM教育的原则及优先顺序的建议等。我们的目标不是重复做这些杰出报告已做过的工作。事实上，我们非常倚重这些已有的研究和发现，总统科技顾问委员会报告的目标在于将这些观点转化为联邦的一致性行动方案，以支持STEM教育。

本报告首先探讨了成功的STEM教育所需要的国家目标和必要策略。然后，考虑联邦政府为提高领导力与合作应该采取的行动。随后按章节讨论了标准与评价、教师、技术、学生和学校。

本报告的许多建议都可通过目前已有的联邦资助项目实施。有些建议可由现有方案提供部分资金，虽然在某些情况下可能需要新的权限。根据这些建议，充分地资助这些项目每年大约需要高达10亿美元的资金。这大约相当于K—12年级公立学校学生每人20美元；或是相当于联邦政府对K—12年级教育总支出的470亿美元中的2%；或是相当于国家对K—12年级总支出的约5930亿美元中的0.17%。但并不是所有资金都必须来自联邦政府预算，我们相信有些资金可源自私人基金和公司，还有些来自州和地区。

五、关键结论与建议

除了报告提供的一系列结论和建议之外，我们力求确认最关键的优先行动事项。下面我们总结了两项主要结论以及七项最优先建议。

所有的建议都是针对联邦政府的。另外，我们特别关注作为实施K—12年级STEM教育方案的主要联邦机构的教育部和国家科学基金会采取的行动。

要实现国家K—12年级STEM教育目标，联邦政府需要与州和地方政府、私人机构以及慈善部门开展合作。联邦政府必须积极地与这些合作部门建立联系，这些部门也必须发挥其独特的作用和职责。在此背景下，由州主导的合作努力和私人团体的创建，如最近形成的联盟"改变方程式"（Change the Equation）激励着我们。

（一）结论

1. 要改进STEM教育，我们必须重视培养与激励

为了满足我们对具备STEM才能的公民、精通STEM的劳动力以及未来的STEM专家的需要，美国必须重视两个互补的目标：必须培训所有学生，包括在这些领域被忽视的女

孩和少数族裔;必须鼓励所有学生学习STEM,并在此过程中推动他们从事与STEM相关的职业。

2. 联邦政府在K—12年级STEM教育中向来缺乏连贯的策略和足够的领导能力

在过去的数十年中,联邦各个机构在K—12年级教育中的方案和方法多样,缺乏统一的愿景和对目标与结果的仔细监督。另外,历史上很少有联邦资金致力于改造STEM教育,很少关注对已被证明有效的方案进行复制和推广,也很少将关键部门的能力投入到相关的策略与合作中。

(二) 建议

1. 标准:支持目前由州主导的数学和科学标准共享行动

联邦政府必须大力支持各州主导在STEM学科开发共同标准的努力,为各州提供财政和技术支持。这些支持主要用于与共同标准一致的、严格的、高质量的专业发展,以及与标准一致的开发、评价、管理及测试的持续改进。

标准和测试应综合反映国家研究委员会在最近的研究中所描述的对事实的认识、概念理解、过程性技能及思维习惯。

2. 教师:在未来10年招收和培养10万名优秀的STEM教师,他们有能力培训并能激励学生

确保卓越的最重要因素在于优秀的STEM教师,他们既要有深厚的STEM科目内容的知识,又要掌握能教好这些学科的教学技能。

联邦政府应该设置目标,确保在未来10年至少完成10万名初高中STEM新教师的招聘、培训及入职支持工作,这些教师既有很强的STEM领域专业知识,又有特定内容的教学技能准备,联邦应提供严格的设计方案以培养这样的教师。

3. 教师:通过创建STEM名师团队,确认和奖励国家最优秀的(5%)STEM教师

要想吸引和保留住优秀的STEM教师,就要确认和奖励优秀者。

联邦政府应该支持创建国家STEM名师团队,确认、奖励和吸收最优秀的STEM教师,提高其职业地位。应表彰全国最优秀的5%的STEM教师,名师团队成员应该获得重要的工资津贴以及用来支持他们的学校和学区活动的资金。

4. 教育技术：运用技术以推动创新，创建先进的教育研究项目机构

信息和计算机技术能成为教育创新的强大推动力，借助它们可以改进现有的教师和学生教材的质量，帮助研发能够洞悉学生学习情况的高质量的测试，加快数据收集和应用，为学生、教师及学校提供反馈。此外，技术正快速发展，不久将会对教育产生变革性作用。

要实现K—12年级教育技术的效益，还要求对研究和开发进行积极投资，以创建普适的技术平台，以及精心设计并通过验证的综合性"深度数字化"教材范例。

联邦政府应该为教育创建一个任务驱动的、先进的研究项目机构。该机构可设置于教育部或国家科学基金会，或作为一个实体。它应该具有任务驱动的文化，有远见的领导，依靠教育部和国家科学基金会这两个机构的力量。该机构应该推动和支持为所有学科及年龄段开发学习、教学与评价的创新性技术，以及为STEM教育开发有效的、完整的全学段教材。

5. 学生：通过教室外的个人和团队经验创建机会，寻找灵感

STEM教育最成功之时是当学生把人际关系同STEM领域的思路和兴趣相联系。这不仅能在教室中产生，而且能通过教室外个人和团队的经验以及通过高级课程产生。

联邦政府应该主动发起协调一致的行动，我们称之为"激励"，以支持开发一系列高质量的基于STEM的课外活动和拓展性日常活动（如STEM竞赛活动、创客实验室、暑假及课外计划，以及类似活动）。该计划应把具有科学任务的机构和由教育部经费支持的课外项目所作出的不同努力结合起来。

6. 学校：未来10年创建1000所专注STEM教育的新学校

专注STEM教育的学校通过对学生的直接影响，以及作为体验创造性方法的实验室，代表着一种独特的国家资源。美国目前只有约100所专注STEM教育的学校，并主要集中在高中阶段。

联邦政府未来10年应推动创建至少200所高度专注STEM教育的新型高中，以及800所专注STEM教育的中小学，包括许多服务于少数族裔和高度贫困人群的社区学校。另外，联邦政府应采取措施，确保所有的学校和学校系统可应用相关的STEM专业知识。

7. 确保强大的和战略性的国家领导

更有力的领导、一致的策略和协作对于支持K—12年级STEM教育创新是必不可少的。为此，联邦政府应该：(1)创建新的机制，以不断增强的能力，在教育部和国家科学基金会中提供领导；(2)在这些机构中建立高水平的合作；(3)在国家科学技术委员会中建立

STEM教育常务委员会,负责制定联邦STEM教育策略;(4)设置独立的STEM教育总统委员会,与全国州长协会共同推动和监控STEM教育的发展。

总统科技顾问委员会认为,美国急需召集各利益相关方(而且目前的发展也为此提供了前所未有的契机),以改进STEM教育,为新世纪美国的进步和繁荣奠定基础。

拟定STEM教育议程：

州级行动之更新(2011)

一、致谢

本报告是由美国州长协会最佳实践中心(NGA Center for Best Practices)布莱克波因特政策解决方案有限责任公司(Black Point Policy Solutions)的约翰·托马辛(John Thomasian)撰写的。他通过汇编背景材料撰写了本报告。其他教育部门的员工为本计划的制订提供了帮助并贡献了无数见解,包括项目负责人塔比瑟·格罗斯曼(Tabitha Grossman),部门主管戴恩·林(Dane Linn),项目负责人特拉维斯·莱茵德尔(Travis Reindl)、赖安·雷纳(Ryan Reyna)以及高级政策分析员安吉拉·巴伯(Angela Baber)。经济、公共服务与就业项目部的加勒特·格罗夫斯(Garrett Groves)也为本报告的撰写作出了贡献。美国州长协会最佳实践中心也要感谢STEM顾问委员会在构思报告、起草大纲以及对报告初稿提供有见地的反馈方面所发挥的作用。

美国州长协会最佳实践中心还要感谢交流办公室的玛利亚·诺萨尔(Maria Nosal)的编辑,以及内勒设计公司(Naylor Design, Inc.)的设计排版。

本报告得以面世,还要感谢诺伊斯基金会(Noyce Foundation)、巴特尔纪念研究所(Battelle Memorial Institute)和纽约卡耐基公司(Carnegie Corporation of New York)的帮助。

二、执行概要

　　数年来,各州州长和教育政策负责人一直致力于强化全国的STEM教育。近期目标有两个:一是提高所有学生的STEM精熟度;二是增加未来从事STEM职业和在STEM领域深造的学生数量。其原因是显而易见的:STEM工作收入最高、增长最快、对驱动经济增长和创新的影响最大。受雇于STEM领域的人们享有低失业率、高经济回报与职业灵活度强的优越性。简言之,STEM教育能为个体发展和社会经济取得成功打下坚实基础。

　　遗憾的是,美国在充分利用STEM教育造福社会方面已经落后于人。国家教育进展评估结果表明,过去10年来,高中毕业生的数学和科学知识鲜有进步。跨国比较的国际学生测评项目甚至表明,当前美国学生的数学成绩排在25个国家之后,科学成绩排在12个国家之后。这些因素可能还催生了另一个问题:过去10年来,STEM领域的学位获得者人数增长缓慢。学位获得人数增长不足,导致了美国落后于其他国家,而后者在创建STEM人才库方面遥遥领先。例如,美国学士学位中STEM学位获得者仅占1/3左右,但日本、中国和新加坡却超过了半数。

　　美国在培养STEM毕业生上落后于竞争者的原因有据可查,具体如下:

　　● 缺乏严格的K—12年级数学和科学标准。各州之间的数学和科学标准迥异,许多州并未考查学生的概念运用和问题解决能力。

　　● 合格师资的短缺。合格的数学和科学教师的数量短缺,是K—12年级的长久弊病。课堂中的许多教师,既没有任教学科的教师资格证书,也没有该学科的学位。

专栏4-1

关于STEM的一些数据

◆ 所有教育层次中,与同等学历的其他工作者相比,STEM工作者的薪酬高出11%。
◆ 平均收入最高的十大本科专业均归属于STEM领域。
◆ 2009年5月,所有STEM工作者的年平均工资是77 880美元,显著高于美国非STEM工作者43 460美元的年平均工资。
◆ 过去10年中,STEM工作岗位的增速是非STEM工作的4倍。2008—2018年,STEM工作岗位有望增加17%,而非STEM工作岗位的预期增长率则是9.8%。
◆ 2010年,STEM行业的失业率是5.3%,其他行业则是10%。

● 缺乏对STEM大学学习的培训。学生常因为在高中阶段没有选修具有足够挑战性的课程，或是没有花充足的时间用于练习STEM领域中的动手操作技能，而在考取STEM专业及完成STEM学位或文凭的能力方面有所欠缺。

● 未能激发学生对数学和科学的兴趣。在多数K—12年级教育中，数学和科学是与其他学科内容相分离的，也与真实世界相脱节，学生们常常无法领会他们所学的内容与STEM职业之间的联系。

● 高等教育体系不能满足STEM工作的需求。虽然STEM就业有望在2008—2018年增加17%，但是许多高等教育机构——包括社区学院、四年制大学和研究型大学——并未努力增加STEM学位或毕业证书的授予量。

各州及其教育机构已经采取以下措施来应对上述挑战：

● 采用严格的数学和科学标准，并改良评价。目前，各州正通过共同核心州际标准计划，并在州长和首席州级学校教育官员的领导下，实行更加严格的、经过国际检测的数学标准。经过各州独立主导实施这项工作后，很快将会有改良的科学标准出台。

● 招募与留任更多合格的一线教师。好几个州和学区正在通过财政激励机制、援助体系、专业发展支持以及改善制度条件，来招募、留任与奖励高绩效的数学和科学教师。

● 为STEM学生提供更加严格的培训。各州及其学校正进行新式学校和教学设计，包括STEM特色学校和学院、先修大学课程计划、关联学习、在线课程等，以此为学生提供更集中、更严格且实用的STEM课程。

● 运用非正式学习拓展数学和科学课外学习。许多公、私立机构，如博物馆、科技中心、课外项目等，均能为学生提供宝贵的课外经验。它们既能展示数学和科学与日常生活及职业生涯的联系，又能拓展学生和教师的技能。事实证明，这些项目对于提升学生STEM学科的兴趣和成绩均有着积极的作用。

● 提升STEM教师的质量与数量。许多高等教育机构已经设定了目标，要改进教师培训项目，提供支持系统和专业发展平台，从而培养更多合格的数学和科学教师。

● 为高等教育机构设定目标，满足STEM工作岗位需求。很多州与高等教育机构协同努力，增加STEM领域的文凭及学位授予人数。

上述措施应当已经增加了STEM领域的学生及专业人员数量，但还需假以时日才能见到成效。2008年的数据显示，STEM学位注册人数仅有略微增长。而且在授予的所有学位中，STEM学位所占的百分比从2000—2001年的12.4%下降到了2008—2009年的

10.7%。由于上大学的人数逐年增多,美国STEM学位获得者的绝对数量有望增加,但远不及其他一些竞争者的水平。

鉴于以上原因,各州必须进一步推进其STEM计划。幸而STEM议程中的多数要素,诸如改良的标准、更多合格的教师、先修课程的设置,与当下更大范围的教育改革相契合。在需要特殊策略来提升STEM教育的地方,诸如创建STEM学校及师生支持系统等方面,各州有时将自有资源与私立机构、慈善团体及联邦政府的资源相整合。通过更有效地配置K—12年级的资源、提升高等教育机构的效率,各州将会找到无需额外费用就能促进STEM教育的方法。

专栏4-2

STEM定义注解

对于STEM的职业构成,没有标准的定义,而且不同研究采用的分类方法通常略有差异。STEM是一贯被纳入其中的,但某些研究还加入了STEM领域中的管理和销售,而其他研究中却没有。其他有争议的还包括,STEM教育者、社会科学家、某些健康护理专业人员以及经济学家。总体而言,大多数研究通常不能充分体现涉及STEM知识的职位总数,诸如对定量分析的理解。

三、导言

"我最喜欢的名言之一,出自卡尔·萨根(Carl Sagan),他说创建一个依赖科学和技术却无人懂得科学和技术的社会,无异于自取灭亡——那正是我们所走上的道路……你们需要从小学、中学开始,培养科学家和工程师,你们必须资助科学家所做的研究——基础研究。你们必须培养出能将科技突破转化为产品和服务的工程师。"

——萨莉·赖德(Sally Ride)[1]

STEM对当前所开展的许多教育改革——从采用经国际检测的标准以改良教师培训,到增强整个K—20年级教育体系的协调性——均至关重要,并提供了强有力的支持。STEM实质上不是一场独立的改革运动,而是改革的一项重心。它强调以多学科方式,更

---

[1] 萨莉·赖德(Sally Ride,1951—2012),美国历史上首位进入太空的女宇航员。——选编者

好地训练所有学生的STEM学科水平,并增加选择STEM职业的大学毕业生数量。

这个新的STEM重心,其出发点十分简单:增加精通STEM的学生人数,以及选择STEM职业或进入STEM专业深造的毕业生人数,这对各州乃至全国的经济繁荣有着举足轻重的影响。一支缺乏充足的STEM技术熟练者的劳动力队伍,在发现、创新、迅速适应成为成功的必备要素的经济全球化背景中,将因缺乏竞争力而面临财富停滞甚至减少的境况。为了确保美国不致落后,州长、教育领导者和各级政策制定者都在呼吁全国的学校——下自幼儿园上至大学,均以STEM教育为新的重心。各州如何努力实现上述目标,正是本报告的主旨所在。

美国州长协会在2007年《制定STEM议程》报告中首次强调了STEM[1]。该报告对与STEM相关的机遇、挑战以及各州所采取的措施作了概述。本报告依据各州在改进教育标准以及为改善STEM教育所采取的其他措施方面所取得的进步,对这些介绍作了更新。此外,本报告吸收了新近的研究数据,这些研究使得在当前的经济形势下推动STEM议程变得刻不容缓。

本报告内容简要涉及了以下问题:
- 第四部分界定了STEM议程的目标,尤其突出了具体措施。
- 第五部分审视了STEM为何对于就业、富足以及未来的经济成功很重要。
- 第六部分评论了当前体制中制约掌握STEM技能的高中和大学毕业生数量增长的环节。
- 第七部分检查了为应对这些趋势所采取的和能够采取的措施。
- 第八部分以对未来工作的展望作为结束。

各州州长、教育政策制定者以及教育领导者可以利用这一指南,深入贯彻STEM议程。所幸,从各州所采取的行动来看,强调STEM并未转移当前教育改革的方向。本报告中倡导的多数举措,对数年来从幼儿园至高中阶段以及高等教育体系所发起的变革均是一种补充。STEM重心只是为上述诸多改革提供了凝聚力,把它们网罗在一套共同目标之下。

最后,本报告的制定也是为了让公众知悉,公众努力和公众意志对于调动改革所需的努力,以及为祖国的年青一代设定更高的期望,均是不可或缺的。若没有这些,则我们只是在单枪匹马地行动,其他人都是旁观者而已。

四、STEM议程目标

1. STEM议程有两大目标

第一大目标是增加准备进入大学在STEM领域深造以及在这些领域寻求职业发展的学生数量。该目标是为增强美国劳动力的创新能力而设定的,美国劳动力的创新能力落后于其他国家,那些国家每年都会培养更多接受过STEM训练的人员。

STEM议程的第二大目标是提升全体学生掌握STEM基础知识的精熟度。这个目标的设定,是为了提升学生和劳动者在日常生活中评估问题、运用STEM概念和对创意解决方案加以应用的能力。此目标要求所有高中毕业生,无论是否将在STEM领域学习或工作,都能掌握这些基本技能,并能达到当今多数工作的要求。

上述两大目标均旨在提升美国经济的全球竞争力,并帮助个体在职业生涯中获得经济保障。

(1) 增加STEM专业学生人数和专业人员数

STEM议程的一个主要目标就是增加STEM职业的从业人数。因为通往STEM职业的主要途径是接受高等教育,故而这将意味着需要有更多取得STEM学位或文凭的大学毕业生。

然而,过去十年中美国高等教育阶段STEM学位的授予量很少(见图4-1)。[2] 在2000—2001学年,高等教育机构授予的将近300万个总学位数中,STEM学位数约为386 000个。2008—2009学年,在410多万个学位总数中,授予的STEM学位总数增至435 000个。虽然所有学科授予的学位总数增长率为36.6%,STEM学位却仅缓慢

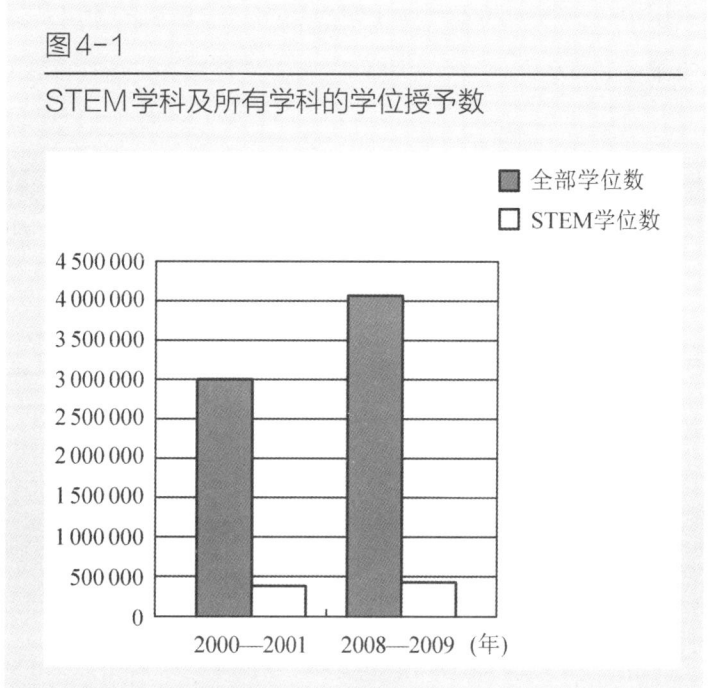

图4-1

STEM学科及所有学科的学位授予数

地增加了12.7%。甚而,STEM学位在所有学位中的百分比,还从2000—2001学年的12.9%下降为2008—2009学年的10.6%。

当对这些数字进行国际比较时,情形更不容乐观(见图4-2)。[3] 从1998年至2006年(可以获取上述国家和地区的比较数据的时间),美国所有学科的学士学位授予数增长了25%,而STEM学科仅增长了23%。相比之下,同期波兰的STEM学位数增加了144%,中国的增长超过了200%,中国台湾增加了178%。而且,2006年的数据还显示,中国授予的STEM学士学位数(911 846)几乎是美国(478 858)的2倍。即便中国部分学位的质量和数量受到质疑,在这种趋势下,学位数之间的差距无疑在扩大。

将美国STEM大学学位获得情况与不断强大的竞争者相比,其他问题也浮出水面:[4]

- 自2002年起,中国自然科学和工程学学士学位数量飞速上升,而德国、日本、英国和美国的数量却相对持平。
- 长期以来,美国STEM学位在学士学位总数中所占的比例一直徘徊在1/3左右;而当今日本、中国和新加坡的STEM学士学位比例均已过半,分别为63%、53%和51%。
- 美国工程学学位约占学士学位总数的5%,而在亚洲,这个比例约为20%。尤其在中国,大约1/3的学士学位是工程学位(虽然近年来该比例有所下降)。

抛开上述统计数据来看,美国仍是STEM学位的生产大国。事实上,在被经济合作与发展组织视作科学和工程博士学位所占份额最大的十大国家中,美国是新晋博士学位的最大贡献者,2009年总共近89 000个博士学位数中,美国培养的博士超过了1/4(其次是德国、英

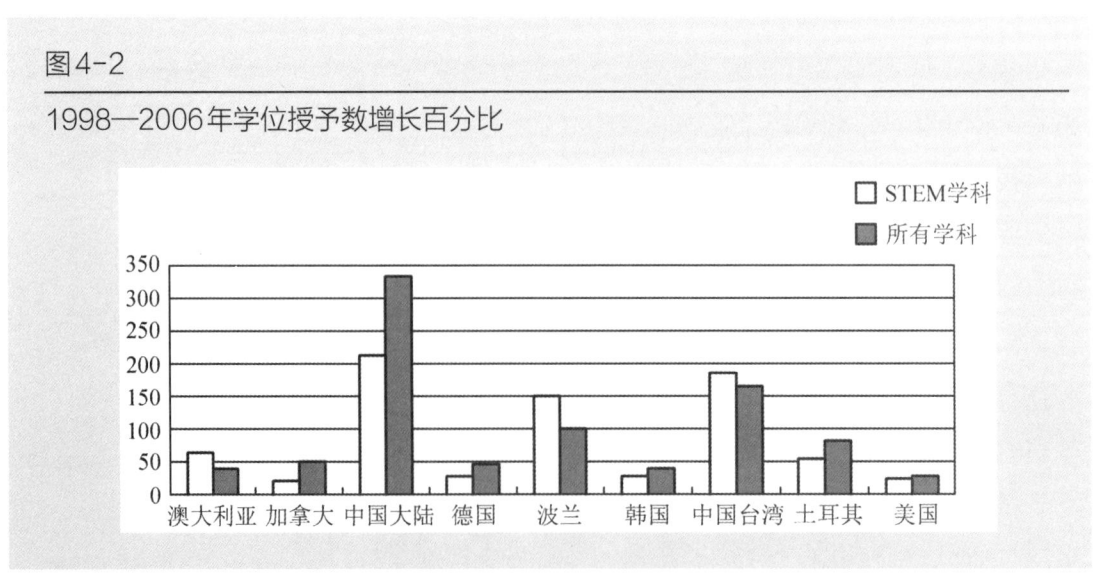

图4-2

1998—2006年学位授予数增长百分比

国和法国)。⁵然而,其他国家正以远远高于美国的速率授予高级STEM博士学位(见图4-3),从而迅速赶上美国。这也正是少数公司将一些研发活动转移到国外的部分原因。

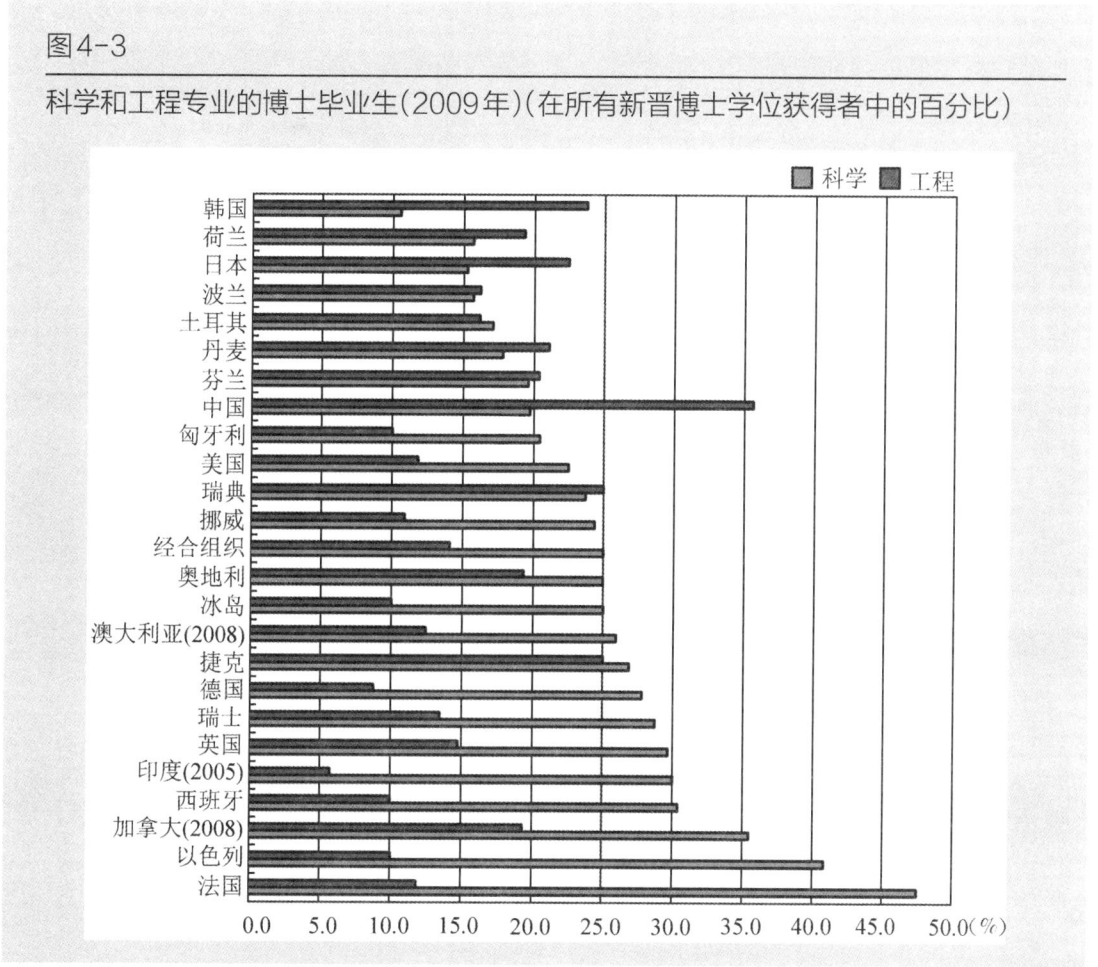

图4-3

科学和工程专业的博士毕业生(2009年)(在所有新晋博士学位获得者中的百分比)

专栏4-3

技术和工程素养

依据框架指南,首次国家教育进展评估工程和技术素养评估将从以下三大方面对学生进行评价:

◆ **技术和社会**,包括技术对社会和自然界的影响,以及随之产生的伦理问题。
◆ **系统和设计**,涵盖技术的属性、用于技术开发的工程设计过程,以及生活科技基本原理,含维修与故障排除。
◆ **信息通信技术**,涉及计算机和软件学习工具;网络系统和协议;手持式数码设备;其他获取、创造、交流信息并促进创造性表达的技术。

(2) 提高全体学生的STEM精熟度

STEM议程的另一项目标是提升全体学生的STEM精熟度,包括那些未来不会从事STEM工作或不会进入相关专业深造的学生。理解并运用STEM知识、原理和技术的能力,是具有高度迁移性的技能,它们能够提高个体在各学科中的学习能力和学业成绩。这些技能包括:

- 运用批判性思维来认识问题。
- 运用STEM概念来评估问题。
- 正确地识别解决一个问题所需的步骤(即便还没掌握完成所有步骤的知识)。

要想达到更高的STEM精熟度,需从K—12年级开始。根据国家教育进展评估的数据,近15年来,美国学生在数学和科学知识方面尚未表现出明显的进步。[注:当前,国家教育进展评估仅测量了数学和科学知识,尚未测量技术和工程知识。后两个学科的测量将自2014年开始(见专栏4-3)。][6]

自1990年以来,国家教育进展评估按照三个水平来公布学业成绩:基础水平、熟练水平和高级水平。其结果无疑是混杂的,至少在12年级的学生中是这样。

在数学学科方面,从1990年到2009年,达到熟练及以上水平的学生比例翻了一番还多——从12%增加到了26%。然而,同期达到基础及以上水平的学生,却从1994年的最高水平69%,下降至2009年的64%;在最近一次测验中,仅有3%的学生达到了高级水平(见图4-4)。[7]

1996—2009年间进行的科学测验所呈现出的趋势更不容乐观。虽然检测显示基础及

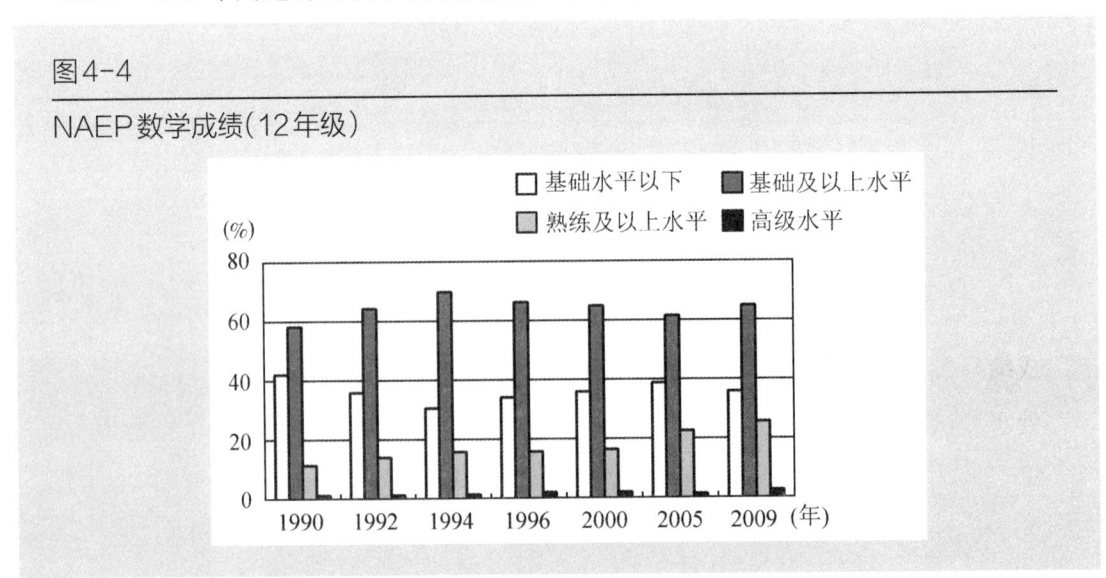

图4-4

NAEP数学成绩(12年级)

以下水平的学生略有减少,达到熟练及以上水平的学生持平(21%),然而同期内,达到高级水平的学生却从3%下降到1%(见图4-5)。

综合来看,这些数据表明,近15年来学生的数学和科学成绩变化不大——12年级数学达到熟练及以上水平的学生比例仅略有提高,而在NAEP进行测试的年份里,学生的科学技能则保持不变。更重要的是,全国达到高级水平的学生数量几乎停滞不前。

数据中隐含着另一个问题——白人、非洲裔美国人和西语裔青年的数学和科学成绩长期存在着差距。自1990年来,非洲裔美国学生和白人之间的平均成绩差距达到了27分(数学)和34分(科学);西语裔青年与白人的平均差距则分别为22分(数学)和26分(科学)。因为这些少数族裔青年人口在美国学生中所占的比例在不断增大,因此消除这种差距、提升整体数学和科学成绩的需求和挑战只会有增无减。

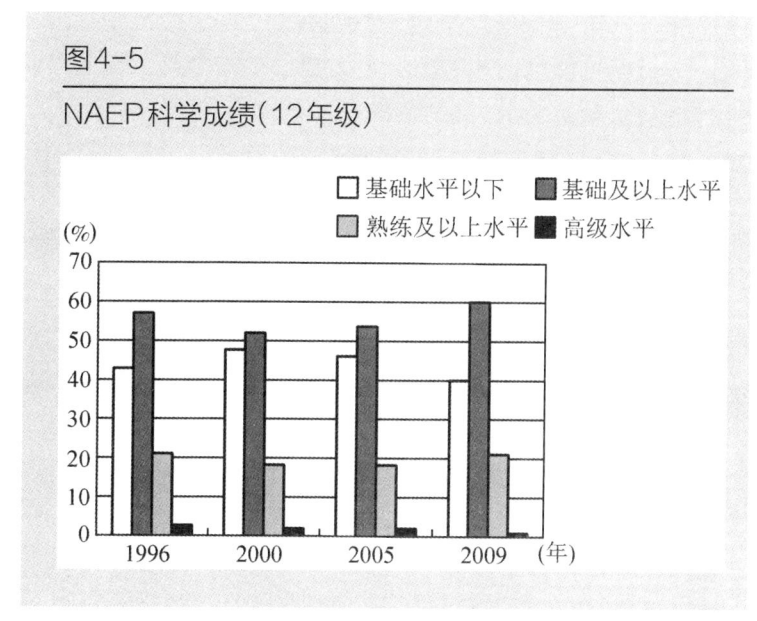

图4-5 NAEP科学成绩(12年级)

2. 国际比较

跨国比较有助于更多了解美国学生的数学和科学精熟度状况。OECD的国际学生评价项目(PISA)[1]测量了15岁学生的数学和科学水平,其最新结果如图4-6所示。8测评结果显示,美国学生的数学成绩落后于其他25个参与测试的国家、地区或国际组织;数学平均成绩为487分,也低于OECD 496的平均分。

至于科学,美国的平均分为502,跟OECD的平均分501差异不大,但有12个OECD成员的成绩高于美国。这些数据至少表明,美国跟竞争者相比不占优势。

处于测试范围底层和顶层水平的学生数量是两个重要的指标。在数学精熟度方面,

---

[1] PISA测试结果一共分为7个等级,1—7级分别代表学生所处的不同水平。——选编者

OECD认为,低于2级就表明学生不能一以贯之地运用基本的运算法则,或是无法对真实生活情境中的数学运算结果做出文字解释。高于4级则表明学生能够完成高阶任务,例如解决涉及陌生情境中的视觉或空间推理问题。2009年,23%的美国学生的成绩低于2级,与OECD中的其他国家相仿。而仅有27%的美国学生的成绩为4级或高于4级,低于OECD 32%的平均水平。

2007年国际数学和科学研究趋势(TMISS)的研究发现了在国际比较中类似的趋势。[9] 美国参与该项测试的8年级学生的数学平均分低于5个国家和地区,高于37个国家;科学水平也与之不相上下,科学平均分低于9个国家和地区,高于35个国家,与3个国家持平。

最惊人的或许是不同国家或地区达到高级或以上水平学生百分比的差异。图4-7描绘了数学达到高级或以上水平的8年级学生的百分比。9个国家和地区的百分比高于美国,其中一些百分比的差异引人注目(例如中国台北的百分比是美国的7倍)。

2007年8年级学生在TMISS测验中,科学达到高级水平的结果与之相似:6个国家和地区达到高级或以上水平的学生百分比高于美国,它们分别是新加坡、中国台北、日本、英

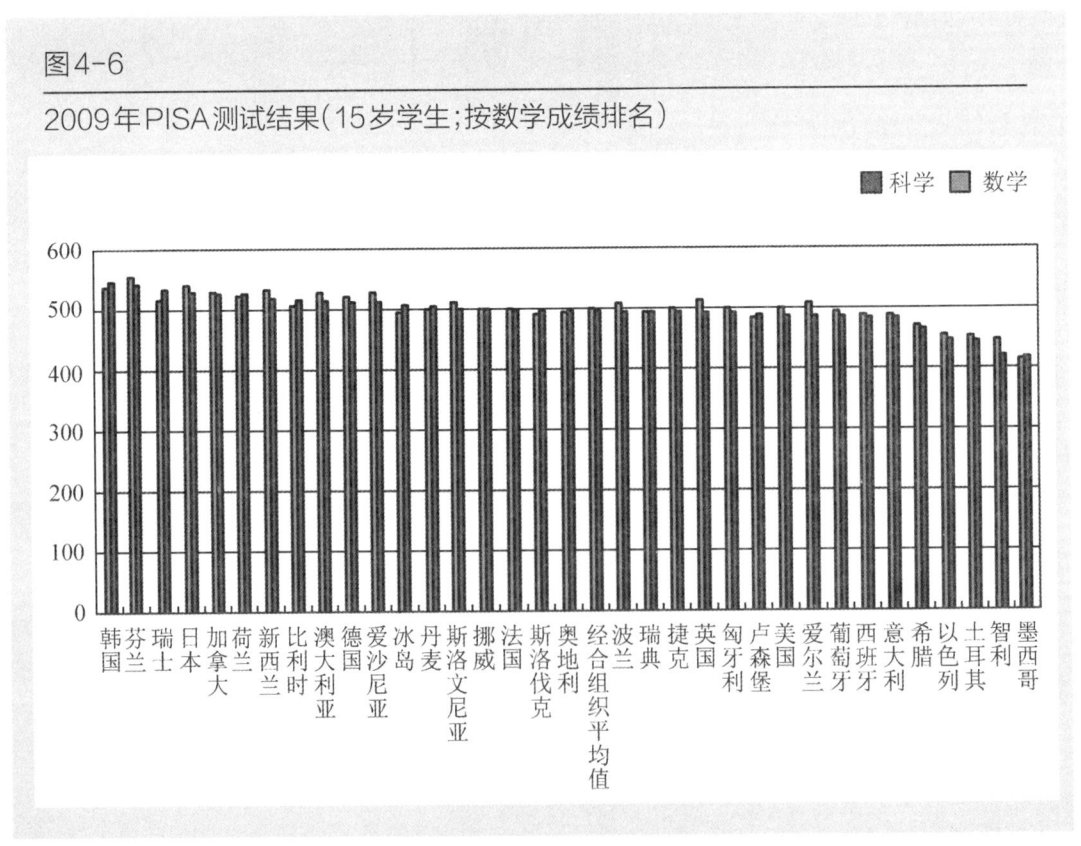

图4-6
2009年PISA测试结果(15岁学生;按数学成绩排名)

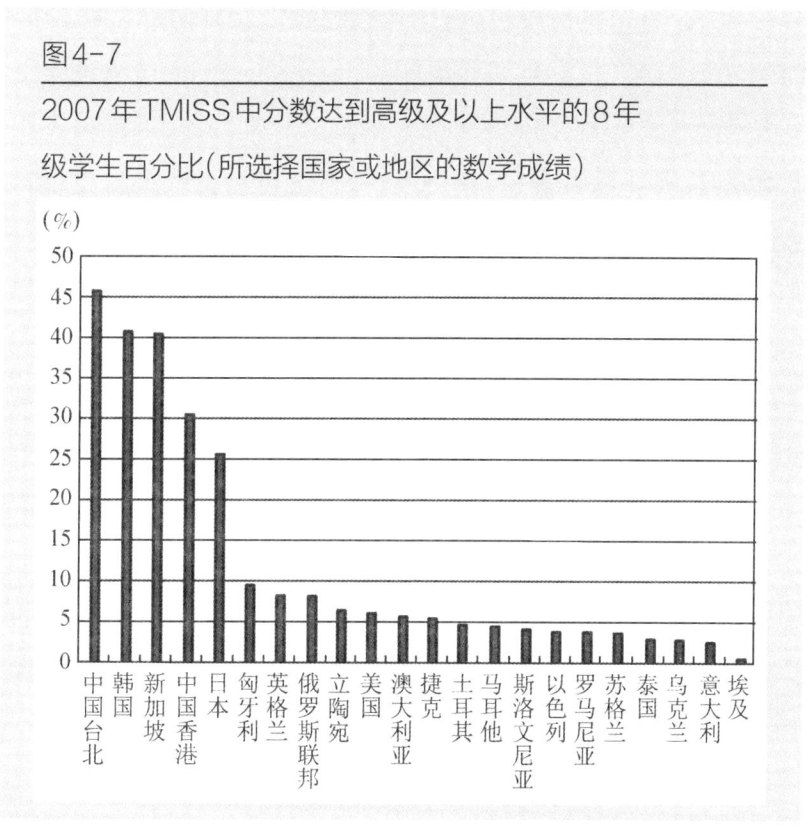

图4-7
2007年TMISS中分数达到高级及以上水平的8年级学生百分比(所选择国家或地区的数学成绩)

格兰、韩国和匈牙利。

3. 结语

STEM议程的目标很明确:增加美国STEM职业的从业者人数,提高所有学生(即便他们选择非STEM职业)的STEM精熟度。遗憾的是,数据表明,美国尚未培养出足够多的大学毕业生来提升STEM劳动力。在培养具有良好的数学和科学技能的高中毕业生方面,我们的能力顶多只取得了微小的进步。此外,与重要的国际竞争者相比,美国在培养准备进入大学深造或就业的顶尖的数学和科学人才方面落后于其他国家,这种发展趋势日益令人担忧。

五、STEM议程缘何重要

增加主修STEM学科的高中生、大学生和研究生的数量,对社会经济繁荣而言具有举足轻重的作用。大多数STEM专业的毕业生会从事收入最高、增长最快的STEM工作或进入该行业。而且,拥有STEM学位而选择STEM职业的人,跟其他行业的工作者相比,失业率更低,这就意味着STEM工作者享有更高的职业安全感。STEM专业的学生即便选择非STEM职业,也能够进入诸多领域并获得高薪。最后,STEM教育还能提升各州及各地区的竞争优势和创新能力,从而保障经济增长。

1. STEM行业工资高于全国平均水平

增加当地居民中的STEM毕业生人数是提升某个州或地区人均收入的可靠途径之一。STEM职业是高薪职业,其薪酬显著高于美国平均水平。[10]

根据劳工统计局(Bureau of Labor Statistics, BLS)最近的分析,2009年5月,所有STEM职业的平均年薪为77 880美元,97个STEM职业中只有4个低于美国平均年薪43 460美元。而且,依据乔治敦大学教育与劳动力中心的数据,本科专业中工资最高的十大职业全都属于STEM领域(见表4-1)。[11]

将不同学历的STEM从业者与非STEM从业者相比较时,STEM对工资的增值效应更加明显。在同等学历水平上,STEM从业者都比其他职业从业者工资高出11%(见图4-8)。[12]例如,拥有某些大学学位或硕士学位的STEM从业者每小时收入比非STEM的竞争

表4-1

平均薪酬最高的十大专业(全日制学生)

专　　业	年薪中位数(美元)	第一四分位数(美元)	第三四分位数(美元)
石油工程	120 000	82 000	189 000
制药科学与管理	105 000	83 000	120 000
数学与计算机科学	98 000	75 000	134 000
航天航空工程	87 000	60 000	115 000
化学工程	86 000	60 000	120 000
电机工程	85 000	60 000	110 000
造船与海事工程	82 000	44 000	120 000
机械工程	80 000	59 000	105 000
冶金工程	80 000	50 000	106 000
采矿和矿物工程	80 000	52 000	125 000

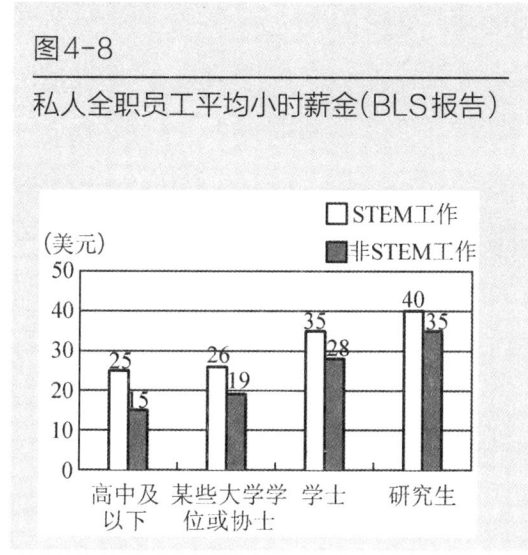

图4-8
私人全职员工平均小时薪金(BLS报告)

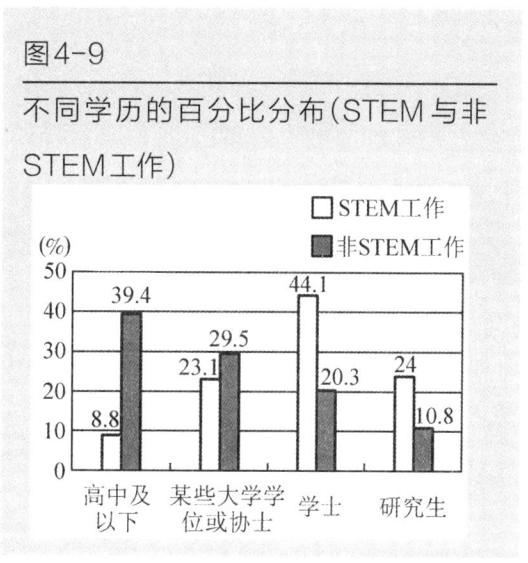

图4-9
不同学历的百分比分布(STEM与非STEM工作)

对手高出7.61美元;拥有研究生学历的STEM从业者每小时收入比非STEM从业者高出4.50美元。

一个受过STEM教育的人,即便不从事STEM领域的工作,同样也在收入上体现出一定的优势。根据最近对历年来人口普查数据的研究,拥有STEM学位的从业者无论是否从事STEM工作,均比其他大学毕业生的工资收入高出11%。而如果STEM学位持有者最终从事STEM工作,这个差距甚至将扩大到20%。[13]虽然拥有一个STEM学位是通往STEM工作的典型途径,却非唯一途径。虽然470万拥有大学学位的STEM从业者中,2/3以上拥有STEM学士学位,但其余的人并没有STEM学位。尽管如此,一定程度的高等教育对于获得STEM工作仍是至关重要的:91.2%的STEM从业者接受过大学教育或拥有协士学位,超过68%的人拥有学士及以上学位(见图4-9)。因而,成功地完成高等教育的能力,是寻求STEM职业的关键所在。

2. STEM知识提供就业保障

STEM职业岗位虽然目前仅占美国职业岗位总数的6%,其增速却比其他种类的职业高出许多,这意味着STEM从业者的供给不太可能超过需求。过去10年中,STEM职业的增速比非STEM职业高出3倍。2008—2018年,STEM职业岗位有望增加17%,而同期的非STEM职业岗位增加比例仅为9.8%。

同样重要的是,STEM职业的从业者比其他领域的从业者失业率更低。例如,STEM从业者的失业率2007年为1.8%,2009年增至5.5%,而2010年又回落至5.3%。相比之下,非STEM

职业的失业率则从2007年的4.8%飙升至2009年的9.5%,且2010年持续增长至10%。[14]

这些优势,部分应归功于STEM劳动力的平均受教育程度高于非STEM劳动力(见图4-9),较高的受教育程度通常会带来较低的失业率。仅这一点就有助于给STEM从业者带来更低的失业率。例如,2010年接受过大学教育的STEM和非STEM领域从业者的失业率均徘徊在4.7%左右。正如大多数企业领导者所证实的那样,能够胜任高要求的STEM工作的人,在整个职业生涯中都会拥有良好的工作前景。

最后有必要提及,STEM技能具有高迁移性,能为个人提供多种职业选择。2011年乔治敦大学教育与劳动力中心的一份关于STEM的报告[15]描述了STEM知识、技能和能力,以及这些资本是如何给各种各样的职业带来附加值的:

STEM知识专业性很强,而且在传统的STEM学科和职业之外也具有迁移性和效用。最终,这种动力形成了将不同性质的学术训练和职业融合在一起的职业生涯。技术训练与其他学科的训练相结合,这在众多职业中具有日益凸显的优势。此外,知识的可迁移性容许STEM专业人员转移到其他行业,尤其是在职业生涯中期进入管理角色时,他们的技术能力便成为了一种优势。

3. STEM与创新

创新与经济增长之间已经形成了根深蒂固的联系。经济学家普遍认为:自二战以来,半数以上的经济增长均源自技术创新。[16]依据米尔肯研究所(the Milken Institute)公布的《2010年最佳表现城市》榜单,"丰富的创新渠道在一个地区的工业发展、商业化、竞争力以及可持续增长能力中发挥着关键作用"。[17]

STEM劳动力是创新渠道的有力组成部分。STEM行业的雇员能够创新理念及应用,并将其商业化,同时创造额外的工作岗位。在产生新专利,包括转换为商品进入市场方面,STEM领域压倒性地超过其他领域。例如,1998—2003年间,科学家和工程师申请的专利数为其他所有领域的申请数的将近10倍,申请转化为商品的专利数也为其他领域的几近8倍(见图4-10)。[18]

STEM从业者还对创新中心的创建大有裨益。创新中心通常包括技术中心和研究园区,它们是经济活动的重要来源。通常,这些地区聚集了大量的STEM从业者。此外,创新中心常毗邻研究型大学和其他高等教育机构,既能不断补充新的STEM毕业生,又能提供合作机会。创新中心能在STEM领域和非STEM领域形成大量企业与人才供应机构的联合集群,同时还会带来迅速增长的就业机会。[19]

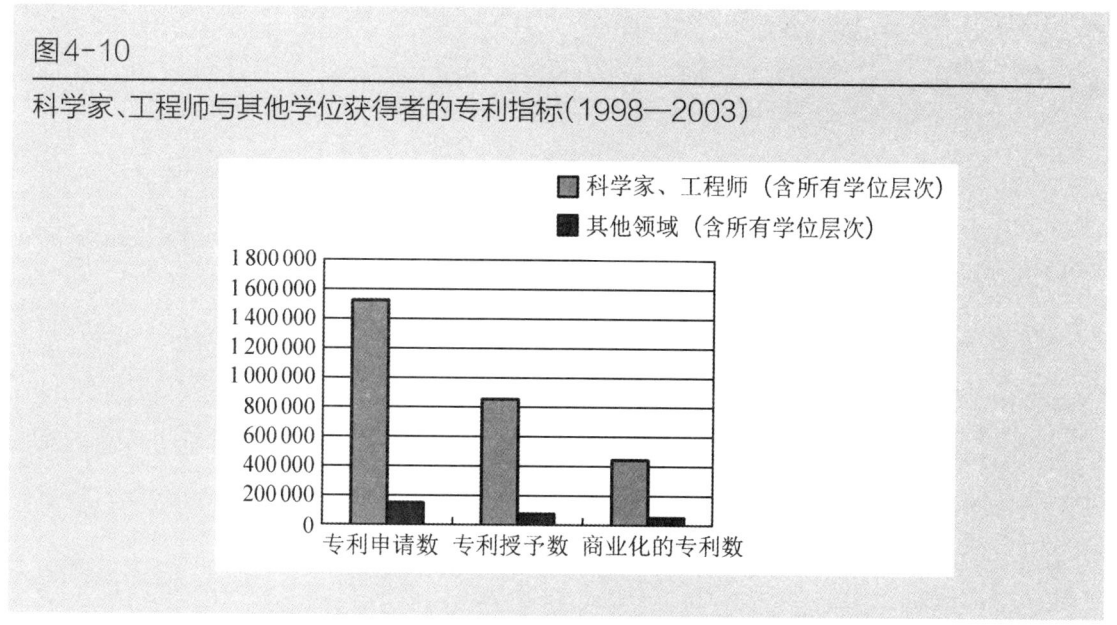

图4-10
科学家、工程师与其他学位获得者的专利指标(1998—2003)

4. 回报

培养STEM劳动力是一项明智的经济发展战略。STEM劳动力是创新经济的关键要素,也是创造新企业集群和新工作岗位的关键要素。STEM的岗位数量正在迅猛增长,其薪酬显著高于全国平均水平。此外,STEM教育给个体的整个职业生涯带来了更高的薪资和更稳定的就业保障。正如美国商业部最近的一份报告所断言的,"STEM劳动力虽然数量上相对较少,但已经极大地影响着一个国家的竞争力、经济增长速度以及整体生活水平。"[20]

六、系统中的薄弱环节

预见关联性

"当学生讨论职业理想时,许多人并未将他们的愿望与高中的数学和科学必修课联系起来,这就意味着需要帮助学生认识到初中及以后阶段的高等数学与科学课程之间的关联性。"

——《机会均等》,纽约卡耐基公司,2007年

过去十年来,许多研究和顶级的委员会已经甄别出当前体系中阻碍各州和全国实现STEM教育目标的问题所在。虽然各州之间差距很大,但本报告简要地强调了各州关注的

五大问题：

- 各州数学和科学标准不一致
- 合格的一线数学和科学师资短缺
- STEM大学学习缺乏准备
- 未能激发学生对数学和科学的兴趣
- 高等教育体系未能满足STEM工作的需求

1. 各州数学和科学标准不一致

多年来，政策制定者号召各州采纳学术要求更严格的共同数学标准和科学标准。因为各州的标准内容迥异，很多情况下它们数量过于庞大，内容过于宽泛，不能正确界定学生应当学习的内容。而且，现有的众多标准不像其他国家的标准那样清晰和缜密，从而导致美国学生在国际测验中表现欠佳。

正如下一部分所论及的，为了解决这些困扰，一项全国性的、由各州主导的工作正在开展中。因此，本报告不会事无巨细地讨论当前有关标准的问题。然而，因为新标准的实施尚需数年，需要采取一些权宜之策以确保学生为STEM大学学习做好准备。与此同时，各州必须开拓进取，采纳更严格的数学和科学标准及其评价，以确保进展顺利。

表4-2

高中数学和科学教师是否持有相应学科资格证书的百分比

任教学科	主修本专业			主修非本专业		
	总数	有资格证书	无资格证书	总数	有资格证书	无资格证书
数学	72.5	63.1	9.4	27.5	16.4	11.1
科学	84.0	73.6	10.4	16.0	12.0	4.0
生物/生命科学	76.2	60.2	16.0	23.9	17.2	6.7
自然科学	48.5	39.5	9.0	51.5	29.9	21.6
化学	48.2	36.8	11.4	51.9	34.6	17.3
地球科学	33.2	27.2	6.0	66.8	23.3	43.5
物理学	57.7	42.7	15.0	42.2	28.1	14.1

2. 合格的一线数学和科学师资短缺

合格的一线数学和科学教师的数量短缺,是K—12年级长期面临的挑战。[21]例如,2007—2008年,仅63.1%的高中数学教师主修过数学专业且取得了任教资格(见表4-2)。[22]高中科学教师的统计数据略好:73.6%的教师既主修科学专业又取得了任教资格。(相比之下,既没有主修过该专业又没有获得资格证书的数学和科学教师所占比例分别为11.1%和4.0%。)

在一些自然科学学科中,缺乏教师资格的情况更加严峻。在化学学科,只有36.8%的教师主修该学科且获得了相应的资格证书。在地球科学,仅27.2%的教师主修该学科并具有资格证书。更令人担忧的是,21.6%的自然科学和43.5%的地球科学教师既没有任教学科的学位也没有资格证书。

为了增加合格的一线STEM教师数量,各州需要把重点放在招聘、留任和增加合格的数学和科学教师供给的政策制定上。此外,还需要强化相关政策,以帮助留任数学和科学教学成绩突出的教师。

3. STEM大学学习缺乏准备

改良后的数学和科学新标准对于培养学生进入大学和走上工作岗位大有裨益,但要让学生为STEM大学学习和为STEM职业做好准备,要做的还远远不够。对这些学生来说,更扎实的学术训练能增加成功的机会,但他们通常得不到这样的训练。

研究表明,高中阶段扎实的学术训练能提高STEM学位完成率。例如,高中时就学了三角学、初级微积分或微积分的学生,高中阶段平均成绩达到B级及以上的学生,在大学入学考试中成绩排名进入前1/4的学生,以及希望将来获得研究生学位的学生,与不具备上述特征的同伴相比,他们的STEM学位完成率(包括STEM学士学位在内)较高,大学辍学率则较低。[23]

除此之外,研究还表明,在提升成绩上,某些教学实践似乎比其他策略更为有效,至少科学学科是如此。[24]其具体策略包括:

- 进行动手操作的科学活动。
- 撰写科学测验和作业中的论述题。
- 讨论动手操作活动中的测量数据和结论。
- 与他人合作参与科学活动。

遗憾的是,许多想学习STEM专业的学生在高中阶段既没能修到具有挑战性的课程、参与需要动手操作和小组合作的项目,也没有机会把在数学和科学课上学到的概念运用到现实问题中去。

4. 未能激发学生对数学和科学的兴趣

在大多数K—12年级中,科学和数学是作为独立于其他课程的学科来教授的。学生们通常体会不到当前所做的数学和科学功课与大学学习以及STEM职业之间的联系。学生对于数学、科学与真实世界之间联系的了解,大多来自一年一度的去博物馆或天文馆的实地考察。这些学生每天都要依赖智能手机、计算机、电视技术,却并不理解它们与数学和科学之间的潜在联系。

帮助学生明了数学和科学与未来职业机会之间的联系,是STEM教育的重要目标之一。高中阶段通常是学生们形成职业生涯规划的时期。缺乏正确的信息,资质优异的学生可能会因为没有预见到STEM知识的用途而忽视了STEM学习。

激发学生对数学和科学的兴趣,需要改进课堂教学策略,并增加在课外展示数学和科学与现实应用、未来职业之间联系的机会。要让学生明白这些联系,教师和学校其他员工还需要得到一些帮助。

5. 高等教育体系未能满足STEM工作的需求

正如本报告第五部分提及的,2008—2018年间,STEM岗位数量有望增加17%,是非STEM岗位数量增速的近两倍。虽然STEM工作仅占全部工作的5%,但到2018年,STEM从业者将会增加150多万个。其中90%以上的工作均要求从业者达到高等教育学历,68%的职位将要求从业者具备学士或以上学位。

然而,在很多情况下,高等教育体系,包括社区学院、四年制大学和研究型大学,均未能预见到人才供给与市场需求之间的联系。包括州长和州立法者在内的政策制定者,认为应该把更多的注意力放到地区经济对就业的需求上。教育项目和学位输出必须更好地适应就业市场,以保障经济的持续发展。对于师资紧缺和全球竞争激烈的STEM教育而言,这一点尤为重要。

七、落实各州STEM议程

尽管面临经济衰退和财政紧缩,各州仍继续努力推进STEM议程。除州和地方政府资源外,其中许多措施还得到了慈善机构、企业,甚至联邦政府的资助。

增加STEM教育的参与度和提升教育成效,需要同时采取许多措施,但本报告关注的是自幼儿园至高等教育阶段的整个教育连续体中,各州正在或应当采取的六大关键步骤:
- 采用严格的数学和科学标准与改良的评价。
- 招聘和留任更多合格的一线教师。
- 为STEM学生提供更加严格的培训。
- 运用非正式学习在课外拓展数学和科学学习。
- 提升STEM教师的数量和质量。
- 为高等教育机构设定目标,以满足STEM工作需求。

（一）采用严格的数学和科学标准与改良的评价

要实现STEM议程的目标,各州需要采用改良的K—12年级数学和科学标准,以及能够检验学生知识和问题解决能力的评价。幸而过去5年来,各州已经在这方面取得了显著的进步。

1. 共同核心数学标准

2009年,由各州州长和州首席教育官员领导的合作联盟,发布了新的、严格的且基于国际标准的数学和英语语言艺术标准,该标准广受赞誉。此即共同核心州际标准计划,是由美国州长协会最佳实践中心和州首席教育官员委员会主管的。[25]这些标准由教师、学校管理者和全美公认的专家共同开发。到2011年下半年,共有46个州和地区采用了共同核心标准,并准备在4—6年内将它们引入课堂。

这些标准明确了学生在K—12年级应当掌握的知识和技能,旨在帮助他们在高中毕业后能够在大学入学、学分制大学学术课程以及员工培训项目中取得成功。这些标准是:
- 与大学的要求和工作期望相一致。
- 清晰、易懂、连贯。
- 涵盖缜密的知识内容及知识的高阶技能运用。
- 以当前各州标准的强度和课程为基础。
- 建立在充分了解其他成绩优异国家的信息基础之上,以便所有学生都能为在全球化经济和社会中取得成功做好准备。
- 以证据为基础。

至于数学,共同核心标准针对提升学生的STEM精熟度作了许多改进:

- K—5年级的标准给学生打下了关于整数、加法、减法、乘法、除法、分数和小数的扎实基础,以帮助小学生今后顺利地掌握更高要求的数学概念和演算过程,并能加以运用。
- 这些标准不仅强调程序性技能,而且强调概念理解,旨在确保学生学习和吸收必要的关键信息,获得更高层次的成功。
- 高中标准号召学生运用数学思维方式去应对真实的问题和挑战,也就是训练学生进行数学思考和数学推理。
- 高中标准对大学和职业生涯准备度设置了一套严格的定义,帮助学生深入理解数学,并像大学生和就业者通常做的那样,具备在新情境中运用数学知识的能力。

2. 评价

各州还需要采纳和运用与共同核心标准一致的改良后的新评价。许多现行的评价既不能充分体现各州标准,也不能检验学生的问题解决能力,而是过分强调对某些特定信息的获得,而非复杂技能和概念的掌握。新的评价将更深入地测量对知识和概念的运用。此外,它们还将:

- 对学生成绩提供一个跨州的统一测量,使各州可以在共同的测量标准之下进行成绩比较。
- 为各州集聚人力、物力开发更好的评价并为减少各自的成本提供一个机会。

拟于2014—2015年公布的新评价,目前正由2个州际联盟进行设计:即大学与职业准备度评价合伙公司(the Partnership for Assessment of Readiness in College and Careers)和均衡智慧评估联盟(the SMARTER Balanced Assessment Consortium)。

3. 科学标准

提升STEM教育的下一个关键步骤是开发和采纳国际基准的、缜密的新科学标准。在美国州长协会和首席州教育官员委员会通力合作,以及国家科学教师协会和美国科学促进会的支持下,国家研究委员会研制的共识报告诞生了,它成为新的K—12年级科学标准的开发指南。该报告名为《K—12年级科学教育框架:实践、跨学科概念和核心理念》,提出应强化技术和工程在科学教育中的作用。它还尤其强调不仅要教给学生科学内容及实践,而且要教会他们如何用科学来解决真实问题。[26]该框架的导言指出:

我们期望K—12年级的学生在学习和参与科学、工程实践获得的洞察力和兴趣,能够帮助他们明白科学和工程在应对当今社会面临的重大挑战中的作用,如开发充足的能源,预防和治疗疾病,保障清洁的饮水和食物的供应,以及应对全球环境变化的问题。此外,虽然不是所有学生都会选择科学、工程或技术工作,但我们希望以本框架为基础的科学教育将会激励和激发比当下更多的,且能更好地代表美国众多族群的人——选择这些职业。

各州要做的下一步是将框架转化为一套教育标准,用以指导课程开发、评估和教学工作。这项工作由来自20个州的团队共同承担。目标是在2012年底之前完成《下一代科学标准》的开发。[27]

(二)招聘和留任更多合格、高效的教师

为了提高K—12年级的STEM教育,各州需要招聘更多合格的数学和科学教师进入课堂。此外,各州还需要关注留任优秀教师的政策。虽然我们需要更多合格的数学和科学教师,但影响当前供需平衡的主要原因在于大量的优秀教师是因非退休原因而离职的。

为了减少离职并填满紧缺的岗位,各州可以运用财政激励、提供支持体系以及改善学校环境等手段。尤其是一旦教师安置到位之后,政策的重心必须放在留住那些能高效提升成绩的教师身上。

1. 运用财政激励来招聘和留任教师

薪资无疑在教师招聘中起到重要作用。许多州已经采用工资加签约奖金的方式吸引教师到条件艰苦的领域或任务艰巨的岗位任教,例如数学和科学学科。北卡罗来纳州吉尔福德县发起的"可能的使命",就是这样一个提供入职奖的项目。在难以招到员工的学校,一位数学教师可以获得每年5000美元的入职奖,以及每年最高达12 000美元的绩效奖(见专栏4-4)。[28]

在留任教师以及锁定那些能够高效地提升成绩的教师方面,这些财政激励措施甚至

专栏4-4

可能的使命

　　北卡罗来纳州吉尔福德县的"可能的使命"项目,既为到任、留任的合格教师提供奖励,同时又为他们提供绩效奖。一位到条件艰苦的学校任教的数学教师每年可以获得5000美元的入职奖,以及每年最高达12 000美元的绩效奖。2006年项目获批一个月后,该地区就有174名教师申请教数学,而一年前的申请者仅为7人。而且,2006—2007学年的第二年中,有87%的教师继续留任。

能发挥更大的作用。一则2010年关于数学和科学教师流失的评论中提到,46.3%的科学教师和59.9%的数学教师据说因收入原因而离职。[29]一项更深入的分析发现,收入低是科学教师离职的首要原因,但对于数学教师离职的影响不甚显著。

2005年,科罗拉多州丹佛市实施了一个名为ProComp的薪酬体系,它将教师收入与学区的教学任务挂钩。[30]在该制度体系中,符合以下条件的教师可以得到加薪或奖金:

- 在条件艰苦的学校或任务艰巨的岗位(如数学学科)任职。
- 获得更高的学位和证书,或是修完特殊的专业发展课程。
- 学生在全州测评中成绩优异。
- 所在的学校成绩有显著进步。

2010年对该薪酬体系的评估发现:

- 自2002—2003学年到2002—2009学年,学生数学和阅读成绩有了显著提高。
- 较快实施ProComp薪酬体系的学校,教师留任率也较高(自项目开始至今已高出11%)。
- 那些被认定为"条件艰苦"并较快采用ProComp薪酬体系的学校,在该项目实施的第一个整年,即2006—2007学年,教师留任率有了迅猛的提高。
- 2009年,平均每位教师的年度工资奖励总额为7000美元。

与上述案例类似的其他收入激励模式在全国得到广泛采用,其中许多模式已经在招聘和留任教师,尤其是提高教师表现方面取得了良好的成效。

2. 改善学校条件以留住教师

学校条件也可能成为影响数学和科学教师留任的一个主要因素。学校条件包括学生的行为问题、学校领导的效力和行政支持、教室资源、学校决策中对教师意见的采纳程度、教师的课堂自主权,以及有效的学科专业发展。统计表明,数学和科学教师的流失与上述许多条件有关。[31]

研究表明,导致数学教师离职的决定因素包括:教师在课堂中的自主权、学生的纪律问题,以及是否提供有用的专业发展机会。出乎意料的是,数学教师也偏好较大的学校,有可能从小型学校辞职。

如前所述,影响科学教师离职的最主要的因素是学区提供的薪酬水平,其他因素还包括所在学校的学生纪律问题,以及有效的专业发展。[32]

这些研究结果表明,除了薪酬之外,各州、学校和学区可以采取若干可能无需增加投入的措施来留住更多的数学和科学教师。这些措施包括维持纪律、加强领导力、在学校决策中充分听取教师意见、赋予教师适度的课堂自主权,以及最重要的是,提供相关和有效的教师专业发展机会。

一些州已经为数学和科学教师创建了专门的支持系统。例如,戴顿地区STEM中心整合组建了一个区域性学校和专业人员网络,为STEM教师提供培训和课程支持。[33]同样,亚利桑那州STEM教师中心也为K—12年级的教师提供专业发展课程,以促进STEM教学,并提供在线论坛供教师交流经验。这类中心通常是在联邦资金和私人资本的支持下创建的。[34]

(三)为STEM学生提供更加严格的培训

想要接受STEM高等教育的学生,在高中阶段需要进行扎实的培训,才能在之后的学习中取得成功并获得STEM学位。研究数据显示,大学选择STEM专业的学生中,54.9%的人能在六年内完成学业,而只有41%的学生能拿到STEM学位。

高中阶段扎实的学术培训能提升STEM专业的毕业率。因而,修过像三角学、初级微积分或微积分这类高级课程的学生,STEM学位的完成率较高。此外,新的研究表明,那些作为实习生或助理接受过指导,在高中阶段拥有研究经验的学生,以及教师将不同的STEM课程内容综合起来教授的学生,与没有这些经历的同伴相比,取得STEM学位的可能性较大。[35]

各州已经采取多项措施为学生提供更扎实的培训机会、严格的课程以及在动手操作项目中运用STEM知识的机会。这些实施STEM教育的新方法包括:
- 开设STEM特色学校。
- 为学生提供获得大学先修学分的机会。
- 开展重要工业领域中与未来的文凭和学位有关的学习。
- 使学生获取学习STEM在线课程的机会。

上述许多措施将共同发挥效用。例如,一所STEM学校可以既提供STEM在线课程,又提供大学先修学分。

1. STEM学校

STEM特色学校为学生提供严格的、为大学做准备的STEM密集型课程,同时让学生为更高层次的STEM学习和未来STEM职业做好准备。

虽然全国各地的STEM学校模式各不相同,但大多数把重点放在高中。这些学校以STEM为重点学科,教学环境不局限于课堂。学生通常花大量的时间做小组项目,并常常得到在职工程师、发明家和科学家的帮助。课后,许多学校还把学生放到跟学习相关的工作中去体验。

加利福尼亚州的高技术高中(High Tech High, HtH)就是STEM特色学校的典范。高技术高中创始于2000年,是一所特许高中,由圣迭戈的商业领袖和教育家联合创建,拥有K—12年级的一贯制办学体系。它还主持一个综合教师资格认证项目,并拥有一所全新的创新型研究生教育学院。

学生们从个人兴趣出发开展各种项目,并将他们的项目成果收集在个人的数字档案中。学校为个人学习和小组学习提供的设备包括无线上网笔记本电脑、供动手实践的项目室,以及个人成果的展示空间。学生们还可以走出教室去学习。初中学生可以在当地公司或机构完成长达一学期的学术实习,高中学生从个人兴趣和关注点出发,开发一个解决社区问题的实体项目。在较低的年级——九年级和十年级以及初中阶段——学生们可以在某一个工作日当某个成人的"影子",以小组项目的方式为社区提供服务,或是就关心的事项跟校外的成人一起共进"权力午餐"(power lunches)[1]。

2008年,高技术高中与全国学生信息交换研究中心(the National Student Clearinghouse)建立合作关系,以了解该校所有学生的大学完成率。2011年,全国学生信息交换研究中心的数据表明,77%的高技术高中校友要么仍然是注册的大学生,要么已经从大学毕业,其中25%的大学毕业生获得了STEM学位。相比之下,美国人口普查署的数据显示,加利福尼亚州20多岁的成人中拥有大学学位的比例低于30%,而该州大学生中获得STEM学位的比例仅为17%。[36]

美国有许多STEM学校,其学校类型和课程设计(见专栏4-5)也多种多样。[37]它们可以是特许学校、磁石(具有吸引力的)学校,或是独立于或附属于现有学校的学院,绝大多数属于公立学校。《成功的K—12年级STEM教育:识别STEM教育的有效途径》这份报告,对不同类型的STEM特色学校作了全面的介绍。[38]

---

[1] power lunch,又称为"商业巨头午餐会",最初是政界、商界要人谈工作时吃的午餐,现在已扩展为公司高层乃至普通员工的午餐会。——选编者

> **专栏4-5**
>
> **关联学习（Linked Learning）**
>
> 　　加利福尼亚州大学与职业中心采用"关联学习"模式进行STEM教育。在许多学科中，如工程、艺术与媒体、生物医学、卫生等，采用"关联学习"模式的学生要接受行业课程体系的训练。通过各种高中毕业选择，包括进入两年制或四年制学院或大学、做学徒、参军或正式的入职培训等，这些课程体系帮助学生为就业做好准备。正如"ConnectEd"网站上描述的那样，关联学习的四大核心要素分别是：
>
> ◆ **学术要素**，包括英语、数学、科学、历史和外语课程，能让学生顺利向州的社区学院和大学、实习岗位或正式入职培训项目等过渡。
>
> ◆ **技术要素**，由三门及以上的课程构成，帮助学生获得必备的知识和技能，提前开启成功的职业生涯。
>
> ◆ **一系列任务型学习机会**，从指导、随行观摩开始，逐步升级为集中实习、校内工厂实习或真正的学徒训练。
>
> ◆ **支持服务**，如阅读、写作、数学的咨询和辅助教学，帮助学生掌握必备的高阶学术知识和技能，以便在大学和职业中获得成功。
>
> 　　加利福尼亚州的许多学区在高中阶段实施关联学习衔接项目。要实施一个经过认证的课程项目，学校必须符合若干指标，其中包括为项目教师提供专业发展和成长的机会。

2. 先修学院（Early College）

　　先修学院高中有一套完备的课程体系，能为学生免费提供提前修学大学学分的机会，将高中和大学融为一体，从而缩短了高中阶段的学习时间。

　　一个最新的案例便是北卡罗来纳州维克STEM先修学院高中，它是北卡罗来纳州维克县公立学校体系、北卡罗来纳州立大学和北卡罗来纳州新学校工程的联合项目。STEM是该校课程计划的主题。先修学院高中让维克县的学生在获得高中文凭的同时，还可以修最多两年的大学学分。要求学生必须对科学、技术、工程和（或）数学感兴趣，并鼓励那些将成为家中第一代大学生的孩子申请该课程。该课程免费对学生开放，甚至选修大学课程也是免费的。

　　另一个例子是俄亥俄州的大都会先修学院高中，这所高中最初是由巴特利拨付56万美元运营经费，俄亥俄州立大学赠予120万美元基础建设费支持创建的。[39]该校由富兰克林县16个学区组成的教育委员会负责运行。

该校的学习过程分为两个阶段:准备和探究阶段(称作核心准备阶段)以及实习和进入大学阶段(称作大学对接阶段)。在核心准备阶段,九年级和十年级的学生把重点放在提升成绩的学习上。学生必须在数学、科学、社会研究和语言艺术课程中取得一定成绩,包括成功通过俄亥俄州毕业测试,还必须掌握独立或与小组合作解决真实问题的能力。

在达到核心准备阶段的各项要求之后,11年级和12年级的学生要参与以"校外学习"为重点的课程。例如,学生可以选修一门侧重数学或科学的课程,他们不仅可以到现场跟工程师一起工作,还可以到俄亥俄州立大学或哥伦布州立社区学院修读有关的工程课。

学生所要完成的已经远远超出了传统实习的要求。他们还必须通过在实验室的合作学习培养问题解决的能力和形成批判性思维。其结果是一个整体项目:核心准备阶段关注能力培养,大学对接阶段强调实践经验、技能培养、社会成熟度、批判性思维和责任感。

STEM学校和先修学院通常不会过分挑别学生,相关数据业已表明,它们显著地提高了少数族裔与弱势学生的高中和大学成绩。

3. STEM在线学习

在线学习为学生提供了学习本校无法开设的STEM课程的机会。这些课程对现有的学习环境是一种补充,可以让学生将课堂中学到的技能进行运用。虽然一些州已经拥有了完全虚拟化的高中和STEM课程,但通常情况下,在线学习会与现实中的STEM高中和先修学院的学习结合起来。

北卡罗来纳州虚拟公立学校就是一个新的例子。[40]这所新学校会给北卡罗来纳州的学生提供在线的大学预修课程和优等课程,以及考试培训、职业生涯规划、补修学分和职业研究课程等在线服务。学生们也可以在虚拟学校选修与STEM相关的课程。全州的学生都可以通过在线课堂学习优秀教师讲授的高级课程,而这些科目可能是当地学校没有开设的。

顶峰学习(Apex Learning),是一个为全国各学区的中学教育提供数字化课程的项目,该项目已存在十余年。[41]这一基于课程标准的综合在线课程覆盖了众多学科领域,包括高等核心数学与科学学科。例如,通过顶峰学习项目,在一些小的或条件较差的学区就读的学生也可以学到大量的大学预修课程,为严格的STEM大学学习做好准备。

(四)运用非正式学习在课外拓展数学和科学学习

帮助学生理解数学和科学与生活和职业机会之间的联系十分重要。这可以部分通过让学生亲手操作数学和科学活动的拓展课堂教学策略来实现。STEM学校和先修学院项目所采取的方法是,关注学生在课堂上和合作项目中解决现实问题。学生也可以参与课外项目,从中观察到STEM专业人员是如何解决生物、建筑和物理等领域的问题的。

当然,有组织的校外培训机会,如课外项目、博物馆和科学中心的活动、虚拟学习体验等,也同样重要。有证据表明,上述有组织的非正式的活动,也能切实地促进科学学习。[42]

例如,21世纪社区学习中心项目,就是一个由联邦政府资助的计划,为儿童尤其是在贫困校和薄弱校上学的学生,提供课外学术拓展机会。一些州已经利用这些资金来强化STEM学习目标。例如,加利福尼亚州教育部正与公司和私人基金会合作实施一个大型项目,将在九个区域支持中心开设课外项目,并使之与STEM学习机会相结合。该项目的目标是通过课外项目,每年为100万个青年人提供高质量的STEM课程。[43]

博物馆和科技中心也提供有助于师生拓展知识和技能的项目、资源和课程。例如在伊利诺伊州,芝加哥科学和产业博物馆为教师提供课程,增长他们的科学知识,提高其教学技能,并向他们演示如何利用博物馆项目和展览来改进科学课程。[44]同样,旧金山探索博物馆也有类似的为儿童和成人服务的项目,它提供数以百计的自助式展览、超过2.5万个页面的网站、电影放映,以及可供儿童和家庭科学考察之用的日间夏令营。这些展品及专业知识均与全世界的博物馆共享。[45]

还有其他的优质虚拟学习体验。由发现英国的泰坦尼克号并继续进行了无数次深海科学与考古学考察的科学家和海洋学家——罗伯特·巴拉德(Robert Ballard)博士出资的JASON项目,就是一个著名的案例。[46]该项目通过虚拟和现实两种方式,将学生与科学家和研究者联系在一起,为他们带来丰富的科学学习体验。该项目提供科学课程、教师专业发展指导、数字化实验室与游戏、课后与校外活动,以及到现场观察海洋考古勘探的机会。

关于JASON项目及类似项目的价值,巴拉德博士在史密森学会一次关于儿童在观看发现泰坦尼克号的视频后如何反应的访谈[47]中作了最佳阐述:

他们看了视频后,被这个科学探险迷住了……孩子们在任天堂、在电视机上看到了这个视频,然后说:"那正是我想做的事。"他们给我写信。大量的信件纷至沓来。他们都说:"我想做你做的事。我怎么才能做你做的事情呢?"答案便是:"上大学,学十年物理。"显然他们不能把严格的科学技术教育跟我享受到的乐趣联系起来。他们想玩,却不知道其代价。而结果证明他们愿意付出这种代价。

各州州长和教育者可以通过充分利用州内现有的非正式学习机会网络来增强校内项目的有效性,而不需要额外的财政投入。通过鼓励正式与非正式STEM教育提供者开展协作,实现相互之间的优势互补,我们将会获益良多。

(五)提升STEM教师的数量和质量

要支持STEM学习通道,需要更多受过更好训练的数学和科学教师。各州可以与高等教育体系合作制定相关目标,以培养更多的教师,改进培训项目,创设更多途径以允许数学和科学专业人士从事教师职业。优化教师的职前培训尤其重要:这将帮助他们掌握手工操作技能,确保学生能学习并运用数学和科学知识。

北卡罗来纳大学正在努力提高教师培训质量,同时又增加STEM教师的培养数量。2004年,该校设定了增加教师培养数量的十年目标。[48]在数学和科学教师培养方面,目标是在2002—2010年间使数学教师的数量增加236%,科学教师增加200%。为了达到上述目标,该校同时运用了传统和创新手段,例如为学生提供奖励、横向引进项目、提供转专业机会、在线学习,以及与本州社区学院开展合作项目。

该校还开展研究,评估教师培训途径和项目对K—12年级学生成绩(考试成绩)的影响。研究分析了近50万份高中数学、科学和语言艺术课程期末考试成绩,以及初中阅读课和数学课的考试成绩,并考虑到其他众多影响学生成绩的因素。借助该项研究,北卡罗来纳大学得以更准确地评估通过其教师培训项目培训的公立学校教师的素质,并找出需要改进的地方。学校的最终目标不仅是培养更多的教师,而且还要培养更好的教师。[49]

得克萨斯州的泛在教学项目(UTeach program)是另一个成功的数学和科学教师培训项目。[50]该项目由自然科学学院和奥斯丁得克萨斯大学(UT Austin)教育学院于1997年创建,试图解决中学数学、科学和计算机科学师资短缺与质量不高的问题。该项目是为意在获得文凭的本科生和研究生以及想要提升学历的教师设计的。自创始以来,泛在教学项目已经使数学专业的人数增长了一倍多,获得从教资格的科学专业人数则增加了6倍。

泛在教学项目目前正在全国推广。截至2011年春,全国已有21所大学加入了奥斯丁得克萨斯大学教育学院的行列,实施泛在教学项目,注册学生共计4767名。到2018年,泛在教学项目有望培养出8000多名教师。

（六）为高等教育机构设定目标，以满足STEM工作需求

在财政紧缩、经济缓慢复苏的时期，各州开始要求高等教育体系进一步适应地区的劳动力需求。考虑到STEM工作岗位的高增长率和填补STEM职位的难度，许多州敦促学院和大学增加STEM领域的学位数和毕业生人数。

美国州长协会2011年《充分迎接挑战：改进高等教育问责机制》的报告中曾对该问题加以审视。[51]该报告建议州长将效率和有效性的考量纳入其高等教育问责机制之中，以便回答诸如"教育体系在多大程度上满足了受过教育的劳动力的需求"这样的问题。该报告指出，可以在这类测评中使用绩效奖，以激励和褒奖相关行为。

好几个州都与高等教育体系合作，设定STEM学位和证书的培养标准和目标。包括印第安纳州、俄亥俄州和阿肯色州在内的几个州都已经或正在将部分高等教育预算与单个学校是否达成诸如学位完成率这样的绩效目标挂钩。俄亥俄州的资助框架更进了一步。[52]如果学校的课程完成率高、能成功留住高危险群学生并促成其毕业、学位获得率高，以及在STEM课程的入学率及毕业率上完成目标，俄亥俄州教学共享项目将对其进行奖励。对于办学成本低于全国平均线的学校，教学共享项目还会拨付额外的经费。

职业生涯路径是许多州采用的另一类充实高要求STEM岗位的方法。[53]它通常需要社区学院、小学和中学、劳动力与经济发展机构、员工、劳工组织，以及社会服务提供商的共同合作。职业生涯路径将教育与培训项目相结合，帮助成人快速地获得包括STEM在内的高要求行业的高等教育文凭。该项目是"规划好"的——从高等教育体系到学位或文凭的获得——学生很容易就能知道，需要上哪些课程才能获得特定的学位证书，要在特定的行业中取胜需要哪些证书（见专栏4-6）。[54]其入学途径的多元化为在职的成人提供了很大的便利，使他们可以进入最适合自身经验水平的高等教育项目中。学生们也会得到支持服务（如学术和职业生涯咨询），以帮助他们克服在学习和工作中常遇到的困难。许多项目也为学生提供工作机会，使他们在获取学位或文凭的同时，还能获得宝贵的工作经验。

> **专栏 4-6**
>
> 俄勒冈州职业生涯路径
>
> 　　创始于2004年的俄勒冈州职业生涯路径计划，借鉴了其他州的项目，将教育与培训同职业生涯联系起来。以下是路径网站上对该项目的描述：
>
> 　　"职业生涯路径是一系列相关联的教育、培训项目和学生支持服务，能为个体在求职或在高要求的行业或岗位上有所提升提供帮助。职业生涯路径强调促进以下各阶段的衔接以缓解学生的压力：从高中到社区学院，从大学预科到学分制大学，以及从社区学院到大学或工作岗位。
>
> 　　职业生涯路径拟定的目标如下：
> - ◆ 增加俄勒冈州高要求职业的证书、文凭和学位数量。
> - ◆ 使学生顺利实现从高中到社区学院、从大学预科到学分制大学、从社区学院到大学或工作岗位的过渡。"
>
> 　　该项目提供的学生支持服务包括：职业咨询和职业规划；实习；分级测试准备；补习阅读、写作、数学等的暑期学院；利用先前的工作和学习经验取得学分。诸如土木工程技术、地理信息系统、卫生知识技术等都属于STEM路径。

八、展望未来

过去几年，各州已经采取了很多措施来推进STEM议程。州长们深知增加STEM工作者和毕业生数量对于经济发展的价值。他们已经多次与企业、慈善机构及联邦政府合作，汇集改革所需的资源。他们支持新建STEM学校、提升STEM教师的数量和质量、改善教师专业发展与支持、与拓展STEM学习的机构开展合作，并要求高等教育机构培养更多的STEM劳动力。最重要的是，州长们的牵头将会显著改善各州的数学标准以及与这些标准相一致的评价举措。改善的科学标准很快随即而来。

然而，进步并不是立竿见影的。例如，1993—2008年的数据显示，STEM领域的新生入学人数只有略微增加，而完成学位的人数尚不确定（见图4-11）。[55] 这意味着各州不能有丝毫懈怠。

当前的财政状况也使得各州难以追加新的投入或创设新的项目。然而，对STEM来说，经济衰退所带来的最坏的结果或许是，各州对STEM相关研发资助的减少。STEM研发有助于驱动新理念的提出和新产品的发明，并刺激经济增长。许多州长都认识到了这

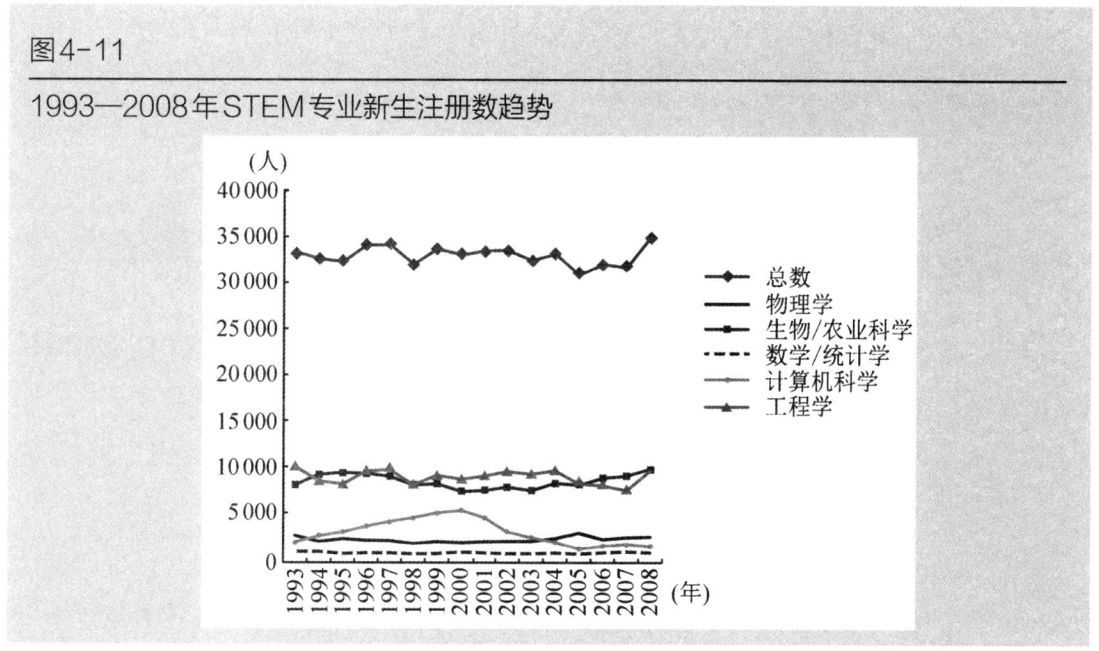

图4-11

1993—2008年STEM专业新生注册数趋势

一点,并且随着经济的复苏,很多州已经开始增加研发资金。然而,要使研发资助达到2008年经济衰退之前的水平,尚需时日。

就STEM课堂的投入而言,在更有效地分配现有核心教育服务专用资源方面,仍然大有可为。美国的教育投入远超其他任何国家,当前的财政状况为提高K—12年级课堂效率和调整某些目标提供了机会(见图4-12)。[56]

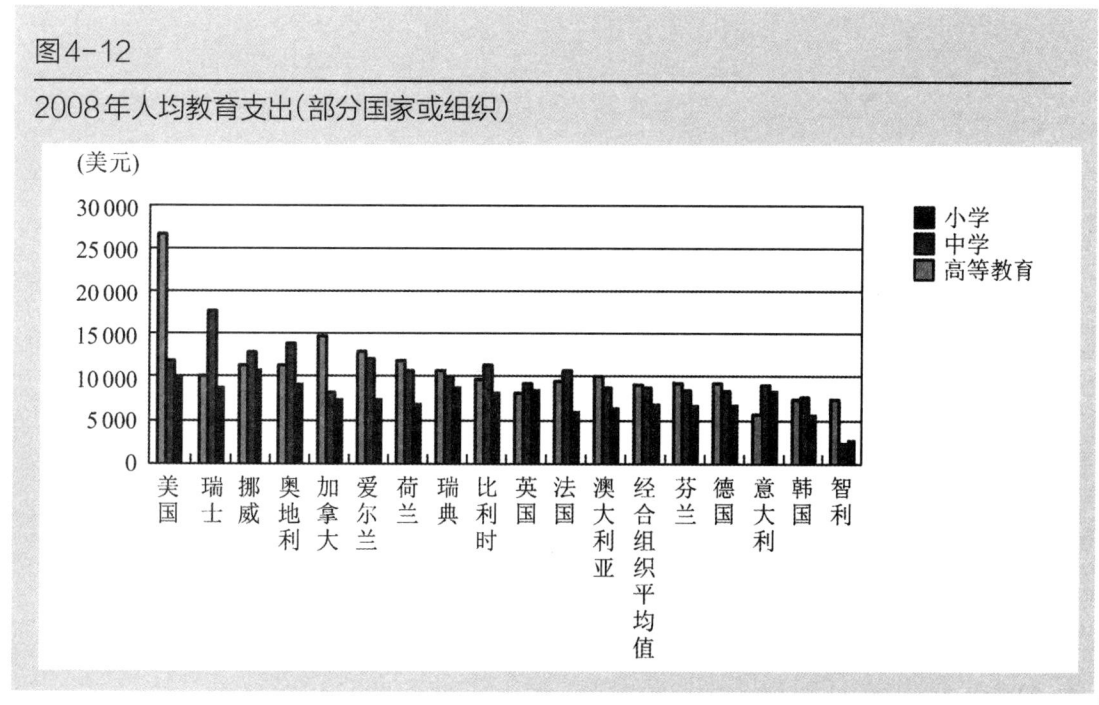

图4-12

2008年人均教育支出(部分国家或组织)

在近期一篇题为《为高绩效学校重整资源》的论文中,凯伦·霍利·麦尔士(Karen Hawley Miles)及其合作者提出,可以采用若干策略对资金进行合理分配,比如增加用于提高教学质量的经费,而对那些不能提高 K—12 年级教育成绩的活动则减少拨款。[57]还可以用来改善现状的策略包括:

- 应当废除控制班级规模和员工比例的政策,代之以奖励和留任高绩效教师的政策。虽然小班对教学有利,但其作用不如拥有优秀的师资。
- 各州应当取消教龄津贴和教育托管金,代之以对有效性、学生成绩和工作职责的补偿金。招募、留任和奖励高绩效 STEM 教师的财政激励规划也属于此项策略。
- 各州和学区应当吸收外部合作者和外来技术。类似用外部资金创建 STEM 特许学校及建立支持 STEM 教师的机构,就属于这一类策略。

许多州也提出了独立的行动计划以控制高等教育成本,并为学生提供更经济的选择机会,具体包括:不同机构间的学分衔接协议、先修学分机会、资源向达到一定程度效率目标的机构倾斜(见本报告第七部分)。当然,还需要采取更多措施来提升高等教育的效率。

盘点

这正是州长们盘点其 STEM 行动计划的合适契机。随着各州经济开始从衰退走向复苏,保持 STEM 教育议程与各州经济议程相一致显得十分重要。州长们应当思考以下问题:

- 我们培养的学位和证书获得者数量是否符合本地区具体行业的工作需求?
- 我们的教育体系能否为 K—12 年级直至高等教育阶段提供无缝衔接,从而可以低成本、高效率地培养学生从事 STEM 职业所需的技能?
- 我们是否利用了所有可利用的公共的、私人的、慈善机构的机会和资源来为 STEM 议程提供支持?

要回答上述问题,需要与私立机构、P—20 年级委员会、慈善团体及全州教育体系密切合作。通过资源调配、融合公共与私人资金、提升系统效率、创建合作关系,各州将会有力地推动 STEM 议程而无需增加投入。有了培养更强大的 STEM 生力军的战略规划,经济增长的路径也就更加清晰了。

九、参考文献

1. Charles Toulmin and Meghan Groome. 2007. "Building a Science, Technology, Engineering and Math Agenda." National Governors Association, Center for Best Practices.http://www.nga.org/files/live/sites/NGA/files/pdf/0702INNOVATIONSTEM.PDF

2. U.S. Department of Education. April 2011. "Postsecondary Awards in Science, Technology, Engineering, and Mathematics, by State: 2001 and 2009." National Center for Education Statistics. http://nces.ed.gov/pubsearch/pubsinfo.asp?pubid=2011226

3. National Science Foundation. 2010. "Science and Engineering Indicators 2010." National Science Board. http://www.nsf.gov/statistics/seind10/c/cs1.htm (accessed October 1, 2011)

4. National Science Foundation. 2010

5. Organisation for Economic Cooperation and Development (OECD). September 2011. "OECD Science, Technology and Industry Scoreboard 2011: Innovation and Growth in Knowledge Economies."http://www.oecd.org/document/10/0,3746,en_2649_33703_39493962_1_1_1_1,00.html

6. National Assessment of Educational Progress. "NAEP Technology and Engineering Literacy Assessment." http://nces.ed.gov/nationscreportcard/techliteracy (accessed November 9, 2011)

7. National Center for Education Statistics. 2011. "National Assessment of Educational Progress." http://nces.ed.gov/nationsreportcard (accessed October 1, 2011)

8. National Center for Education Statistics. 2011. "Program for International Student Assessment." http://nces.ed.gov/surveys/pisa (accessed October 1, 2011)

9. National Center for Education Statistics. 2011. "Trends in International Math and Science Study." http://nces.ed.gov/timss (accessed October 1, 2011)

10. Ben Cover, John I. Jones, and Audrey Watson. May 2011. "Science, Technology, Engineering, and Mathematics (STEM) Occupations: A Visual Essay."*Monthly Labor Review*. U.S. Department of Labor. http://www.bls.gov/opub/mlr/2011/05/art1full.pdf

11. Anthony P. Carnevale, Jeff Strohl, and Michelle Melton. May 2011. "What's it Worth? The Economic Value of College Majors." Georgetown University Center on Education and the Workforce. http://cew.georgetown.edu/whatsitworth

12. David Langdon, George McKittrick, David Beede, Beethika Khan, and Mark

Doms. July 2011. *STEM: Good Jobs Now and for the Future*. U.S. Department of Commerce, Economics and Statistics Administration. ESA Issue Brief #03-11. http://www.esa.doc.gov/sites/default/files/reports/documents/stemfinalyjuly14_1.pdf

13. Langdon et al. July 2011

14. Langdon et al. July 2011

15. Anthony Carnevale, Nicole Smith, and Michelle Melton. October 2011. "STEM: Science, Engineering, Technology, and Mathematics." Georgetown University Center on Education and the Workforce. http://cew.georgetown.edu/stem

16. Susan Hockfield. February 13, 2009. "After Stimulus: An Economic Growth Program." *The Boston Globe*. http://web.mit.edu/hockfield/speeches/2009-globe-1.html (accessed October 1, 2011)

17. Ross C. DeVol, Armen Bedroussian, Kevin Klowden, and Candice Flor Hynek. October 2010. "Best-Performing Cities 2010: Where America's Jobs Are Created and Sustained." The Milken Institute. http://www.milkeninstitute.org/pdf/bpc2010.pdf

18. National Science Foundation. 2010

19. Cover et al. May 2011

20. Langdon et al. July 2011

21. The Education Trust. November 2008. "Core Problems: Out-of-Field Teaching Persists in Key Academic Courses and High-Poverty Schools." http://www.edtrust.org/sites/edtrust.org/files/publications/files/SASSreportCoreProblem.pdf

22. U.S. Department of Education. 2007-2008. "Public School Teacher Data File". National Center for Education Statistics. Schools and Staffing Surveys SASS. http://nces.ed.gov/surveys/sass/tables/sass0708_009_tln.asp (accessed October 1, 2011)

23. Xianglei Chen. July 2009. "Students Who Study Science, Technology, Engineering, and Mathematics(STEM) in Postsecondary Education." National Center for Education Statistics. NCES 2009-161. http://nces.ed.gov/pubs2009/2009161.pdf

24. Henry Braun, Richard Coley, Yue Jia, and Catherine Trapani. May 2009. "Exploring What Works in Science Instruction: A Look at the Eighth-Grade Science Classroom." Educational Testing Service. http://www.ets.org/Media/Research/pdf/PICSCIENCE.pdf

25. Common Core State Standard Initiative. "About the Standards." http://www.corestandards.org/about-the-standards (accessed October 1, 2011)

26. National Research Council. 2011. "A Framework for K-12 Science Education: Practices, Crosscutting Concepts, and Core Ideas." Committee on New Science Education Stan-

dards. Board on Science Education, Division of Behavioral and Social Sciences and Education. Washington, DC: National Academy Press. http://www.nap.edu/catalog.php?record_id=13165

27. "Next Generation Science Standards." http://www.nextgenscience.org.

28. Cortney Rowland. April 2008. "Mission Possible: A Comprehensive Teacher Incentive Program in Guilford County, North Carolina." Center for Educator Compensation Reform. http://cecr.ed.gov/guides/summaries/GuilfordCountyCaseSummary.pdf

29. Richard Ingersoll and Henry May. October 2010. "The Magnitude, Destinations, and Determinants of Mathematics and Science Teacher Turnover." University of Pennsylvania Consortium for Policy Research in Education (CPRE). CPRE Research Report #RR-66. http://www.gse.upenn.edu/pdf/rmi/MathSciTeacherTurnover.pdf

30. "Welcome to Teacher ProComp." Denver Public Schools. http://deverprocomp.dpsk12.org (accessed October 1, 2011)

31. Hanushek EA, Kain JF, Rivkin SG. 2004. The revolving door. *Education Next* 4(1)(Winter):76-84

32. Richard M. Ingersoll and Henry May. "The Magnitude, Destinations, and Determinants of Mathematics and Science Teacher Turnover." The Consortium for Policy Research in Education, October 2010

33. Dayton Regional STEM Center. http://www.daytonregionalstemcenter.org (accessed October 1, 2011)

34. Arizona Center for STEM Center. http://azstem.ning.com (accessed October 1, 2011)

35. National Research Council. 2011. "Successful K-12 STEM Education: Identifying Effective Approaches in Science, Technology, Engineering, and Mathematics." Committee on Highly Successful Science Programs for K-12 Science Education. Board on Science Education and Board on Testing and Assessment, Division of Behavioral and Social Sciences and Education. Washington, DC: The National Academies Press. http://www.nap.edu/catalog.php?record_id=13158

36. 本报告作者2011年10月3日对高技术高中政策与研究主管Laura McBain的E-mail访谈。

37. ConnectEd: The California Center for College and Career. http://www.connectedcalifornia.org (accessed November 8, 2011)

38. National Research Council. 2011

39. Metro. http://www.themetroschool.org (accessed October 1, 2011)

40. North Carolina Virtual Public School. http://www.ncvps.org（accessed October 12, 2011）

41. Apex Learning. http://www.apexlearning.com（accessed October 12, 2011）

42. National Research Council. January 2009. "Learning Science in Informal Environments: People, Places, and Pursuits." Committee on Learning Science in Informal Environments. Washington, DC: The National Academies Press. http://www.nap.edu/catalog.php?record_id=12190

43. California STEM Afterschool Network. April 26, 2011. "Improving STEM Learning in Out-of-School Time."*April 2011 Newsletter*. http://calnetnewsletter.org/newsletter/?p=74

44. Museum of Science and Industry Chicago. http://www.msichicago.org（accessed October 12, 2011）

45. Exploratorium. http://www.exploratorium.edu（accessed October 12, 2011）

46. The Jason Project. http://www.jason.org/public/whatis/start.aspx（accessed October 12, 2011）

47. Robert Ballard. April 7, 1993. Transcript of Oral History Interview with Dr. Robert Ballard, The JASON Project, Winner of the 1990 Computerworld Smithsonian Award in Education and Academia. The Smithsonian Institution. http://americanhistory.si.edu/collections/comphist/ballard.html#bt15

48. Office of the President. December 14, 2004. "A Plan to Address the shortage of Teachers in North Carolina." The University of North Carolina. http://www.northcarolina.edu/reports/index.php?page=download&id=112&inline=1

49. "Teacher Quality Research Initiative." *In the Spotlight, Improving Public Education*. The University of North Carolina. http://www.northcarolina.edu/nctomorrow/spotlight/public_education/index.htm（accessed November 9, 2011）

50. The University of Texas at Austin. UTeach. Fall 2011. "UTeach National Republication." http://www.uteach-institute.org/files/uploads/uteach_snapshot_natl.pdf

51. Travis Reindl and Ryan Reyna. July 15, 2011. "From Information to Action: Revamping Higher Education Accountability Systems." National Governors Association. http://www.nga.org/files/live/sites/NGA/files/pdf/1107C2CACTIONGUIDE.PDF

52. Ohio Board of Regents. June 30, 2011. "State Share of Instruction Handbook." http://regents.ohio.gov/financial/selected_budget_detail/operating_buget_1011/handbook-cc.pdf

53. Linda Hoffman and Travis Reindl. February 2011. "Improving Postsecondary Attainment Among Adults." National Governors Association, Center for Best Practices. http://www.nga.

org/files/live/sites/NGA/files/pdf/1102POSTSECONDARYATTAINMENT.PDF;jsessionid= 21F538C73BC901751D7D8C0B888B4AC3

54. Career Pathways. Worksource Oregon. http://www.worksourceoregon.org/index.php/career-pathways (accessed November 9, 2011)

55. National Science Foundation. 2010

56. Organisation for Economic Cooperation and Development. 2011. "Chapter B: Financial and Human Resources Invested in Education." *In Education at a Glance*. http://www.oecd.org/dataoecd/61/18/48630868.pdf

57. Karen Hawley Miles and Karen Baroody. June 7, 2011. "Restructuring Resources for High-Performing Schools." Education Resource Strategies, Inc. http://erstrategies.org/documents/pdf/ERS-Restructuring-Resources.pdf

联邦STEM教育五年战略规划(2013)

一、报告

国会议员们:

很高兴向各位传达这份联邦政府关于STEM教育的五年战略规划,以回应2010年颁布的美国竞争再授权法案。本规划由国家科学技术委员会STEM教育委员会(Committee on STEM Education, CoSTEM)拟定,是2012年2月公布的《协调联邦政府STEM教育投入:进展报告》(Coordinating Federal STEM-Education Investments: Progress Report)的后续举措。

国家、国民、经济和环境资源的健康持续发展在很大程度上依赖于科学技术创新的增速,因为科学技术有助于促进诸如卫生保健、新兴产业、环境保护及安全防卫等领域的发展。为了保持美国在STEM领域中的历史优势,需要多方协作、兼容并蓄,确保STEM工作者掌握相应的技能、接受相应的培训,方能在这些领域中出类拔萃。

奥巴马总统认为目前是一个充满机遇的时期——我们可以真正地全力投入其中,从而推动国家前进并且应对挑战。在总统第一任期期间,政府采取多重策略推动STEM教育发展。

- 将STEM置于政府教育工作的优先地位。在教育部第一轮43亿美元经费的"力争上游"(Race to the Top)国家竞赛中,各州获得优先权发展综合性战略,用于在STEM科目中提高成绩、提供缜密的课程;与地方STEM机构、企业、博物馆协同合作;鼓励妇女、女孩以及其他群体更多地参与到STEM领域中。此外,在教育部对创新和高效教育工作者发展支持计划的投入中,STEM也处于优先地位。重视STEM在教育部现有项目中的地位,有助于对现有资源的利用以及STEM与整体教育改革工作的融合。

• 设置兼具挑战性和可实现性的目标,并要求私营部门参与到工作中。奥巴马总统在他2011年国情咨文中提出在未来10年中[1]培养10万名优秀STEM教师的目标。为响应该号召,纽约卡内基公司引领超过150个组织成立了一个名为100kin10的联盟。该联盟成员已经制定了150多个项目用于STEM教师的师资培训,并为此筹集了3000多万美元的款项。三月中旬,霍华德·休斯医学研究所宣布,为支持这一目标,将提供2250万美元的投资用于扩展UTteach计划。¹此外,要求公司、基金会、非盈利组织、高校和具有专项技能的志愿者参与目标建设,如"改变方程式"、组建US2020联盟以及扩大针对军人子女的AP课程计划等。

• 利用总统的深切关注和领导作用。总统分别在2010年末及2012年主持了第一次和第二次白宫科学展,履行了他在启动"为创新而教育"(Educate to Innovate)时所作的承诺,即为了激发更多男孩女孩在数学和科学领域的卓越表现,允许他们直接使用白宫。同时,总统号召20万名联邦科学家及工程师在当地社区开展志愿活动,并思考鼓励学生参与到STEM科目中的创新方式。

强化STEM教育的举措在奥巴马总统的第二个任期中仍将处于优先地位。2012年2月公布的"进展报告"和随后的"战略规划"的初稿和终稿,明确表达了指导目标,即依照总统的意愿重新组织STEM教育计划,增进连贯性和效率,使之便于评价,并给予最高优先权。由总统行政办公室提出并经总统认可:在关于STEM教育的2014财政年度预算要求中,将增加对STEM项目的整体投入,增幅为2012年度拨款水平的6%;同时将14个STEM教育委员会的226个项目减至110个,其中的78个项目将被取消,另有38个项目将并入那110个项目之中。2012财政年度在9个机构的失败计划上的支出达1.76亿美元,占到该年度STEM支出的15%。节省下的款项将被重新定向,投入教育部的旗舰项目、国家科学基金会以及史密森学会,详情如下:

• 教育部将发挥更大的作用促进P—12年级的STEM教学,对学区和大学、科研机构、企业以及其他社区机构之间的合作给予支持,以改革教与学。教育部将追加8000万美元用于10万名STEM新教师的培养,追加3500万美元用于试行STEM名师团队(STEM-ed Master Teacher Corps),同时设立新的STEM创新网络,以便更好地连接学区和本地、区域

---

[1] 本文中先后多次出现的"在未来10年中""在2020年前"等词句均为原先联邦政府确定目标之年份,而非五年战略规划的目标实现之年限。——选编者

以及国家的STEM资源。教育部还将与所有STEM教育委员会机构建立联系,以确保联邦科学资金用于P—12年级的STEM教育。

- 国家科学基金会将重点关注通过循证改革(evidence-based reforms)提高大学生STEM教与学的传递。基金会将拟定一个1.23亿美元经费的项目,用于吸引大学生涉足STEM领域。另外,将有3.25亿美元用于扩展和加强研究生奖学金项目,包括设立新的国家研究生研究奖学金、使用基金会的公共基础设施吸引更多学生、提供一系列机会回应国家需求和STEM教育委员会的人才需求。

- 史密森学会将接受2500万美元,用于加强非正式的STEM教育,其方法是确保资料与学生在课堂上所学内容的一致性。史密森学会将与国家科学基金会、教育部和其他STEM教育机构协作,包括美国宇航局(National Aeronautics and Space Administration, NASA)、国家海洋和大气管理局(National Oceanic and Atmospheric Administration, NOAA)、美国内政部(U.S. Department of the Interior, DOI)、美国农业部(U.S. Department of Agriculture, USDA)、国家卫生研究院(National Institutes of Health, NIH)以及其他科学合作伙伴。通过协作,将这些机构特有的知识和资源运用于相关的、循证的资料、课程以及在线资源的传播,同时优化传播机制,以惠及课堂内外的更多师生。

国家科学技术委员会STEM教育委员会(CoSTEM)的所有机构都将继续作为关键成员参与这一重组工作。这些机构需要培养技能纯熟和训练有素的员工,从事STEM相关任务的处理。在激发和培养下一代STEM从业者的工作中,它们都将发挥重要作用。无论是提供直接支持、专业知识和内容、榜样和导师,还是给予学生在联邦STEM设施场所真实学习的机会,这些机构致力于鼓励学生成为未来的科学家、工程师、发明家和探索者。

今天将补充发表的战略规划中,其中一些非常重要的步骤我们已经予以采纳。本规划开篇就STEM教育对美国科学发展和创新的重要性进行回顾、指出学生为了当下和未来的工作做出更好准备的必要性;强调构建STEM素养社会的重要性(本篇第三部分);阐述联邦STEM教育工作的进展情况(本篇第四部分)。文件还指定了五个STEM教育的重点投资领域,用于协调联邦战略的发展。该战略的设计历经五年以上,目标是促成在关键领域的重大改进。这一加强协调性的举措,预计将显著提高效率和规模(本篇第五部分)。

本规划也包括每个STEM教育重点投资领域的初步实施路线图,以及可能有助于联邦机构实现大致目标的潜在的短期、中期和长期方针和策略(本篇第六部分)。此外,规划通篇强调(1)国家的重点成果以及联邦机构能够提供的方式;(2)机构发挥主导作用的领域,从而加强问责;(3)建立和分享证据的手段;(4)减少碎片化的方法。

总而言之,政府的2014财政年度预算和这一战略规划,有助于更好地实现一系列相互关联的目标:

- 调整联邦政策以适应STEM教育各方(如学区、各州、学院和综合性大学)的需要,从而将有助于联邦STEM的工作较为有效地惠及更多的师生。
- 依照定义更明确的优先事项,将有助于与责任牵头机构合作进行相关工作的重新组织和资源的重新定向。
- 为联邦STEM教育计划提供严格评估和立证策略。
- 增大在重要领域中投入的联邦经费的影响,例如通过缩减项目数量并扩大资源投入、认识重点学科及专业的不足等手段发展研究生教育。
- 提供额外资源以实现特定的国家目标,如培养和吸收10万名高素质的K—12年级的STEM教师、认可并奖励优秀的STEM课程、为支持STEM教学加强相应的基础设施建设、在下一个10年中增加100万名获得STEM学位的大学生、扩大过去较少参与STEM领域的群体在STEM领域的参与度。

在国会的领导下进行持续协同的工作,从而保证国家在STEM创新发现领域的前沿地位,是至关重要的。我期待与立法机构领导人共同为此努力。

总统科学技术助理,科学技术政策办公室主任

约翰·P·霍尔德伦

2013年5月31日

二、执行概要

"作为总统的我,一直以来非常关注的问题之一便是我们如何创造全力发展STEM领域的方式。我们需要注重培养这些学科领域的新教师群体,并且要提高全国民众对这些学科领域的尊重。"

巴拉克·奥巴马总统

于2013年白宫科学展

2013年4月

长期以来,科学、技术、工程和数学(STEM)的发展,对美国国力的各个方面起到至关重要的作用:包括生产更为优良和更加灵巧的产品,改善医疗保健,开发更为清洁和高效的国内能源,保护环境,维护国家安全以及促进经济增长。为保持美国的世界领先地位,国家必须成为STEM的领头者。然而证据显示,目前的教育手段无法提供实现这一目标所需的大量训练有素的STEM人才。而美国教育系统也无法为构建具备STEM素养的社会塑造STEM文化。因此,国家必须提高美国学生在STEM学科中的参与度,激励和帮助更多的学生在STEM领域获得出色成绩。

对STEM教育的经费投入是国家及其经济前景的关键,理由如下:

• 未来的工作将是STEM的工作:对STEM领域专门人才的需求[2]将会超越人才的供给。此外,无论是否从事特定的STEM岗位,对从业者STEM素养的要求都在不断提高。总统科技顾问委员会(PCAST)在其近期报告中预测,在未来10年中,美国各产业对STEM毕业生的需求数量,将出现多达100万的人员缺口。[3]

• 我们的K—12学校系统在国际比较中处于"中间位置":根据最近一次用于评价学生对阅读、数学、科学已学知识及其在现实生活中应用情况的国际学生评价项目(PISA)的测评结果,在参与这一评价项目的33个经济合作与发展组织(OECD)成员国中,有12个国家在科学项目上超越了美国,另有17个国家在数学项目上的表现优于美国。[4]

• 发展STEM是构建一个公正、包容的社会的决定性因素:女性和少数族裔接触STEM领域的机会相对不足,因此在STEM参与及表现方面的统计数据令人不安。对于STEM职业生涯而言,取得STEM学位是一个重要的基石,然而仅有2.2%的西语裔和拉美裔、2.7%的非洲裔以及3.3%的印第安和阿拉斯加原住民在24岁之前获得首个自然科学或工程学的大学学位[5]。虽然女性在大学生中所占比例更高,并且在劳动力大军中也占据约46%的份额,但是在计算机科学和工程学领域的学士学位中,她们所占比例不足1/5,而从事STEM工作的仅有25%。[6]

1. 有关STEM教育的联邦投资战略计划

许多CoSTEM机构高度重视STEM教育,推出了适应机构任务、需求以及资源的独特的教育举措。为了充分发挥相关资产与专业技能的作用,政府公布本项由跨部门合作起草的STEM教育战略规划,以传达这一国家重点项目的推进策略。政府致力于通过CoSTEM机构制定未来五年的联邦STEM教育集体投资路线,使其保持连贯性及有效性。

战略规划开篇就STEM教育对美国科学发现和创新的重要性进行回顾、指出学生为了当下和未来的工作做出准备的必要性;强调构建STEM素养社会的重要性(本篇第三部分);阐述联邦STEM教育工作的进展情况(本篇第四部分)。文件还指定了五个STEM教育的重点投资领域,用于协调联邦战略的发展。该战略的设计历经五年以上,目标是促成在关键领域的重大改进。这一加强协调性的举措,预计将显著提高效率和规模(本篇第五部分)。

战略规划也包括每个STEM教育重点投资领域的初步实施路线图,以及可能有助于联邦机构实现大致目标的潜在的短期、中期和长期方针和策略(本篇第六部分)。此外,规划还通篇强调(1)国家的重点成果以及联邦机构能够提供的方式;(2)机构发挥主导作用的领域,从而加强问责;(3)建立和分享证据的手段;(4)减少碎片化的方法。

2. 选择国家目标,发挥联邦机构的促进作用

STEM战略规划设定了宏伟的国家目标,用于推动在STEM教育的5个重点投资领域[7]中的联邦投资:

- 改进STEM教学:在2020年前,培养10万名优秀的新K—12年级STEM教师,并对现有STEM师资力量予以支持。

- 提高和维持青少年及公众对STEM的参与度:在高中毕业之前,每年把有真实STEM体验的青年的数量提高50%。

- 丰富本科生的STEM经验:在未来10年,增加100万名具有STEM相关学位的毕业生。

- 改善对过去较少参与STEM领域的群体的服务:在未来10年,增加来自过去较少参与STEM的群体的学生数量,帮助更多学生获得STEM学位,同时提升女性对STEM领域的参与度。

- 设计研究生教育,储备未来的STEM人才:为经过研究生教育的STEM人才提供基础研究和应用研究的专业知识、掌握国家重点领域所需专业技能的机会,提升在各CoSTEM机构处理关键任务的就职机会以及提供在广泛的职业生涯中取得成功所需的辅助技能。

3. STEM教育协调策略

本战略规划的核心是寻求新的手段,以协调STEM教育的联邦投资(本篇第五部分)。通过在某些STEM教育重点投资领域指定牵头者及协作机构,在未来和现有的工作

中进一步强调协同合作,扩大现有的合作,并创造新的协同效应。战略规划的目的是设置一个协调一致的、连贯的投资组合,改善整个联邦政府在STEM教育的投资情况,在最大程度上进行有效的工作部署和资产配置。为此,联邦机构将重点强调两个主要的STEM教育协调手段:

- 构建新的模式以充分利用投资及专业技能:对牵头机构和协作机构实施相关策略,发挥跨机构影响力,在最大程度上改善联邦STEM教育投资效用。
- 制定并使用基于证据的方法:进行STEM教育研究和评估,寻找表明实践可行性及方案有效性的证据。可以跨机构使用证据、与公众分享数据,从而扩大联邦STEM教育投资的影响力。

国会的领导以及对STEM教育的承诺刺激了本规划的发布,并对其发展起到极其关键的作用。报告的主体部分,进一步描述了STEM教育重点投资领域和STEM教育协调策略,并提出了实现这些战略目标的初步实施路线图。包括CoSTEM机构在内的政府机关期待与立法机构领导人共同致力于本规划的后续完善和实施。

三、导言

"我们希望确保年轻人能在数学、科学、技术和计算机科学方面有激动人心的表现。我们希望孩子们不仅仅消费那些令人惊叹的高科技产品,也有能力成为这些产品的制造者。同时,我们也希望给予我国那些从未参与上述学科的女性和少数族裔群体以强大的支持。我们必须培养出色的微积分教师和生物教师,激发学生在物理和化学学科的杰出表现,这意味着要教授恰当的研究方法,并鼓励年轻人挑战公认的知识。"

巴拉克·奥巴马总统

于美国国家科学院

2013年4月

要延续美国在科学创新上的辉煌纪录,为年轻人提供更多STEM技能的学习机会是极其必要的。从人类基因组的描绘,到火星上水的发现,再到互联网的发展,众多的研究进步都离不开技能出众和有创造力的STEM人才。新的技术和STEM知识在多个方面起到核心作用:如生产更为优良和更加灵巧的产品、改善医疗保健、保护环境和维护国家安全。每个人都有必要掌握创造、构建、安装和操作这些新技术的相关技能和知识。此外,对于STEM主题和概念的基本了解,也是必要的。公民能够借此对地方或国家政治辩论的中心问题(如环境法规等)做出明智的决定。无论医疗保健决策,还是杂货店购物,在进行合理的消费选择时,STEM素养也非常重要。

在竞争激烈的国际市场环境中,优势属于首先发明和生产创新性产品的公司。因此,美国对STEM知识和技能有更大的需求。在2000年到2010年期间,STEM工作岗位的增长比非STEM岗位的增长多了3倍。[8]据商务部估计,在未来数年中,STEM工作岗位的增速将为非STEM岗位的1.7倍。[9]此外,乔治敦大学教育与劳动力中心(Georgetown University's Center on Education and the Workforce)提出以下数据:从2008年到2018年间,美国将产生77.9万个需要STEM硕士学位的工作岗位。但根据目前的趋势,这一期间内仅有55万名本土出生的美国人能够获得相应学位。[10]

有关STEM工作岗位存在大量缺口的行业报告以及其他的劳动力数据,在是否能够满足不断增长的对经过相应培训并具有一定技能的STEM人才的需求方面,引起了对美国现有能力的担忧。[11]无论是私营公司还是公共部门,包括联邦机构在内,都依靠美国教育系统和校外的学习机会,为青年提供作为劳动者、父母或公众成员做出明智决定以及进行职业选择和职业培训所需的基础知识和技能。

此外,最近的报告表明:

- 期望今后从事科学相关职业的学生,比那些没有这种期望的学生更有可能获得STEM学科的大学学位。这表明,在初中年级或更低年级,早期接触科学议题,对学生的未来职业抱负可能会产生重大的影响。[12]
- 在科学和数学科目上的成绩差距仍然是一个持续性的问题。根据国际数学与科学评估的一份最近报告,在参加针对八年级学生的科学评估的45个国家或地区中,美国白人学生的科学成绩仅低于新加坡、中国台北和韩国,而美国西语裔和非洲裔学生的表现只能位列倒数第三。[13]仅有在数学成绩上名列前茅的、大约1/5的高中毕业生继续深造成为STEM专业人才。[14]
- 在有意攻读STEM相关专业的大学生之中,能够完成学业并获得学位的人数不到40%。[15]
- 美国仅有19%的学士学位授予STEM相关领域,而在中国,这个比例超过了50%。[16]
- 较少参与STEM的少数族裔几乎占到美国K—12年级学生总数的40%,而他们仅能

获得27%的社区学院的协士学位、17%的自然科学和工程学的学士学位以及6.6%的STEM博士学位。[17,18]

● 在公立中学,大约30%的化学或物理教师并不专攻化学或物理,而且也没有从事这些学科教学工作的相关证书。[19]

● 女性在美国劳动力中所占比例接近50%、在大学生中占多数,但是从事STEM工作的不足25%。[20]而且,仅有不足1/5的女性取得计算机科学和工程学等快速发展领域的学士学位。[21]

在提供STEM学位和培养STEM工作者方面,目前的教育途径存在一定缺陷,从而加重了如下担忧,即美国在培养具备必要技能和知识的人才方面落后于自己的国际竞争对手,这将影响其在STEM领域的发展。

鉴于许多CoSTEM机构的复杂任务,必须依赖于强大且专业的STEM人才库来完成,因此,这些机构将工作重点放置于改善STEM教育和人才培训,发展教育及制定适用于各自任务、需求和资源的特色制度。

对联邦STEM教育五年战略规划进行详尽描述,其目的在于提高由联邦政府支持的STEM教育投资的效率、协调性和影响力。[22]

该战略规划为联邦机构指出了协调举措和利用资金的手段,以期在STEM教育这一国家重点项目上取得进展。战略规划确定了5个STEM教育重点投资领域和两项协调策略,用于配置STEM教育的联邦投资。通过规划的实施,联邦机构将共同解决主要的挑战,更好地发挥联邦STEM投资的作用,向着宏大的愿景加速前进。本规划是建立在各联邦机构已经采取的各项措施之上的,这些措施包括对其STEM教育计划和评估策略的改进、对其多项工作的协调[23,24,25]以及为了实现政府当局和国会间的共同承诺所采取的下一步举措。

四、联邦政府对STEM教育发挥的作用

组成联邦STEM教育委员会(CoSTEM)的14个机构,投入资金用于改善STEM教育的项目和活动。这些机构致力于对重要资产的维护和投入,如实验室、研究仪器、设施等,同时也聘用敬业且博学的科学家、研究者和工程师。这些机构的许多项目是为了培养公众的STEM素养,确保在机构相关领域以及STEM领域中高素质人才的普及。

为此,这些机构支持所有层次的学习者和所有的学习环境,包括学前教育、K—12年

级、两年制和四年制学院、大学以及非正式学习环境。许多项目和投资是为了向公众提供学习资源,包括出版物、网站、电视节目、博物馆展品、课外活动和视频资源等。目前,联邦对STEM教育的支持,体现在以下几个方面:

- 向STEM教师和本科教师提供在其学科领域的培训和专业发展方面的支持,即在教学方法和教学实践中提供职前教育和持续的专业发展支持,同时采取有利于教师招募和留任的相应举措。
- 开发教材、学习资源和课程,其中包括能够植入课程的资料(如视频、对任务和活动的构想、计算机可视化和模拟等),以及用于建设和传播交互式在线课程或学习对象的平台。
- 提供劳动力技能培训和再培训,以满足快速变化的全球化经济的要求,以及联邦机构对STEM人才的需求。
- 对攻读与机构任务相关学科的学生给予多种渠道的直接支持,如奖学金、研究生薪金、在机构代理业务中的浸入式研究体验、培训补助、实习和其他项目等。
- 在所有的教学层次中,为了促进理解、改进STEM教育和学习方案,进行相关研究和开发,其内容包括:STEM学习和教学策略、非正式环境中的学习、教师培训和专业发展、STEM人才发展教育项目以及扩大参与的工作。
- STEM教育机构的设施和人员保障。
- 数据收集计划和项目评估。
- 公共教育和终身学习计划,包括出版物、网站、视频、模拟、电视节目、博物馆展品和公共活动。

机构个体对STEM教育的支持是多方面因素综合的结果,包括该机构的使命和目标、法定角色和职责[1]、国会和总统指示其从事STEM教育的具体内容以及每个机构必须缴纳的资金。

大多数CoSTEM机构支持STEM教育以达成其特定任务和满足其对人才的需求。有的机构还将其设施、资产、技术人员和专业知识用于支持STEM基础教育研究与发展,以及促进STEM素养或能力的项目的制定和实施。一些联邦机构,例如美国海洋和大气管理局以及环境保护局,一方面肩负着维护自然资源和环境、保护生命和财产安全的职责,

---

[1] 若干联邦机构具有提供STEM教育的法定职责。这些机构包括商务部(DOC)、能源部(DOE)、内政部(DOI)、国防部(DOD)、美国宇航局(NASA)和美国农业部(USDA)。

另一方面也为STEM教育工作提供可利用的场地。这是联邦机构采取的诸多策略之一，既能改善自然资源的管理，又能帮助公众做出明智的决策。机构的管理方案通常还包括宣传、沟通，以及社区承担的活动等。

联邦对STEM教育的投资项目，总计金额约每年30亿美元，主要是由美国国家科学基金会和教育部执行的项目，以及国家卫生研究院在生物医学领域提供的。国家科学基金会的使命是支持基础科学研究、改善STEM教育，通过研究开发用于理解和改善STEM学习的测试模型，投资推进相关认识的发展，其内容包括从K—16年级以及到研究生阶段的教与学、继续教育、再培训和校外环境中的非正式教育。该基金会建立了完善的研究生奖学金项目，涵盖除生物医学之外的所有STEM学科。此外，该基金会也与许多其他CoSTEM机构在科学和教育领域长期合作。

教育部的项目用于改善美国的教育，提升学生的学习成绩，帮助他们做好应对全球竞争的准备。虽然只有一小部分的教育部资金用于特定的STEM教育计划，但是有关STEM的举措在"力争上游"[26]以及创新基金投资[27]等重大项目中拥有竞争优先权。鉴于其承担的任务，教育部并未通过其内部和外部的研究开发计划，实质性地直接接触到科学和工程研究活动或STEM员工，而是在发展与其他CoSTEM机构进行有效合作的途径。教育部史无前例地将其项目延伸至整个国家的学校、教师和学生，因此本战略规划将提供途径，以充分利用这些重要的联系。此外，教育部也进行STEM教学专业人才的培养，国家教育统计中心则负责建立STEM教育的关键数据，包括教育科学研究所（IES）数学和科学教育研究资助项目的工作。

成立于1846年的史密森学会（the Smithsonian Institution）拥有19家博物馆和美术馆、国家动物园以及9个研发中心，该学会致力于增进多学科领域的参与机会。2012年，到访史密森学会公共机构的参观者人数达到3000万人，其网站用户达1.03亿人。在联邦STEM活动的背景下，史密斯学会凭借其特有的实力，扮演着促进与广大民众交流信息的角色。

特定的机构根据其具体的任务和目标，与指定的牵头机构合作，运用其特有的专业知识和资产支持联邦STEM教育投资。美国宇航局提供巨大的资产用于太空探索领域；农业部通过4-H（健全头脑、健全心胸、健全双手、健全身体/Head、Heart、Hands、Health）组织建立全国性网络，同时提供扩展服务项目、区域网络和实验室。国家卫生研究院负责面向研究生和博士后研究工作的培训实习和奖学金项目，目的是培养未来的生物医学学科带头人。此外，美国宇航局、卫生部、国防部、商务部、能源部、农业部等机构通过调用由其监督的科技资产，改进与其使命相关的科学和工程领域的教学。许多CoSTEM机构资助或管理STEM领域的专家、研究设施和技术、数据库以及可用于STEM学习和人才培训的自然资源。一些机构（如国家科学基金会、教育部或教育科学研究所）专注于建立和收集有关专业发展的实践及模型的证据，教育部和一些其他机构则运行着针对专业发展的有关机制，用于扩大有效实践和系统变革。

任务和方法的差异使得在STEM教育和STEM项目上的联邦投资缺乏协调性，这一问题随着时间的推移愈演愈烈，导致在2012财政年度存在着来自13个不同机构的226个项目。STEM教育投资的分散很难确保联邦政府工作的一致性、战略性和有效性。与此同时，由各机构发起的行动的确具有非常重要的作用，因此，将这些工作协调起来无疑会带来更高的效率。

除了STEM特定的教育项目，联邦政府也资助STEM教育范畴外的项目（如许多面向普通教育的教育部项目），或是关注STEM研究的项目，以促进STEM技能的发展。在高等教育层面，联邦研究与开发（R&D）的一部分经费用于资助高等院校中研究者驱动的研究奖项，接受资助的研究团队中可能包括那些关注STEM且担任研究助理的本科生和硕士研究生。科学研究与开发基金为有抱负的STEM毕业生提供重要的培训机会，并且有助于培养技术娴熟的人才。在本战略规划中，这类经费被视为STEM教育范畴之外的投入。

尽管联邦政府在STEM教育中扮演着重要角色，但是政府无法自行达成目标。为了使投资得到有效的利用，联邦政府必须与非联邦的合作伙伴开展战略合作，支持机构、国家和地方的工作。地方和国家教育机构、高等教育院校、专业和科学协会、慈善机构和企业基金会、水族馆、植物园、博物馆、科技馆、课外活动供应商、私营企业等，在拓宽美国STEM教育的渠道以及发展STEM学科的途径方面，存在着巨大的潜在作用。每个利益相关方都带来了一系列资源和专业知识，这对美国STEM教育体系来说，是必不可少的。联邦政府通过与利益相关方的紧密合作，确定双方共同关注的领域，从而有效地利用联邦和非联邦的投资，这一战略规划将创造更多与这些主要搭档的合作机会。如专栏5-1中描述的工作表明，合作伙伴关系具有推动作用，能够扩大联邦政府和其他利益相关方的成就。

> **专栏5-1**
>
> **100kin10联盟**
>
> 根据总统科技顾问委员会(PCAST)的建议,奥巴马总统在他2011年国情咨文中呼吁,要努力在未来10年培养10万名具备较强教学能力和渊博学科知识的优秀STEM教师。
>
> 为响应号召,到目前为止已有超过150个组织联合起来,组成一个名为100kin10的联盟。该联盟已做出100多项重大承诺,用以提高优秀STEM教育人才的供给、雇用、培养和保留,以及开展联盟的相关活动。在纽约卡内基公司的领导下,该联盟及其合作伙伴以独特的"资金市场"模式(即允许投资者在高质量的注册提案中做出选择的模式),已经从众多基金会和慈善家处募集了超过5250万美元的资金。100kin10联盟已经发展成为一个极具潜力的网络,通过对领先实践案例的研究、开展技能培养研讨会、利用竞争性研究与合作资助基金来传播其理念。

五、战略重点及协调策略

本战略规划提出了一个共享路线图,确保14家STEM教育机构的联邦集体投资在关键领域发挥最大的作用。此外,对分析STEM联邦投资的STEM教育委员会(CoSTEM)投资组合报告的细致考量,对战略规划的拟定起到了促进作用。

战略构想：在未来：

- 美国拥有合格的、日益多样化的STEM劳动大军,能够在STEM相关产业引领创新并满足CoSTEM机构的人才需求。
- 美国学生能够享受极好的P—12年级、大学以及非正式的STEM教育和学习的机会。
- 将联邦STEM教育项目建立在证据的基础之上,同时为了在重点领域获得最大效果而对其进行协调。

为实现这一构想,需要CoSTEM机构在优先化和协调方面作出强有力的承诺。以下是本规划提出的5个STEM教育战略重点投资领域和两个STEM教育协调目标。

1. STEM教育重点投资领域

重点投资领域由CoSTEM决定,选择的是通过投资强化和协调就极有可能加速实现上述战略构想的领域。这些领域反映了国家的需要,结合了政府与国会的重点工作,并且能够有效利用联邦的STEM相关资产。我们试图通过本规划的公布以及联邦机构的实施工作达到的目标,是在5个重点投资领域取得重大的明显进步:(1)改进P—12年级的STEM教学;(2)提高和维持青少年及公众对STEM的参与度;(3)改进本科生的STEM教育方式;(4)提高对过去较少参与STEM领域之群体的服务;(5)为当代的STEM人才设计研究生培养方式。

在战略规划的实施过程中,联邦机构将调整其STEM教育投资,用以支持这5个重要的投资领域,这将加强现有的合作并促成崭新的合作。随着时间的推移,可能会出现其他重点领域,届时可以在目前重点领域上取得进展,同时改进和关注新的领域。同时,值得注意的是,这些国家目标提出的是整体的发展方向和聚焦重点,目标的实现需要各联邦机构的通力合作。联邦机构的工作进展将通过针对战略目标的各项发展指标和重要事件加以评估,详见本篇第六部分。

(1)改进STEM教学。在2020年前,培养10万名优秀K—12年级STEM教师,并且对现有STEM师资力量予以支持。

研究表明,出色的教师能帮助学生在学业成绩上实现巨大的提高,学生在师从优秀教师学习几年后,他们与他人的成绩差距明显缩小。[28,29,30,31,32,33]每个学习STEM的学生都应该有一位出色的教师,该教师应该接受过本专业的正规教育,并且参加过教育实习。每位教师和教育领导者都应该获得取得成功所需要的培训、长期支持、认可与合作机会。然而,并不是所有教师都能得到他们所需要的支持,而K—12学校的科学和数学教师是最难招聘和留住的。[34,35]

为了增加优秀K—12年级STEM教师的数量,CoSTEM机构将负责协调有关STEM师资培训、专业发展、师资支持以及在现有项目和拟议项目中的认可工作。持续研究师资培养和STEM教师发展,对实施和协调上述举措会起到必不可少的指导作用。我们鼓励对地方和国家的政策、标准和评价建立适当的联系,以确保联邦投资在地方发挥有效作用并得以顺利实施。

(2)提高和维持青少年及公众对STEM的参与度。在高中毕业之前,每年把真正有STEM体验的青年数量提高50%。

国家在STEM领域的发展,不仅取决于STEM人才,同时也建立在公众对STEM作用的理解之上。公众除了要理解STEM在处理社会问题时发挥的作用,还要做好运用STEM知识进行个人和专业设置的准备。对许多美国人来说,无论是学生还是成人,STEM学习机会在有效参与课堂和校外环境的过程中产生。每年有数千万跨越年龄和背景的人在非正式环境,如学前班、博物馆、国家公园和网络空间中接触科学,这些环境都是提高科学素养的潜在场所。这种参与[36],对于学习过程以及选择和坚持STEM事业的决策来说非常重要。这种有效的参与有助于开发学习者对STEM主题的兴趣和积极态度,提高学习者参与STEM的意愿,并进而促进对STEM的理解和相关技能的掌握。[37,38]如今对STEM的参与呈现出令人兴奋的新趋势,包括鼓励学生通过在线和移动方式累积能力而获得彰显进步的数字徽章、创客运动(Maker Movement,即可以让学生设计和制作任何一样低成本工具)以及"学习游戏"等。此外,公众科学活动可以同时推动科学发展和学习进步。

通过"真实的STEM体验",CoSTEM机构提供有计划的校内外体验,让学习者直接参与到STEM之中。这样的设计涵盖了一系列经常被引用的概念,从"动手做"科学,到问题学习法,再到探究式学习。实施过程中的部分挑战是要对体验作出定义和研究,即判断那些被称为"真实"的体验是否能够对学习动机、持久性和学习产生巨大的影响。

机构在重点领域的执行工作将涉及学校内外的项目协调、平台和基础设施的开发。通过来自政府的资产,包括但不限于材料、设备以及熟练的STEM专业人才,为意向人群提供STEM体验。许多CoSTEM机构雇用经验丰富的科学家和工程师,从事先进仪器设备的开发和尖端研究,这对正式和非正式教育都能够发挥关键作用。同时,CoSTEM机构也将其生成的大量信息和数据以电子方式向公众发布,使得科学或工程学科的探索成为课堂学习的一部分,或者作为公众科学,以激发普遍的兴趣。机构间的合作是至关重要的,有利于更好地了解当前活动的基线及其成果、推动集中而有效的政府投资。

(3) 丰富本科生的STEM经验。在未来10年中,增加100万名具有STEM领域学位的毕业生。

在美国的高等院校,攻读STEM专业本科生的保持率低,这是一个长期以来的重大问题。只有43%的学生进入四年制公立学院或大学学习STEM专业并获得STEM学位。更糟糕的是,在申请STEM专业的社区学院的学生之中,仅有14%在正式入学时仍然坚持这一决定。[39]

经济预测表明,未来10年对STEM人才的需求将比现有的STEM专业毕业生数量多出100万。[40,41,42]这些人才包括掌握各种技能和知识的社区学院STEM专业毕业生、优秀STEM教师以及具有更高学位的科学家和工程师。而在STEM之外的其他行业领域,越来越多的雇主要求员工具备良好的STEM基础知识。此外,由于个人和社会事务对科学技术的依赖越来越强,公民唯有具备科学及技术素养,才能对这些问题做出批判性的评估。

联邦机构可以通过实习、奖学金和研究生薪金、研究机会、创新型教学法及教材的编制和测试、教师专业发展、STEM学习研究等方面的工作,重点加强本科STEM教育。此外,扩大STEM参与度的举措,将是提高毕业生人数以满足需求的关键,而由此产生的多样性将会激发STEM领域的创新。

(4)提高对过去较少参与STEM领域的群体的服务。在未来10年中,增加来自过去较少参与STEM的群体的学生数量,帮助更多学生获得STEM学位,同时提升女性在STEM领域的参与度。

较少参与STEM领域的群体包括西语裔和拉美裔、非洲裔、印第安人、阿拉斯加原住民、夏威夷原住民和太平洋岛民、经济弱势群体、残障人士以及妇女儿童。根据最新的人口普查,少数族裔人口(URGs)约占美国总人口的28%,而其人口增长速度却是最快的。2000年至2009年间,非洲裔美国人人口增长了11%,西语裔则增长了37%。[43]预计到2050年,少数族裔人口在美国人口中所占的比例将增加到54%[44,45],学生的多样性将体现在人口结构的变化上。虽然学生群体日益多样化,但是参与STEM教育和从事STEM职业的少数族裔人数仍然较少。此外,女性虽然占全美劳动力总数的48%,但依旧低于半数,而且女性在STEM人才中所占的比例仅有24%。这些群体在STEM领域人数不足的现象,早在P—12年级就开始显现,并一直持续到高等教育阶段,再到工作就职阶段。

为了在这一重点领域获得进展,CoSTEM机构将开展与相关群体,包括教师、管理人员、来自少数族裔服务机构(MSIs)的学生间的合作。有约10%的联邦基金投入。机构将考虑强化从P—12年级到高等教育及再到从事STEM工作这两个重要过渡节点的教育,这是因为传统上较少参与STEM领域的学生通常容易在这些节点脱离STEM学科。机构将在面向较少参与STEM领域的群体的项目中创造更多通用的定义和一致的分类,强调和优化服务,同时也可能会提高少数族裔服务项目的可获取性和协调性。

(5)为未来的STEM人才设计研究生教育方式。为经过研究生教育的STEM人才提供基础研究和应用研究的专业知识、掌握国家重要领域所需专业技能的机会、在各大CoSTEM机构处理关键任务的就职机会、在广泛的职业生涯中获得成功所需的辅助技能。

国家科学和工程中心统计表明,在2010年到2020年间,将有260万个岗位需要高学位人才。[46]这些岗位需求能否得到满足,对国家经济发展和全球竞争力是至关重要的。根据美国研究生院委员会(Council of Graduate Schools)的近期报告,国家卫生研究院、国家研究委员会和其他专业团体[47]已经开始呼吁变革STEM研究生教育。联邦政府主要通过研究生助教奖学金资助研究生,这通常要求学生参与项目主要负责人的研究活动。奖学金和实习的相关机制也为研究生提供了重大的机遇,这类机制建立在一种不断增长的需求之上,即单以学术研究岗位为目标开展学生培训是不够的,还要以私营或政府部门的职业选择为目标。

CoSTEM机构在这一重点投资领域的首要任务,就是要经过协调,改善政府资助的研究生奖学金制度,提高其可获取性和有效性。在这之后,CoSTEM机构也可以考虑扩大联邦政府研究生资助的手段。

联邦政府提供的研究生奖学金授予在STEM研究和创新方面有极大潜力的学生。这些奖学金帮助学生追求独特教育和跨越学科界限的机会,通常具有高度的自主性。重要的是,奖学金将直接提供给学生个人,支持他们发展自己的研究兴趣。因此,寻求一种更好的方式发挥和协调奖学金机制,是发展和激发新的机遇、储备科学和工程人才的最佳出发点。越来越多的证据表明,为学生提供多方面的专业发展机会,是改进研究生教育的重要组成部分,其中包括学习更广泛的STEM技能(例如通信)、参与到真实问题的应用和来自政府及私营部门的挑战之中。

未来的STEM人才应该包括商业、公共服务、民间团体和学术各界的改革家和创业者。一些大学鼓励学生为自己的研究、教育和服务设立更加宏伟的目标并努力达成该目标;为学生在其职业生涯前期提供更多的主动权;让学生考虑区域、国家和全球范围的现实问题;允许学生参与大学课程、研究项目和外部合作项目的设计。大学正在将创新实践纳入其研究生教育以促进自身发展,理解创新实践活动的有效性,能使CoSTEM机构从中持续受益。

2. STEM教育协调目标

协调STEM教育的联邦投资(包括STEM人才培训和教育),是本战略规划成功的关键。两个协调途径分别是:首先构建新模式以充分利用投资和专业技能;其次识别、使用和共享基于证据的方法。进行协调的目的是设置一个协调一致的、连贯的投资组合,改善整个联邦政府对STEM教育的投资情况,在最大程度上进行有效的工作部署和资产配置。通过在某些STEM教育重点投资领域指定牵头者和进行机构间合作,战略规划鼓励在未来和现有的工作中加强协同合作,在项目和机构间创造新的协同效应。许多机构已经将证据和严格的评估运用于预算、管理和决策,同时对这种内部能力加以培养。还有一些手段,如创建和应用共同标准、证据指引和评估实践,开发补充计划目标,促进对循证STEM教育实践的共同理解。

(1)构建新的模式以充分利用资金及专业技能。针对牵头机构和协作机构实施策略,发挥跨机构影响力,保证在最大程度上改善联邦STEM教育投资。

有效利用资金和资源仍然是联邦政府在STEM教育及其他领域的投资重点,可以通过机构内部的协调和合作来提高机构效率。同时,调整针对能力、角色和任务的投资也将改善机构效率。把对现有资源的充分利用作为投资重点,将形成一个具有巨大影响力的战略投资组合。

为此,牵头机构已经为战略规划确定了若干个重点领域。所有机构均将采取一系列具有相似目标的策略来提高STEM教育计划的连贯性和效率,包括调整方案目标、建设共同基础设施、开展联合募捐或签署谅解备忘录、整合方案、采纳新的融资策略(如建立鼓励机构合作的绩效伙伴关系)等。[48]

牵头机构将负责召集其他CoSTEM机构,促进在审查和修订方面的合作,跟进重点管理事项的实现过程。每一个重点领域都将邀请所有的CoSTEM机构参与。以下是被指定为最初牵头者的CoSTEM机构:

● 教育部(ED)。教育部将承担召集者的任务,开展"改善STEM教学"这一重点领域的初始规划。前期的讨论重点将围绕以下几个方面:如何在最大程度上筹集联邦资金和资源,以改进STEM师资培训和延续教师专业发展;如何将这些工作与国家和地方的政策及背景相联系;如何为改进而充分发挥合作关系。

● 国家科学基金会(NSF)。国家科学基金会将作为"丰富本科生的STEM经验"这一重点领域的召集者,从事通过循证改革促进本科生STEM教育的工作。该基金会也将与国家卫生研究院、农业部及其他CoSTEM机构联手提高研究生奖学金。相关工作将包括:在研究生和博士后层次共享关于机构和学科人才的详细信息;基于现有联邦资源和资产对战略合作和协同增效进行策划。

● 史密森学会。史密森学会将扮演"提高和维持青少年及公众对STEM的参与度"这一重点领域的召集者。作为工作的一部分,史密森学会将协同国家科学基金会、教育部以及其他CoSTEM机构,如美国宇航局、国家海洋和大气管理局、农业部、国家卫生研究院、内政部以及其他科学合作伙伴,促进学习者对这些部门的特有专长和资源的理解,并将研究现有的和潜在的方法,用以改善基础设施建设,增加青少年和公众的参与机会。

被指定为牵头机构并不意味着该机构的作用被限制在STEM教育领域。以国家科学基金会为例,基金会并不会放弃其在本科STEM教育之外的工作,换句话说,并不会出现没有任何其他机构涉及本科STEM教育的情况。这意味着,基金会可能会要求额外的资金和资源以保障它在改善本科STEM教育领域中的主导地位。同样教育部作为P—12年级教学的牵头者,也将强有力地支持参与性的活动,构建校内学习与校外学习之间的桥梁并提高两者的效率。其他 CoSTEM 机构将是重要的合作者,与牵头机构共同寻找利用STEM教育现有投资的方法,发挥员工的工作热情和专业知识,善用能不断提供STEM内容获取渠道的STEM人才以及适用于正式和非正式学习环境的联邦资产。

在重点领域中开展初始召集工作后,CoSTEM 机构将酌情组建执行委员会,支持重点投资领域的建设和促进机构间的协调。执行委员会负责的内容包括:

- 审查牵头机构和合作机构准备的路线图和实施计划。
- 跟进战略规划指定的重点领域教育投资实施情况。
- 开发指标并监测其进展,评估效率和影响力,并调整实施的过程。
- 开发框架和程序,制定更具协调性的联邦STEM教育预算计划。

(2) 构建并使用基于证据的方法。开展STEM教育研究和评估,寻找表明实践可行性及方案有效性的证据。可以跨机构使用证据、与公众分享数据,从而扩大联邦STEM教育投资的影响力。

对于在所有领域的政策和管理决策中运用证据,政府表现出强烈的关注。这些领域包括改善STEM教育、加大联邦项目的效率和影响力等。鉴于数据和评估的重要作用,联邦STEM教育投资将加大调查研究和项目评估力度,确定并测试实践方法,提高两者的有效性,从而建立改进联邦STEM教育投资的证据基础。在项目的进展过程中,将酌情暂停或扩大循证实践。针对成效的研究将得到共享,这将与基于研究的理解一起成为强有力的成功指标,机构将受到鼓励,并对之有所行动。如果存在仅仅是暗示性的承诺,但有其他理论依据指导特定投资的证据,那么项目和投资的设计将考虑到项目实施的证据基础。

CoSTEM执行委员会将酌情与牵头机构和合作机构的工作人员共同确定最适合的方式,去综合分析循证实践和积累数据、评价、信息和指标的流程,思考机构内和机构间的协同评价方法。

CoSTEM拟定了一组设计原则作为联邦投资的初始框架,以便在现有证据和最佳做法的基础上获得成效。随着时间的推移,当新的研究和发现显现时,这些原则可能会得到适当的更新。此外,STEM教育投资所产生的影响和实用信息将被考虑用于循证资助策略(例如对成功案例和分层证据的资助)。还有一些工作可在有效教育策略资料中心(http://ies.ed.gov/ncee/wwc)内被用来对这些实践(如对干预研究和实践指南的评价等)开展验证,为更多的验证工作提供机会。

六、STEM教育五年战略规划的实施

5个STEM教育重点投资领域中的每一个领域都设定了一系列战略目标,以作为战略规划的初步实施重点。战略目标的设定建立在几方面的考量之上:力求具体,以实现进展和作用的可测量性;配合指定牵头机构的优势和资产,考虑合作机构的重要作用;在其代表领域中,联邦政府的介入具有明确的职责,并且认识到联邦投资对达到预期成效仅起到部分作用。

实施战略规划将要求:来自政府或机构领导的承诺、与立法机构领导人在资源配置上开展合作和协调、对实现这些目标所需必要条件的评价。在未来几个月,还需要牵头机构和合作机构开展监督并制定更详细的路线图。CoSTEM机构将在这一过程中进行协助。

(一)STEM教育重点投资领域的实施

为了在STEM教育重点投资领域取得进展,牵头机构与合作机构将确定现行联邦投资中可以加以调整、修改和运用的有哪些,以支持牵头机构的协调活动,同时也要确定进行这些调整、修改和运用的手段。这一合作过程将最终决定机构在重点领域建设基础设施的最佳方式以及如何发挥和利用合作机构的优势和资产。这需要机构能够将重点与目标、法定要求、授权立法、现有知识及资源等多方面进行协调。牵头机构和合作机构间的紧密合作应该在最大程度上持续满足任何特定任务的需求。

以下是为5个STEM教育重点投资领域分别设置的初步实施路线图,可用于指导未来的预算规划和要求、投资机制、与利益相关方团体的交流和外联,以及每个重点领域的评价计划和实践情况的重新评估。能否顺利实施战略目标和构建共同标准,这将取决于机构的能力。同时也要求一定的财政承诺,以确保牵头机构和合作机构具有足够能力保障项目的设计和监督工作顺利进行,同时确保资产的验明和协调功能。本战略规划的实施将包括对所有战略目标总体进度开展定期检查,以期对其中的部分内容进行修改或补充。

1. 实施路线图:改进STEM教学

影响报告:在2020年前培养10万名优秀K—12年级STEM新教师,并向现有STEM教学人才提供支持。

STEM教师的教育与发展涉及教师职业生涯中的职前培训、持续的专业发展和学习机会。有关教学人才保留的策略包括:涉及学校及地区的资源和专业支持、重要的社区举措、参与STEM学习和研究的机会等。出色的STEM教师懂得如何进行有效教学、如何激发学生对这些领域产生兴趣、促进他们对STEM概念和技能的理解。而联邦政府在给STEM教学人才提供学习及成长机会方面发挥着战略性的作用。

(1) 背景

在所有措施中,无论在正式或非正式教育系统背景下,教师、学生和教学内容之间的互动是K—12年级学生取得成功的决定性因素。研究表明,最优秀的教师对学生成绩影响巨大,每年指派学生跟从这些教师学习,将在极大程度上缩小学业差距。[49,50,51,52]因此,着重改进STEM教学,其必要性是非常明确的。

K—12年级STEM教育的规模庞大。全国有超过360万名全职中小学教师[53],其中,有约50万名教师在初中或高中负责数学或科学学科的教学。[54]全国共有约2800所大学和学院从事教师培养,这些机构经各州或国家部门委任对教师进行资格认证。此外,还有一些"替补性"的师资培训方案。根据国家替补认证中心统计,共有136条由各州定义的备用路线可获取教师资格,有约600个方案支持这些备用路线的实施。[55]有关教师资格认证和执照续期的政策由各州自行制定,并作为K—12年级STEM课程的标准。

"需要更多的STEM教师"这一结论是有据可查的[56],但是STEM教师的招聘和留任却又充满挑战。缺乏数学和科学教师是国家长期以来面临的最严重的劳动力短缺问题之一。[57]STEM教师的职前培训主要在各个高等教育机构进行,并接受国家政策管辖。而那些学生STEM学科成绩优异的国家,其师资培训比美国做得更好。[58]此外,一些关于特定STEM教学内容的持续争论也需要教师的有效参与。[59,60]在以学科为基础的教育研究(Discipline Based Educational Research,DBER)的最新成果指出,在促进理解的本科STEM课程教学中存在难点;总统科技顾问委员会的《致力于超越》报告[1]建议,要促进循证教学实践的广泛使用,其中包括要求未来的教师学习STEM内容的本科课程。[61]同时,因为支持和改进课堂学习的技术

---

[1] 这份于2012年2月提交的报告的全名为:《致力于超越:再培养百万名STEM领域大学毕业生》。——选编者

很容易获取,所以教师需要有机会学习和使用这些激动人心的强大工具。

一旦教师完成了初步培训,地方学区和学校便计划并负担其大部分的专业发展活动。专业发展的重点聚焦于一般课堂和教学事务,而不是特定科目的专题。据保守估计,在教师专业发展方面的联邦投资仅占联邦STEM投资的9%。但是专业发展的质量良莠不齐,研究范围也仅局限于激发学生学习的教师效能方面。[62,63,64]此外,CoSTEM机构经常为激励STEM教师而提供广泛的学习机会。最新发现指出,学习机会和学校支持对STEM教师的留任来说至关重要[65],要注重将教师专业发展与其日常工作、与国家标准(包括《共同核心州际标准——数学》和《下一代科学标准》)以及现行的各州要求具有的专业资格证书相联系。

仅凭牵头机构与合作机构的联邦投资,不可能惠及所有的STEM教师,也无法保证所提供的支持与各州的政策和实践、学区以及教师所在学校相互兼容。投入职前及在职培训的联邦投资,应专注于构建经过严格测试的、可复制的模式。这些模式应该支持规模缩放或调整,以便用于各种类型的师资培训机构。联邦投资应在国家及地区层面实施,同时提供支持规模缩放的基础设施。如此一来,这些模式可使地方政策和操作流程协调一致,在学校和课堂中对教师提供支持。此外,建立与地方机构的合作,支持具有高质量STEM教学内容的地方和区域科学实验室,以及发展与私营部门的合作关系,将是至关重要的。

奥巴马总统在其2011年国情咨文中提出在未来10年中培养10万名具备较强教学能力和深厚学科知识的优秀STEM教师的目标。总统的这一号召建立在总统科技顾问委员会(PCAST)的重要结论之上:教师需要掌握足够的学科知识,才能将STEM与现实问题相互联系,模拟科学研究的过程,有效纠正学生的错误观念,帮助学生学习如何像数学家、科学家和工程师一样进行论证和解决问题。

(2)重要相关工作

2011财政年度投资报告显示,该年度有约10%(3.15亿美元)的联邦STEM教育资金专门用于支持STEM教师的职前和在职教育这一首要目标。联邦机构额外投资9.25亿美元用于改善STEM师资培训,此为次要目标。在主要关注师资培训的投资当中,78%用于在职教师的专业发展,其余的则同时支持教师的职前和在职教育。大部分资金来源于国家科学基金会和教育部的大型项目,如数学和科学合作伙伴计划(Mathematics and Science Partnership, MSP)、教师贷款免除计划、罗伯特·诺伊斯奖学金计划等。

(3)战略目标

教育部将成为完成改善K—12年级STEM教学目标的牵头机构。其他所有的CoSTEM机构将作为其合作机构。总体而言，联邦机构的投资将致力于实现总统的培养10万名优秀STEM新教师的目标，所采取的策略包括：

- 鉴定、开发、测试并支持有效的师资培训工作，鼓励教师开展循证实践，给学生提供大量的STEM学习机会。
- 在职前和在职培训中，为P—12年级教师提供参与联邦资助的实习和各项奖学金计划(Internship, Fellowship, and Scholarship, IFS)的机会，并提高真实STEM体验[66]的数量与质量。

(4) 预期的行动/成果/指标一览表

表5-1

鉴定、开发、测试并支持有效的师资培训工作，鼓励教师开展循证实践，给学生提供大量的STEM学习机会。

行　动	成　果	指　标
短期(1—2年)		
确定和评估用于支持以下两方面内容的联邦投资：(1)在人才需求量较高的学校中招聘或培训优秀K—12年级STEM教师；(2)留住那些能够带领学生学业进步的出色的STEM教师。	更好地理解用于支持以下两方面内容的联邦投资：(1)在人才需求量较高的学校中招聘或培训优秀P—12年级STEM教师；(2)留住那些能够带领学生学业进步的出色的STEM教师。	联邦资助下的STEM师资培训措施：(1)提供在人才需求量较高的学校中进行优秀STEM教师招聘或培训工作的相关数据；(2)提供在人才需求量较高的学校中开展STEM教学人才留任工作的相关数据；(3)提供职前及在职阶段师资培训实践工作的相关数据；(4)联系项目参与和学生成果；(5)在适当情况下，由国家及地方教育机构负责实施循证实践，从而：(a)在人才需求量较高的学校中招聘或培训优秀P—12年级STEM教师；(b)留住那些能够带领学生学业进步的出色的STEM教师。

（续表）

中期(3—4年)		
基于证据,开发用于支持以下两方面内容的联邦项目指导方针:(1)在人才需求量较高的学校中招聘或培训优秀P—12年级STEM教师;(2)留住那些能够带领学生学业进步的出色的STEM教师。	收集关于联邦项目性质的研究结果,这些项目用于激励:(1)在人才需求量较高的学校中招聘或培训优秀P—12年级STEM教师;(2)留住那些能够带领学生学业进步的出色的STEM教师。 在适当情况下,根据联邦项目投资实施指导方针,增加(1)在人才需求量较高的学校中聘用的、具备培训经验的优秀P—12年级STEM教师的比例;(2)能够带领学生学业进步的、出色的、能够留任的优秀P—12年级STEM教师的比例。	联邦资助下的STEM师资培训项目,包括涉及以下两方面内容的职前和在职教育及体验:(1)监测并反馈循证实践;(2)监测证据,留意那些可能影响项目的变化。
长期		
联邦资助项目旨在包括:(1)鼓励人才招聘和保留;(2)循证实践;(3)收集必要的数据,记录教师参与联邦项目的影响。这些项目是关于(a)在人才需求量较高的学校中聘用的优秀P—12年级教师人数百分比的增长;(b)能够带领学生学业进步的出色的STEM教师保留率的增长。	定期更新联邦资助的师资培训项目状态,这些项目用于激励:(1)在人才需求量较高的学校中招聘或培训优秀P—12年级STEM教师;(2)留住那些能够带领学生学业进步的出色的STEM教师。 维持所获得的进步和问责制度化等项目成果。	在联邦资助下开展STEM师资培训项目的每个机构,都提供聚焦于人才招聘和保留的职前和在职教育及体验,并将监控师资培训项目的质量和评估投资在以下两方面的影响:(1)人才需求量较高的学校进行优秀P—12年级STEM教师的招聘方面;(2)能够带领学生学业进步的出色的STEM教师的留任方面。

表5-2

在职前和在职培训中,为P—12年级教师提供参与联邦资助的实习和各项奖学金项目(IFS)的机会,并提高真实STEM体验[67]的数量与质量。

行　动	成　果	指　标
短期(1—2年)		
确定和评估用于教师IFS项目的联邦STEM投资,其内容包括:规模、范围、结构、方法、评估和评价活动的状态以及其所包含的STEM体验的特点。制定初始计划,连接现有资源和新建的基础设施,扩展受众范围。	收集用于教师的IFS项目联邦投资的相关信息,包括受推荐的额外信息。相关的项目原始资料将成为评价标准的开发基础。这些标准将通过比较/对比的实践,运用于指导方针的制定。	涉及教师IFS项目的相关机构:(1)提供IFS项目参与者的数据;(2)包括师资培训实践的数据;(3)由组织负责实施循证实践;(4)将参与真实STEM体验与学生预期成果联系起来。
中期(3—4年)		
基于证据制定指导方针,用于奖学金项目的有效设计,以支持教师候选人。	提高有效性的投资实施指导方针。	涉及教师IFS项目的相关机构:(1)监测并反馈循证实践;(2)监测证据,留意那些可能影响项目的变化。
长期		
联邦IFS资助项目旨在包括:(1)循证实践;(2)适应各个年级的真实STEM体验;(3)收集必要的数据,记录教师参与和学生预期成果之间的联系。	有关联邦资助的教师IFS项目的两年期报告。维持所取得的进步和问责制度化等项目成果。	所有联邦政府资助的教师IFS项目要对其中所涉及的教师教育计划进行质量监控。

2. 实施路线图:提高和维持青少年及公众对STEM的参与度

影响报告:在高中毕业前,每年将有真实STEM体验的青年数量提高50%。

在学习过程中,参与是非常重要的,有助于吸引学习者的关注和投入,激发进一步的知识开发和理解。为了确保未来的技能熟练的STEM劳动力,联邦政府投入大量资金,力图通过对青年的教育,开辟其参与STEM的道路,帮助其走向有挑战性的未来STEM岗位,并营造公共"STEM文化"。

(1) 背景

STEM参与具有国家层面的重要意义,因此达成对相关术语的共识是非常重要的。正如在2011年联邦STEM教育投资组合文件中定义的,以促进STEM参与为重点的投资,目的在于提高学习者的参与热情和兴趣,帮助学习者意识到STEM对其生活的价值,加深他们对自身STEM参与能力的信心。STEM参与涉及的内容很广,包括用于广泛领域的投资,如教材开发;在博物馆、科学中心或公园中开展的项目;游戏、模拟及虚拟环境、"公民科学"倡议、公开讲座和教育广播节目等。因此,联邦政府可以通过多种途径为STEM学习者服务,并为他们制定合适的学习内容。

研究表明,那些调动学生积极性、助其获取技能和信息的教学方法和学习机会,能够鼓励学生以更加积极的态度看待STEM学科,并专注于STEM专业。[68,69]例如,聚焦人类学习的相关理论和经验表明[70],STEM体验能够促进学生在"主动学习"过程中保存更多的信息及发展批判性思维技能。[71]STEM教育相关调查研究也支持STEM体验和学生成就之间的正相关性。例如,一项研究表明,通过一个为期2—3周的大学暑期科学研究项目,向6—12年级学生提供实地考察、在实验室开展实验等学生在学校中不曾体验的真实、科学的相关学习机会,将对学生的科学成就和科学态度产生显著的、长期的效果。[72]关于有效STEM参与和循证实践的研究文献的不断增多,能够对联邦政府投资起到指导作用。

此外,相关机构已经在探讨扶持一些有前景的新型策略,鼓励青年对STEM的参与,并且已经开始在基层网络和群体驱动的虚拟平台中产生了极大的推动力。例如,由一个STEM爱好者在网络上发起的创客教育项目。爱好者通过风靡全球的创客运动,与学生和广大民众分享他们的创作。该项目最近正计划由学生创客领袖,创办一个创客公司。这些身处全国各地非正规学习机构中的青年,将为有兴趣的学生提供亲身实践的机会,激励他们成为总统所说的"生产者"而不仅仅是"消费者"。美国宇航局[73]发起了数字徽章运动,麦克阿瑟基金会和莫兹拉基金会等也提供了更多的STEM参与机会。此外,通过"后院生物燃料"等"公民科学"活动收集数据,评估和测量新的途径以激发学生对STEM领域的兴趣,并为新活动的开展建立证据基础。

在今后几年,史密森学会将号召各机构致力于扩大非正式STEM学习机会,确保资料与课堂学习内容的一致性,并通过创新的手段帮助学生接触到新兴科学。工作重点将置于有效、真实的STEM体验之上。史密森学会将与美国宇航局、农业部、国家卫生研究院、国家海洋和大气管理局、内政部等CoSTEM机构以及其他科学合作伙伴,共同将这些机构特有的知识和资源运用于相关的循证资料、课程以及在线资源,优化传播机制,以惠及课堂内外的更多学习者。

(2) 重要相关工作

2011年联邦STEM教育投资组合文件指出,超过半数的联邦政府STEM教育投资将STEM参与视为第一或第二发展目标(233项中的156项)。将STEM参与作为首要目标的项目投资总额达1.64亿美元。在这些投资中,近半数(约44%)属于大型项目。每项投资预算不高于3000万美元。

CoSTEM机构积极推动STEM参与,如农业部通过赠地大学创设合作推广体系,并开展科研、教育和推广工作,以此向青少年和成人提供研究性实践活动。这是通过农业部、赠地大学和地方政府的特别合作伙伴4-H(Head、Heart、Hands、Health/健全头脑、健全心胸、健全双手、健全身体)组织得以实现的。国家4-H理事会是一个私立的、非营利性的全国性合作伙伴。在私人及基金会资助下,4-H拥有超过600万名青少年参与者和50万名青年或成年志愿者。2010年以来,4-H科学领导学院派遣了1266名4-H专家开展培训研讨会,致力于提高4-H员工和志愿者的专业水平,帮助学生参与到非正式学习环境之中。

国家与社区服务公司(Corporation for National and Community Service, CNCS)正在开办一个新的STEM美国公司,将数百名美国公司成员安排到全国的非营利组织中,动员STEM专业人士鼓励年轻人,帮助他们在STEM教育中获得卓越成就。[74]教育部还组织创建了"21世纪社区学习中心"网络,为那些在高贫困率和低学业表现的学校中就读的孩子提供丰富的课外学习机会。史密森学会发起"青年参与科学(Youth Engagement throught Science, YES)"运动,为地方上的青年提供专家培训,鼓励他们追求STEM职业。[75]

为提高学生对STEM的兴趣,联邦政府提供了大范围、多元化的支持,内容涵盖科学数据、技术、科研和工程设施、自然环境、科技中心、工程师、技术人员和科学家。机构利用这些支持,为各年龄段人群提供非正式学习环境中在线的、基于场所(如科研和工程设施、联邦政府管辖的土地和水域、博物馆、游客中心)的以及其他体验式或亲身实践式的学习机会。此外,国家科学基金会也对非正式STEM教育领域进行资助,一些具有立法授权的CoSTEM机构也致力于促进在探索、STEM研究和环境管理等领域的公众直接参与。私营部门也可以发挥旗下优秀科技员工的热情和专业知识,这对促进STEM参与起到积极推动的作用,如由美国各大知名科技公司发起的US2020运动,不遗余力地为年轻人创造接受STEM专业人士指导的机会,其受益对象的年龄范围从幼儿园至大学。[76]

对这些尝试进行合作、协调和持续研究,有助于开拓多种途径,用于深入持久地探索非正式学习环境中的STEM学习、联系正式和非正式学习环境[77]、掌握参与式体验对学生学习成果的影响。总之,这些努力能在促进STEM参与的同时,发展循证实践。在致力于促进STEM参与的多个机构中,史密森学会将发挥主导作用,协调和发展基础设施,提高联邦资源的有效性和开放性。[78]

促进STEM参与的关键,在于通过合理的观察指标,评估参与体验的成果,同时也在于更好地理解STEM领域中灵感和兴奋、持续性和STEM学业及职业成就之间的关系。

(3) 战略目标

在史密森学会的带领和协调之下,联邦机构将主要根据以下三条策略进行投资。

- 那些明确涉及联邦政府科学、技术和工程性资产(如设施、科学工程技术人员、仪器、数据、联邦政府管辖的公共土地和水域)的联邦投资,以提供真实的STEM参与体验。
- 那些在地区或国家覆盖范围内支持将STEM纳入现有入学准备和课后活动的联邦投资。
- 那些有助于认识真实STEM体验如何促进学习、增长兴趣的联邦投资。

(4) 预期的行动/成果/指标一览表

表5-3

那些明确涉及联邦政府科学、技术和工程性资产(如设施、科学工程技术人员、仪器、数据、联邦政府管辖的公共土地和水域)的联邦投资,以提供真实的STEM参与体验。

行　动	成　果	指　标
短期(1—2年)		
确定有效利用现有投资的科学和工程资产。 增建基础设施,提高这类联邦资产的可利用性。	确定具备基于最佳实践之循证模式的机构和资产。	在促进参与的STEM资产基础上开展的合作数量。

(续表)

	中期(3—4年)	
开发新的手段,以求通过网络及其他合作机构,帮助更多的青少年受益于慈善机构的资产投入。	寻找联系资产和项目的机会。	与联邦科学机构资产进行明确交互活动的青少年数量。
	长期	
在联邦科学慈善机构之外增加投入,将教育研究与慈善机构资产开发联系在一起。	建立用于研究开发的基础设施,评估和跟踪参与体验的成果。	增设仪器和发展评估技术,进行可靠有效的评估以及相关观察指标的鉴定。

表5-4

那些在地区或国家覆盖范围内支持将STEM纳入现有入学准备和课后活动的联邦投资。

行 动	成 果	指 标
	短期(1—2年)	
对支持入学准备和课后活动的项目进行鉴定并开展相关合作。这些项目包括领先计划(Head Start)、21世纪社区学习中心和4-H联盟。	整合模式制订的方案和机制,促进合作。	在国家覆盖范围内正在发挥作用的项目数量。
	中期(3—4年)	
启动机构和项目间的合作,开发课程、促进专业发展,并付诸实施。	在机构支持下开发与STEM参与相关的材料和面向合作伙伴的模式。	与国家覆盖范围内的项目建立联系的方案数量。
	长期	
开展纵向研究,探讨国家项目中STEM参与体验的纳入与学生学习成果之间的关系。	对国家项目中真实STEM体验和参与效果之间的关系做出研究成果报告。	参与"嵌入循证STEM体验"这一国家项目并从中获益的学习者数量。

表5-5

那些有助于认识真实STEM体验如何促进学习、增长兴趣的联邦投资。

行　动	成　果	指　标
短期(1—2年)		
确定哪些投资收集真实STEM体验数据,并研究这些投资如何影响学生的学习、兴趣、参与和(或)动机。 建立与青少年参与相关的知识库,对通过投资实现的真实STEM体验设置计数标准。	确定数据的有效性和质量,明确收集真实STEM体验数据的方法。	具有学生参与相关机制的、参与真实STEM体验知识库建设的投资项目数量。
中期(3—4年)		
继续进行数据收集和分析工作,并在适当情况下,开发新的指标和方法。	在适当情况下,建设数据协调基础设施,实现跨站点研究,以便更好地了解真实STEM体验和参与效果之间的关系。	用于建设数据协调平台的投资项目数量。
长期		
鼓励出台联邦参与的数据协调平台建设措施。	在适当情况下,对真实STEM体验和参与效果之间的关系做出研究成果报告。	更多联邦资助的真实STEM参与项目支持数据协调平台建设。

3. 实施路线图:丰富本科生的STEM经验

影响报告:在未来10年,增加100万名STEM领域的毕业生。

一些关于经济和劳动力的分析指出,美国要在STEM领域维持其全球领先地位,并从中获得社会、经济以及国家安全等方面的效益,就必须在未来10年培养100多万名STEM专业毕业的人才。[79,80,81]为了达到这一目标,美国高等教育机构需要在2020年之前,在现有人数的基础上增加34%的STEM专业本科毕业生。为了满足这一需求,联邦政府已经把扩大STEM专业毕业生人数作为跨机构优先(Cross Agency Priority, CAP)项目的中心工作,要求多家机构围绕这个重点工作开展合作,协调活动、明确问责。[82]然而,联邦政府仅仅是众多相关方之一,要达到培养100多万名STEM专业的毕业生这一目标,还将需要与其他公立或私营机构的合作。

(1) 背景

拥有STEM学位的毕业生需要具备多样技能和多层次知识,从接受信息技术培训的社区学院毕业生和先进制造业、材料及能源行业从业人员,到优秀的STEM教师,再到实验室里的科学家和工程师。不仅限于STEM行业,在STEM之外的其他行业领域,越来越多的雇主也要求员工具备良好的STEM基础知识。此外,培养公众的科学及计算素养正变得越来越重要,只有具备相应素养,才能对错综复杂的社会问题,如气候变化、医疗技术应用、替代能源等,做出批判性的评估。同时,在竞争激烈的全球工作环境中,还有一些被视为能够增强竞争力的要素[83],如好奇心、创造力、歧义容忍度、挫折适应力以及与那些具有不同看法、工作重心和学识路径的人进行有效合作的能力。在STEM教育系统中的经验,可以促进这些能力的培养。

在美国院校,STEM专业本科生的保持率低迷,这是一个长期以来的重大顾虑,也是影响培养100多万名STEM专业毕业生这一目标的关键因素。只有43%的学生进入四年制公立学院或大学学习STEM专业并获得STEM学位。更糟糕的是,在申请STEM专业的社区学院学生之中,仅有14%的学生在正式入学时仍然坚持这一决定。[84]总统科技顾问委员会近期发表报告《致力于超越:再培养百万名STEM领域大学毕业生》,力求通过低成本、高成效的政策保留更多的STEM专业学生,为国家输送急需的STEM专业人才。

总统科技顾问委员会报告和跨机构优先项目均指出,提高STEM专业大学生的保留率至50%,就能完成增加100万名STEM专业毕业生这一指标的约3/4,即在未来10年中,每年增加约7.5万名获得STEM领域学士或协士学位的毕业生。因此,实现以上目标是可行的。

研究已经发现,多种招募、吸引和保留STEM专业学生的循证实践方法[85],包括教学方法、课程内容、教学材料、同伴、导师和其他学术文化支持、资源和工具等,能够吸引学生留在课堂中并支持其学习。此外,有证据表明,学习社区和暑期"桥梁"计划等课外活动,能够提供学术支持和社区体验,帮助学生适应STEM专业,因此对保持率有着积极的影响。[86]在将以上实践应用于两年制及四年制高校的同时,通过衔接协议确保双方的学科内容与教学方法的良好兼容,可以显著提高进入职场和研究生院的STEM专业毕业生人数。

(2) 重要相关工作

联邦政府提供一系列投资,用于改善本科生STEM教育。其中的一些投资已经包括了机构间的合作(见专栏5-2)。从历史上看,多数支持或至少部分支持大学生的投资资金,其首要目标是帮助学生获得STEM学位。其他的重要目标包括促进教育研发、机构能力建设、STEM学习和就业等,相关投资金额超过1亿美元。资金的另一个重要投资方向是研究生薪金、奖学金和(或)实习课程。此外,许多机构设定一些适当的项目,为大学生提供科研体验。

专栏5-2

国防部和国家科学基金会:"鼓励和支持大学生科研体验奖(ASSURE)"

大学生科研体验是重要的真实STEM体验,是他们直接接触知识生产过程的一种渠道。"鼓励和支持大学生科研体验奖(The Awards to Stimulate and Support Undergraduate Research Experiences, ASSURE)"是国防部和国家科学基金会为促进学生的STEM参与而合作开展的项目。国防部通过国家科学基金会的大学生科研体验项目(Research Experiences for Undergraduates, REU),在国家科学基金会资助的大学和学院中,支持本科生在国防部相关学科的科研活动。ASSURE旨在增加有志于进一步深造的科学及工程专业的优秀大学生的数量。在一个明确的共同目标之下,教师和(或)其他科研导师以及相关机构为学生提供指导和服务,协助其完成研究计划。相关研究计划可以基于单一学科或学术部门,也可以在多学科、多部门间进行,为本科生提供各种可能的研究体验。

此外,学生应该有权利在自己的教育中,通过以学生为主导的创新,发挥更加积极的作用。例如,麻省理工学院的清洁能源奖是一个以学生为主导、以学生为中心的清洁能源创新创业奖。该奖项已经向来自全国60余所大学的数百名学生提供了清洁能源创业者技能培训。自2008年该奖项设立以来,已经促成了30多家公司的创办。[87]机构通过以学生为主导的创新项目,鼓励2000万名有技术、有创意、充满活力的革新者,运用他们的技术解决现实世界中的问题。参与项目并获得授权的学生能够提高组织科研、课程、体验式学习等方面的能力,并参与到更多的大学活动中。

除了跨机构优先(CAP)项目以增加100万名STEM专业毕业生为目标开展工作,私营部门也在迎接这一挑战的过程中发挥着带头作用。[88]例如,全国大学生STEM合作伙伴计划、知名大学、产业集团、商业高等教育论坛、美国大学协会、美国公立及赠地大学协会、美国教育理事会、国防工业协会和其他机构,采取了一系列措施致力于改进本科STEM教育,措施实施重点主要集中在大学一二年级。私营企业也在寻找与联邦政府共同提升STEM专业入学率的合作途径。例如,通过"毕业生10K+首创",国家科学基金会与英特尔和通用电气公司合作,资助那些提高工程和计算机科学专业本科生保留率的项目,总资助金额达到1000万美元。[89]

(3) 战略目标

为了促进在未来10年增加100万名STEM专业毕业生的目标以及跨机构优先项目目标的达成,联邦政府与国家科学基金会及其他合作伙伴将在以下几方面开展紧密合作:

- 确定并扩大循证教学实践和创新,改善STEM专业大学生的学习并提高其保留率;发展国家体系,促进对变革与关键学业成就之间相互关系的经验理解。
- 完善对两年制学院的STEM教育支持,建立两年制学院与四年制大学间的衔接。
- 支持并鼓励大学与企业以及联邦机构开展合作,为本科生(特别是一二年级本科生)提供相关的真实STEM学习和研究体验。
- 解决本科阶段数学基础课程失败率过高的问题,寻找成功设立高级STEM课程的途径。

在这些策略中,各机构将重点提高女性和较少参与STEM领域的少数族裔人群的参与度,并对高等教育创新给予大力支持。

(4) 预期的行动/成果/指标一览表

表5-6

确定并扩大循证教学实践和创新,改善STEM专业大学生的学习并提高其保留率;发展国家体系,促进对变革与关键学业成就之间相互关系的经验理解。

行动	成果	指标
短期(1—2年)		
在适当情况下,设立跨机构机制,获取机构教学实践数据。	在适当情况下,调整资金、结合循证实践、评估项目中引入的循证教学实践。	引入循证教学实践的项目数量。

(续表)

	中期(3—4年)	
与利益相关方合作,开发并实施基于循证实践或设计创新的教师专业发展项目。	在机构、专业协会和高等教育机构间建立新的合作伙伴关系,专注于循证实践的开发和运用。	在选定的一组参与合作的大学中,提高STEM专业学生的保留率。
	长期	
利益相关方参与国家工作,对实践与学习成果之间的关系(如保留率等)进行证据验证,并扩大循证实践的规模。	建设相关平台,共享关于循证实践和学习成果之间关系的现有国家数据。	就本科阶段STEM教学及项目的特点与学习成果之间的关系开展全国性研究,并获得研究成果。

表5-7

完善对两年制学院的STEM教育支持,建立两年制学院与四年制大学间的衔接。

行　动	成　果	指　标
	短期(1—2年)	
收集两年制学院里有关STEM项目和挑战的信息。	确定两年制学院所面临的STEM相关问题。	更好地理解两年制学院的STEM教育及机构的下一步工作。
	中期(3—4年)	
尽可能建立两年制学院与四年制大学之间的STEM教育合作网络。	在两年制学院、四年制大学以及联邦机构的科学资产之间建立更紧密的联系,并制定更完善的衔接协议。	提倡多家高等教育机构开展与联邦机构的合作,改善两年制学院向四年制大学的过渡,增加STEM学习机会。
	长期	
联邦机构在适当情况下重新配置或增强方案,以支持有效的合作。	改善两年制学院中的STEM项目,从而获得相应成效。	有效开展STEM项目的两年制学院数量大幅增加。

表5-8

支持并鼓励大学与企业以及联邦机构开展合作,为本科生(特别是一二年级本科生)提供相关的真实STEM学习和研究体验。

行 动	成 果	指 标
短期(1—2年)		
确定现有的联邦STEM实习和其他实地研究的机会,并提供所获成效的证据。	对联邦投资组合进行更详尽的原始资料说明。	联邦机构能更准确地报告本科生实习和其他STEM研究机会的数量,以及这些机会所带来的影响的现有证据。
中期(3—4年)		
正如总统科技顾问委员会的报告和跨机构优先项目的目标中所记述的,应召集政府、高等教育机构和私营部门,在多所机构中共享最佳实践方案,采取措施鼓励本科生在大学教育的最初两年中参与研究和实习。	得到企业和政府更多的支持,在大学教育的最初两年中,为学生提供更多实习机会以及其他实地研究体验的机会。	联邦项目加大工作力度,增加和促进大学教育的最初两年获得研究体验并评估其影响。
长期		
联邦机构带头简化应用程序、建立研究体验数据库。	企业和政府整合资源,为更多学生提供支持。	增加大学教育最初两年中参与研究体验活动的本科生。

表5-9

解决本科阶段数学基础课程失败率过高的问题,寻找成功设立高级STEM课程的途径。

行 动	成 果	指 标
短期(1—2年)		
在可行的情况下,国家科学基金会和教育部开展联合募集,改善K—16年级数学教育。在可行的情况下,对机构明细账里的数学募集资金进行审计,用以指导募集。	在这一重要领域开展国家科学基金会和教育部的联合工作。	整合多个机构的专业技术及资产,以提高数学基础课程合格率的相关方案。

(续表)

中期(3—4年)		
召开大学数学基础课程研讨会,就政府和主要利益相关方的实践方法、潜在的合作伙伴和面临的关键问题展开讨论。	传播关于有效实践和新合作伙伴的信息,认识到面临的问题,扩大获得的成效。	那些在数学基础课程上存在明显问题的学院和大学开始改变其教学方案和教学实践活动。
长期		
重新设计国家数据收集或设计方案,跟踪学生从高中到大学数学课程的过渡情况。	建设新的数据库,监测国家在数学问题处理上的进展。	一些大学和学院在数学基础课程成绩上显示出大幅度的提高。

4. 实施路线图:改善对过去较少参与STEM领域的群体的服务

影响报告:在未来10年,让更多过去较少参与STEM领域的少数族裔获得STEM学位,鼓励女性更多地参与到STEM领域中。

在未来30年,少数族裔人口预计将占到美国人口的大多数。然而,目前他们在STEM劳动力人口中所占的比例仅为28%。[90]女性占据了劳动力总人口的将近一半,但她们中从事STEM岗位工作的仅占24%。[91]为了满足业界对STEM员工日益增长的需求,必须对来自所有群体的人才提供持续不断的支持。这就要求大幅度提高过去较少涉及STEM的群体和女性群体在STEM领域中的参与度。

(1) 背景

特定群体对STEM的参与存在不足,这是在早期便已显现并长期存在的问题,贯穿于学校和工作岗位之中。有三个补充理由可以解释为何较少参与STEM领域的少数族裔、低收入家庭儿童和女性对维持研究和创新能力来说至关重要:美国缺乏未来的STEM劳动力资源;美国的人口结构正在显著转变;多元化的STEM思想和观念能够惠及不同群体和整个国家。[92,93]为了增加在较少参与STEM领域的群体中能够顺利毕业并获得学位的个体数量,需要投入更加明确和持续的努力,因为这些群体成员脱离STEM专业的比例较高。这些群体可谓是尚未开发的人才库,是潜在的STEM专业人才的来源,因此这些学生应该受到特别的关注,并作为国家战略中值得慎重考虑的因素。

尽管高校招生的整体增长令人鼓舞,但国家科学院(NAS)在《扩大少数族裔参与》的报告中指出,较少参与STEM的少数族裔群体(URMs)的STEM学位完成率仍然低于白人和亚裔学生。而且,这一群体中主修STEM专业并取得STEM学位的两年制学院学生人数也偏少。在2009至2010年间,非洲裔美国人仅获得8.6%的科学和工程学士学位,仅占工程学士学位获得者的5%[94];获得工程、计算机和信息科学学士学位的美国学生中仅有7%是西语裔美国学生。[95]获得STEM学位的女性尽管在医学和社会科学领域所占比例较高,但是她们在工程、计算机和信息科学领域获得学位的比例则偏低。在2009至2010年间,仅有18%的工程、计算机和信息科学学士学位是授予女性的。[96]数据还显示,相较于正常学生,残障学生专攻STEM专业的可能性较低。[97]

存在于高等教育中的STEM课程和项目获取上的差异,在K—12年级也非常明显。根据教育部民权办公室的公民权利整合资料(Civil Rights Data Collection, CRDC)显示,高中阶段的高等数学和科学课程中存在差距。[98]值得注意的是,在就读人数中占多数的西语裔和非洲裔学生中,仅有1/3选修微积分、40%选修物理。英语能力有限的学生占就读人数的6%,在高中最后一年选修高中最高级别数学课程——代数的人数仅为15%。学习至少一门大学先修课程(AP)的学生中女生只有19%选修数学,而男生则占到26%。在就读数学先修课程的非洲裔或西语裔学生中,女生仅占39%。选修物理学科的女生也仅占46%。根据CRDC的数据,残障学生仅有4%选修代数Ⅱ、化学和物理,0.1%选修微积分,8%选修生物。

(2)重要相关工作

促进人们平等追求STEM学位和职业的相关工作,在一系列联邦项目中占据优先地位。2011财政年度,6.16亿美元的STEM教育投资被用于支持较少参与STEM的群体。20多项联邦STEM教育投资用于支持较少参与STEM领域的群体,其中包括美国农业部的1890奖学金计划。该计划针对少数族裔服务机构,如历史上的黑人学院和大学、西语裔服务机构、阿拉斯加原住民服务机构、夏威夷原住民服务机构、海岛地区机构、部落学院和大学等。在过去,最多的资金用于支持西语裔服务机构,其中大多数资金来自教育部发展西语裔服务机构STEM和学习过渡服务的相关项目,这些项目为机构提供了额外的资金。

在专注于提高较少参与STEM领域的群体在STEM领域参与度的联邦投资中,大部分用于支持本科生或相关机构(70%),20%用于支持K—12年级学生。在注重扩大STEM参与度的投资中,5%的资金用于支持增进理解的研究。

尽管在扩大较少参与STEM领域的群体在STEM领域的参与方面取得了一些进展和有限的成效,但是为了吸引和留住这些群体,还有更多的工作要做。一些项目在扩大

STEM参与方面颇有前景,比如国家海洋和大气管理局资助的民族院校教育合作伙伴计划(见专栏5-3)、国家科学基金会的路易斯·斯托克斯少数族裔参与联盟(LSAMP)和一些非联邦项目。有代表性的非联邦项目包括马里兰大学巴尔的摩县分校的迈耶霍夫奖学金计划、迪尤肯大学的拜耳奖学金计划和在短短几年时间内把选修计算机科学的女生比例由个位数提高至40%的哈维穆德学院的计算机科学计划。[99]这些项目对学术发展和改进、社会和专业网络构建起到了有力的指导作用,同时不仅有助于学生完成本科学习,而且有助于他们进一步攻读硕士学位,以提高获取STEM领域相关工作机会的能力。

专栏5-3

国家海洋和大气管理局资助的民族院校教育合作伙伴计划

国家海洋和大气管理局(NOAA)的使命是了解和预测地球环境的变化、保护和管理海洋及沿海资源,满足我国经济、社会和环境方面的需求。为了实现满足并推动这一使命的科技人才的持续供给,机构要求建立能够反映美国多元种族特色的人才库。为此,NOAA于2001年与少数族裔服务机构(Minority Serving Institutions, MSI)协同创设了教育合作伙伴计划(Educational Partnership Program, EPP),以实现:(1)增加接受高等教育的学生数量,特别是就读与NOAA的工作直接相关的STEM专业学生数量;(2)主要在少数族裔服务机构进行与NOAA相关的科学和管理领域的强化和能力建设;(3)利用NOAA的资金,在EPP合作科学中心(http://epp.noaa.gov)加强教育、培训和科研能力建设。

四家合作科学中心中的每一家均经由竞争性资助计划选拔,接受少数族裔服务机构与至少6所学院或大学的协同领导。除了合作科学中心,EPP还提供研究生科学计划、本科生奖学金计划和环境创业计划。自创建以来,该计划已经帮助了超过1100名学生获得与NOAA相关领域的本科及研究生学位;其中有119名学生获得博士学位。迄今为止,受聘于NOAA的来自较少参与STEM领域的群体的科学专业人才之中,有19%接受过EPP的支持。

此外,越来越多的STEM课堂研究表明,学生的智力并不是固定不变的,而是能够通过努力和他人的帮助得以开发的(比如教他们应用"成长型思维模式"),可以显著提高学业成绩,在某些情况下能将少数族裔以及女性的学业成绩差距缩小30%—50%。[100,101]

同时,联邦政府也致力于开展与一批非营利私立学术部门的协同合作,其首要目标是为了增加较少参与STEM领域的学生的学习机会。例如,由前国务卿希拉里·克林顿和其他国家领导人于2012年9月推出的"平等的未来伙伴关系"计划,通过与一组不同的伙伴之间的合作,为女性在STEM领域寻求高质量的教育与就业机会。

(3) 战略目标

为了促进少数族裔和女性的STEM毕业成功率,联邦机构将贯彻三大战略:

- 通过投资扩大较少参与STEM领域的群体在STEM领域的参与度,更积极地对人口的快速变化以及特定群体、特定STEM领域的相关事宜作出回应。
- 将投资集中于相关策略的开发和测试,改善对较少参与STEM领域的学生在高等教育层次的STEM培训。
- 在营造校园氛围方面进行投资,通过指导、技术援助和其他创新实践,有效改善较少参与STEM领域的学生的毕业率。

(4) 预期的行动/成果/指标一览表

表5-10

通过投资扩大较少参与STEM领域的群体在STEM领域的参与度,更积极地对人口的快速变化以及特定群体、特定STEM领域的相关事宜作出回应。

行 动	成 果	指 标
短期(1—2年)		
各机构和利益相关方确定社区和STEM领域中的具体问题和重点问题,同时鼓励提出新的理念。 要特别注意:增设针对军人子女和少数族裔的大学先修课程所带来的挑战;残障人士的相关事宜;鼓励女性接触计算机、物理和工程学的措施。 在可能的情况下,有针对性地鼓励少数族裔、低收入家庭儿童、残障人士、军人子女以及女性参与联邦政府的研究和工程设施建设。	在适当情况下,召集少数族裔服务机构和其他利益相关方与联邦机构开展合作,谋求在关键问题上达成共识。	就如何提高联邦投资组合在扩大跨机构参与方面的成效发表意见。

	中期(3—4年)	
在机构和外部组织之间发展重要的合作伙伴关系，设计新的课程或重新设计现有课程，提升其与较少参与STEM领域的群体之间的相关性、提升这一群体进入大学的竞争力。	与若干机构合作并发展相关机制，鼓励较少参与STEM领域的群体选修大学先修课程及其他课程（包含在线课程），支持他们在多项STEM课程中获得大学学分。	为较少参与STEM领域的群体提供更多课程支持，在STEM领域中为其营造更多的机遇。
	长期	
国家数据库和数据系统可以通过分组和区分STEM专业来实现更详细的进程监测。	机构和专业组织能够监测特定领域中较少参与STEM领域的特定群体的参与进程。	较少参与STEM领域的群体在特定STEM领域中的参与度提升情况已在国家数据来源中得到证实。

表5-11

将投资集中于相关策略的开发和测试，改善对较少参与STEM领域的学生在高等教育层次的STEM培训。

行 动	成 果	指 标
	短期(1—2年)	
审视联邦项目投资组合中支持少数族裔服务机构的当前模式，识别差距并确定补充模式，建立逻辑路径和关联。	在适当情况下，对联邦机构采用的多种模式开展研究，设计新的方案以填补差距。	新方案将填补原有模式的差距并加强机构对较少参与STEM领域的学生和女性的支持力度，同时，补充方案将为学生提供更多的机会和渠道。
	中期(3—4年)	
研究并开发更多通用指标，整合并分析循证实践，基于分析开展扩大参与的行动并评估其影响。	通过一系列指导方针或评估方法，为支持扩大参与的联邦项目提供"试驾"。	协调联邦投资，建立关于有效策略的知识库，运用通用指标评估项目产生的影响。

	长期	
机构将与学术界、产业界以及教育组织合作,共同确定扩大实施的机制。	两年制学院以及其他高等教育机构中来自以前较少参与STEM领域的学生,其毕业率在主要STEM学科中呈现增长态势。	更清楚地认识到相关手段如何有效运用于不同机构。

表5-12

在营造校园氛围方面进行投资,通过指导、技术援助和其他创新实践,有效改善较少参与STEM领域的学生的毕业率。

行　动	成　果	指　标
短期(1—2年)		
通过聘用STEM教育专家等协调手段,保证来自以前较少参与STEM领域的学生不被校园环境排除在外。	在2013财政年度,联邦机构将起草一份指导方针,用于营造有利于全体学生的校园氛围。特别是那些来自以前较少参与STEM领域的学生将得到捐助者、利益相关方和其他相关机构的支持。	校园活动、政策方针、实践活动将反映出对指导方针的认识以及与指导方针的一致性。
教育部民权办公室(Office for Civil Rights, OCR)将持续更新最近建设的STEM资源网页,向学校、学生和家长明确传达由民权办公室执行的适用于STEM课程及项目的民权法。	提高利益相关方对民权措施的认识,增进在STEM项目和背景里对第九条的了解和遵从。	在2013财政年度建立一个原始资料库,提供指导和工具以提高依从性。
中期(3—4年)		
联邦政府支持可作为STEM校园氛围建设示范点的高等教育机构。	措施实施一年内,那些为较少参与STEM领域的学生营造亲近STEM的校园氛围的机构,其知名度得以提高。	直接针对校园氛围建设的项目越来越丰富。

(续表)

长期		
在非少数族裔的高等教育机构中有众多学生来自较少参与STEM领域的群体,他们赞同实施政策并进行实践,改变校园氛围,从而施以更有效的STEM教育。	专业的高等教育机构联合开展工作,使校园氛围塑造过程中面临的问题突显出来。	在扩大参与方面的科研投入得以增加,因其涉及校园氛围建设的相关问题。

在适当情况下,CoSTEM机构将制定相应机制,在少数族裔服务机构的领导者和其他机构之间开展全国性对话,要求广大利益相关方确定实现战略目标的实施步骤,如指定牵头机构等。

5. 实施路线图:设计研究生教育,储备未来的STEM人才

影响报告:为接受过研究生教育的STEM人才提供基础研究和应用研究的专业知识、掌握国家重要领域所需专业技能的机会、在各大CoSTEM机构处理关键任务的就职机会、在广泛的职业生涯中获得成功所需的辅助技能。

(1) 背景

培养科学和工程专业的研究生有助于提高全球竞争力、建设未来的高技能人才队伍、提供知识型经济体制所需的科研支持。据预测,在2010年到2020年间,将有260万个就业岗位需要更高层次的学位,包括非STEM学位和专业学位。[102]鉴于这种需求,在所有教育层次中对现在的科学家和工程师进行培训是极其必要的。尤其考虑到技术创新的速度、科学与工程的本质与实践、作为经济驱动力的技术创新、社会面临的挑战性问题等,要特别注重在专业化高等教育层次中的人才培养。

美国研究生院委员会(Council of Graduate Schools, CGS)、国家研究理事会和国家卫生研究院均在其最近的报告中就如何更好地培养研究生提出了建议,其内容包括强化专业发展以及促进企业和大学参与。这些建议也反映在总统科技顾问委员会的一份近期报告中。[103]该报告强调,有必要采取一定措施鼓励企业投资,用于支持科研、大学与产业合作以及改变教育方案,以培养能够胜任各种职业的毕业生。由于有约50%的博士学位获得者就职于学术界之外的工作领域[104],因此学生所接受的培养方式对其能否成为成功的职业人士相当关键。

根据2012年的科学与工程学指标[105]，在2009年全美教育机构中大约有44万名全日制研究生，其中约8.1万（18%）是由联邦基金资助的。在这些接受联邦基金资助的研究生中，超过70%通过担任研究助理工作获得科研经费、10%获得研究生薪金、10%获得培训经费，其余的通过助教工作等获得政府支持。这些资助机制是发展STEM人才、推动美国科研创新的关键要素。

CoSTEM机构将首先着重于改善STEM领域中研究生奖学金的可获取性和有效性。在这一方面，国家科学基金会将与国家卫生研究院（生物医学）、美国宇航局（航天）、环境保护署（环境）等机构合作，了解特定的需求，并对STEM领域的应用研究给予支持，确保学生能够获得专业培训，成为国家未来的STEM人才。可以确定机构的角色和职责，例如，在适当情况下，在国家科学基金会和其他CoSTEM机构之间通过谅解备忘录的形式，确保机构的利益、满足STEM人才的需求。CoSTEM机构也可以在一段时间之后考虑大幅度改进联邦政府的研究生教育手段。

(2) 重要相关工作

包括能源部、国家卫生研究院和国家科学基金会在内的研究生教育现代化（Graduate Education Modernization, GEM）非正式工作组指出，美国竞争力面临的一个关键问题是，为了获得竞争优势，需要通过研究生教育和培训，更广泛地提高STEM专业人才队伍的水平。研究生教育现代化组织为此开展了诸多工作，该组织期望通过扩大学术机构和联邦资助机构之间的协作，确保为研究生教育机构提供更多的机会，帮助学生踏上广阔的职业发展道路，同时不会影响到对学术研究机构的人才输送，因其目前在很大程度上依靠研究生推动知识进步和创新。例如，国家卫生研究院期望所有获得露丝·L·基尔希斯坦（Ruth L. Kirchstein）国家研究服务奖的院校将科研培训补助金用于为学生提供专业发展技能及职业方面的指导。[106]最近，国家卫生研究院普通医学科学研究所提出了若干颇有成效的方法，用于实施其在生物医学和行为研究培训领域的战略计划，如为学生选择多元化的职业发展路径、强调毕业生必须精通特定领域的相关知识。[107]

非正式的STEM研究生奖学金跨机构工作组（Interagency Workgroup for Graduate Fellowships, IWGF）包括来自所有CoSTEM机构的研究生奖学金负责人。它探求加强美国当前和未来的高素质科学家和工程师的各种人才库。IWGF的目标是：(1)就联邦政府资助的研究生奖学金项目中存在的共同问题开展讨论；(2)建立更有效的机制，并使之贯穿研究生奖学金管理前期（竞争及审查流程）到后期（学生专业发展和毕业率等）的所有阶段。

(3) 战略目标

为了提高STEM科目研究生奖学金的可获取性,联邦机构将重点贯彻三大战略:

- 识别极具潜力的学生并为其提供资金支持,帮助他们在科学和工程领域中作出成绩并在未来的职业生涯中取得成功。
- 注重对国家重点学科领域的研究生培养,尤其是完成联邦机构任务所需要的人才培养。相关项目包括"服务奖学金"和"聚焦STEM途径",以及涵盖联邦科研和工程计划的各项联邦服务项目。
- 维持并强化评估奖学金作用的相关机制,用以指导和调整今后的联邦投资。

(4) 预期的行动/成果/指标一览表

表5-13

识别极具潜力的学生并为其提供资金支持,帮助他们在科学和工程领域中作出成绩并在未来的职业生涯中取得成功。

行 动	成 果	指 标
短期(1—2年)		
制定具备"一站式购物"特点和高协调性的奖学金机制,提高机构和申请人双方的效率和效益。	实施高协调性的奖学金机制,提高机构和申请人双方的效率和效益。	为国家重点学科领域的更多研究生提供更多机会。
中期(3—4年)		
设计全面的奖学金机制,提高机构和申请人双方的效率和效益。	确定国家所需的重点学科领域,注重增加在这些领域中的发展机遇。	相应程序与实施步骤相一致。
长期		
通过联邦机构间的协作,提高奖学金机制的协调性。	建立高效的联邦奖学金机制,建设高技能的科学工程人才队伍,注重国家重点学科领域的学生培养。	对联邦奖学金项目的影响开展评估,用以指导和调整今后的联邦投资。

表5-14

注重对国家重点学科领域的研究生培养,尤其是完成联邦机构任务所需要的人才培养。相关项目包括"服务奖学金"和"聚焦STEM途径",以及涵盖联邦科研和工程计划的各项联邦服务项目。

行　动	成　果	指　标
短期(1—2年)		
增加奖学金获取机会,发展国家所需的重点学科领域的人才培养。包括在适当情况下,在国家科学基金会和CoSTEM机构间建立跨部门的谅解备忘录等协调机制。	建立相应程序,确定国家所需的重点学科领域,增加在这些领域中的发展机遇。取得高质量培训的证据。	根据机构任务开展评估,取得在国家重点学科领域中开展高质量培训的证据。服务于联邦机构的STEM奖学金项目获益者数量。在满足国家STEM人才需求方面取得的进展。
中期(3—4年)		
在适当情况下,尝试强化研究生奖学金项目,为STEM人才提供更快捷的公共服务。持续发现并确认国家重点学科领域中的机遇。	开展基础设施建设,为国家重点学科领域的研究生培养提供更多机遇。	为国家重点学科领域的更多研究生提供更多机遇。
长期		
通过联邦机构间的协作,管理研究生奖学金机制。	建立极其高效的联邦研究生奖学金机制,建设高技能的STEM人才队伍,注重国家重点学科领域的人才培养。	对联邦研究生奖学金项目的影响开展评估,用以指导和调整今后的联邦投资。

表 5-15

维持并强化评估奖学金作用的相关机制,用以指导和调整今后的联邦投资。

行 动	成 果	指 标
短期(1—2年)		
完善评价机制,促进联邦研究生奖学金改革带来的影响。	在适当情况下,通过纵向跟踪系统,提供在STEM人才培养过程中,有关毕业实习对专业成长影响的有用信息。	所设计的跟踪系统获得各联邦机构的认可。
中期(3—4年)		
持续完善和实施评价机制。	实施评价机制。	评估研究生奖学金对高技能人才以及国家重点学科领域人才培养的作用,并得出初步评估结果。
长期		
通过联邦机构间的协作,提高研究生奖学金机制的协调性。	建立极其高效的联邦研究生奖学金机制,建设高技能STEM人才队伍,注重国家重点学科领域的人才培养。	对联邦研究生奖学金项目的影响开展评估,用以指导和调整今后的联邦投资。

(二) 协调目标的实施

1. 协调目标:构建新的模式以充分利用投资及专业技能。

影响报告:通过对牵头机构与协作机构合作理念的贯彻,发挥跨机构的能力,确保联邦STEM教育投资获得最显著的影响。

联邦STEM教育资金配置于多个机构的不同项目和举措之中,这是一种充分利用特定机构优势和资产的模式。本战略规划中提出了投资组合的新模式,该模式是在牵头机构与协作机构合作理念的基础上,围绕各个重点目标组织生成的。

(1) 背景

来自14个机构的200多项STEM投资,其项目和资金涵盖了若干元素。其中的互补元素可用于协调,交叉元素可加以整合,潜在协同元素有助于扩大投资的影响。本战略规划中提出的新模式将有助于扩大在战略重点领域中联邦 STEM 教育投资的规模、影响和质量。

牵头机构的职责包括：召集 CoSTEM 机构就它们的责任区域制定一致且详细的计划；评估其他机构的协同资产，并将其作为计划的一部分；推进目标区域的计划实施；确保评估计划及影响研究的顺利进行。牵头机构的这些活动将与提供特有资源、知识和设施的协作机构合作开展，并在适当情况下借助 CoSTEM 实施分委员会（Implementation Subcommittees）的力量。更为有效地利用跨机构资金和其他资源，是提高投资组合一致性的重要元素。高度一致的投资将提高机构内及机构间的效率，同时明确机构的能力、作用和任务。

(2) 重要相关工作

为负责 STEM 教育投资的联邦机构从业人员提供开展定期会谈及商讨解决国家主要问题的场所。相关工作将作为新模式的基础。例如，最近成立的非正式科学教育跨部门工作小组，其任务是强化联邦机构间的协调与合作。此外，还有国家科学技术委员会的国家网络安全教育计划（National Initiative for Cybersecurity Education，NICE）、网络与信息技术研发计划（Networking and Information Technology Research and Development, NITRD）、环境教育工作组、海洋教育跨机构工作组、美国全球变化研究项目交流教育工作组、行政管理和预算办公室评审组。

此外，各机构往往与交叉的相关方开展互动，因此由专业团体如美国数学学会、教育有效性研究会、国家科学教学研究协会、美国教育研究协会、研究生院委员会、美国科学促进协会、国家科学教师协会、美国地球物理联合会、科技中心协会、国家科学监管委员会以及其他专业团体举办的年度会议，通常会召集若干机构的专家就项目提供和联系等议题进行共同商讨。一些关注 STEM 教育问题的主要联邦委员会，如科学和工程机会均等委员会（Committee on Equal Opportunities in Science and Engineering, CEOSE）和国家教育科学委员会，指定了机构代表或联络员参加这些会议。还有一些 STEM 教育工作涉及两家或三家机构的共同参与（如国家科学基金会和教育部的 K—16 年级数学首创项目、教育部和美国宇航局的"创新之夏"项目、21 世纪社区学习中心项目）。这些工作连同 CoSTEM 机构的努力，将机构间的合作推向更高的层次。

(3) 战略目标

构建并实施新的模式用于开展机构间的合作。联邦机构将探讨的关键策略包括：

- 重新配置牵头机构和协作机构的工作，制定目标领域的实施路线图。

- 设计新的基础设施、网络和机制,确保联邦机构的可用资产和资源在全国范围内运用于STEM学习的改善,同时减少影响合作效果的行政壁垒。
- 制定协调CoSTEM机构预算要求的指导性框架。

(4) 预期的行动/成果/指标一览表

表5-16

重新配置牵头机构和协作机构的工作,制定目标领域的实施路线图。

行　动	成　果	指　标
短期(1—2年)		
在适当情况下,牵头机构和协作机构将围绕相关重点领域开展合作。在适当情况下,CoSTEM机构将在战略重点领域新设实施委员会。	在牵头机构和协作机构之间制定有关具体日程和计划的协议,从而在各战略重点领域获得进展。	路线图和详细的实施时间表。
中期(3—4年)		
跟踪实施进展,收集证据,提出中期修改建议。	以证据为基础进行规划,对各领域的战略重点和目标进行适当的调整和更新。	实施委员会可以对后续的政府STEM教育预算要求提出建议。
长期		
推荐其他需要长期改善的STEM教育重点领域。采取措施评估这一方法的有效性。	基于在原有的5个重点领域实施过程中所掌握的证据,对STEM教育中需要改善的内容开展持续评估。	起草或委托起草概念性文件,对STEM教育中需要长期改善的优先事项及重点内容进行评估。

表5-17

设计新的基础设施、网络和机制,确保联邦机构的可用资产和资源在全国范围内运用于STEM学习的改善,同时减少影响合作效果的行政壁垒。

行　动	成　果	指　标
短期(1—2年)		
收集有关跨部门协作和渠道精简的政府机制相关信息,以促进合作。 检测现有的联邦基础设施和网络等。	基于对程序和机制的共识,开展更多的机构间合作。	简化如谅解备忘录和行政许可等关键流程,开发通用程序,促进协作。
中期(3—4年)/长期		
通过创新策略促进跨机构能力建设和STEM教育的专业发展。	采取共享人才、设置跨机构共同办事处、增加共同筹资机会等创新策略。	使两个以上协作机构的共同筹资机会得以增加。

表5-18

制定协调CoSTEM机构预算要求的指导性框架。

行　动	成　果	指　标
短期(1—2年)		
在适当情况下,召集包括首席财务官在内的CoSTEM机构代表,确定协同预算要求的可行性、时机和程序,并且尽早在2015财政年度的预算要求中体现。	协调STEM教育的预算程序。	制定跨机构STEM教育的预算要求框架。
中期(3—4年)/长期		
评估协调要求框架的影响和效果,对实践方法作出相应修改。	修改协调STEM教育的预算程序。	持续跨机构合作,协调STEM教育的预算要求。

2. 协调目标:制定及使用基于证据的方法。

影响报告:严格执行STEM教育研究和评估,提出实践可行性和项目有效性的相关证据,通过跨机构合作,将证据与公众分享,从而提高联邦STEM教育投资的影响力。

教育研究和评估成果的不断增长,提高了我们对STEM学习和STEM教学实践的理解。其中涉及的内容相当广泛,如针对"非认知"因素作用的大脑与认知基础研究、课堂设计的测试、教师教育项目的实施研究、大规模教育改革的评估工作。而基于现有证据开展新兴研究,或对其进行整合和共享,将获得更为有效的研究成果。此外,基础研究和在理解和验证实践方法上的研究之间仍然存在差距。

(1) 背景

运用、收集和改进相关证据,将推动联邦STEM教育项目获得更大的成效。大量教育研究和评估研究影响着STEM教育改革的大方向。比如,关于人们如何学习和教授STEM科目的研究[108,109],其核心内容与强调积极参与有意义的STEM学习环境是一致的。类似的还有诸多STEM教育评价研究,包括在项目层面开展的、针对活动路线(如教育科学研究所的教师专业发展评估[110])以及完整的联邦项目(投资)的研究。一些评价方法揭示了为何、为谁以及在何种条件下,特定的干预措施或方案是否有效。与此同时,为了保障所有联邦投资的规划、修正和实施,CoSTEM机构的STEM教育员工应具备重要领域的专业知识和经验。随着时间推移得到完善的相关专业知识,可用于指导投资活动的有效规划和实施。

尽管开展了大量相关工作,但仍然有必要进一步运用调查研究和评估研究的成果,对联邦投资的方向提出战略性指导。根据从一些最有潜力的STEM教育实践中掌握的有限资源和证据,在政府投资活动中纳入现有专业知识,能够在最大程度上获得投资的预期成效。同时,确定哪些研究及评估问题能够通过新的投资理念来解决也非常重要,这将促进证据数量的持续增长,并增进理解和沟通。

针对机构间、机构内单笔投资的合作评估战略以及跨越若干投资项目的主题规划,能够提高各机构的评估能力。一些新的模式,如麻省理工学院贫困行动实验室的研究成果或运用行政数据开展的影响研究,如国家卫生研究院和其他机构进行的创新尝试[111,112],都应该加以探讨。此外,可能会考虑开发跨机构的检测系统,实现机构投资过程中对统一数据的收集、比较和分析。

(2) 重要相关工作

国家研究委员会定期开展综合研究,如由国家科学基金会资助的有关K—8年级的科学教育[113]、非正式环境中学习科学[114]、STEM学校[115]、STEM教育进展监测[116]、学科基础教育研究[117]、改善STEM少数族裔群体参与度的研究[118]。关于K—8年级数学学习的最新综合研究,是总统国家数学顾问小组于2008年提出的报告。[119]教育部对包括师资培训研究在内的多项研究专题提供支持。[120]教育科学研究所(Institute of Education Sciences, IES)拥有一个包含若干综合研究的数据库可供搜索。此外,IES资助的有效教育策略资料中心存储着对诸多干预措施所作的评价。最近的总统科技顾问委员会报告[121,122],提出了基于这些研究成果的相关建议。整合循证实践和研究成果是一个持续的过程,而实证研究成果的不断涌现,对需要定期开展的综合研究提出了更多要求。此外,国家研究委员会已经审阅了机构教育组合并在此基础上提出有价值的观点。[123,124]

机构在发展其评价能力上也取得了长足的进步。例如,教育部的教育科学研究所制定了严格的实验及准实验评估准则,并且被用于处理诸多教育问题。此外,教育部创新投资项目率先通过"分层证据"结构去评估新的理念,验证干预措施,提高实践的有效性。国家科学基金会成立了一个改进其STEM教育项目评估工作的STEM教育评估工作组。其他机构近年来一直致力于改进自身的评估能力,完成了一系列跨机构的STEM教育投资评估计划。内政部完成了首次STEM教育和就业战略计划,该计划以促进评估文化的形成为目的,持续提升了评估能力及其影响度。国家海洋和大气管理局开展了一项雄心勃勃的监测和评估工作,对其负责的所有项目进行教育成果和影响的评估。这项工作的目的是建立成果指标与工作项目之间的联系,对机构战略目标的成功与否进行评估。

在研究和评估方面也收获了重要的方法和工具,可以在进行研究和评估工作的过程中实现政府部门间的共享,比如由多机构合作制定的非正式科学教育方案影响评价架构[125]等。其他工具和手段的开发是由教育科学研究所的"统计与研究方法"教育资助项目以及国家科学基金会的"促进评估方法的研究与创新"项目(Promoting Research and Innovation in Methodologies for Evaluation, PRIME)提供支持的。

各大机构已经开始着手制定共享策略以生成证据。教育部和国家科学基金会一直在合作开发通用证据框架,提出描述高品质工作的6种教育研究类型:(1)基础研究;(2)早期和探索性研究;(3)设计和开发项目;(4)效益研究;(5)有效性研究;(6)规模化研究。[126]该框架意在为潜在雇员、联邦机构员工和评审员提供指导。

由CoSTEM机构开发的设计原则从有效投资的必要条件的研究和实践中提炼知识并加以整合。CoSTEM机构公布设计原则以征求公众意见[127],根据收到的反馈对原则进行调整。将这些原则运用于方案设计和实施,是为了更好地完成投资目标,同时加强部门间的协调。

在过去几年中,政府奠定了坚实的基础、开发了新型的工具,帮助联邦机构实施循证实践和策略,并从中获得有效的信息。比如,政府提倡设计循证资助项目[128],并确定相应手段用于制定和持续改进联邦资助。项目设计和实施战略应该以证据为基础,即通过循证实践,确定哪些因素能够促进国家、地方和其他受援方有资格获取联邦资助,同时应该找出更具效益的实践方法。例如,越来越多的STEM教育投资正在实施分层证据框架等相关策略。

(3) 战略目标

为了改进对循证实践的探索和共享,联邦机构将采取以下战略目标:

- 支持现有研究的整合,改善STEM教育重点领域的关键问题。
- 由牵头机构在其目标领域指导评估设计,跨机构实现评估策略、研究策略和专业知识的改进和调整。
- 简化流程(通过谅解备忘录、机构间协议、员工和设备共享等手段),降低跨部门协作的门槛。

(4) 预期的行动/成果/指标一览表

表5-19

支持现有研究的整合,改善STEM教育重点领域的关键问题。

行 动	成 果	指 标
短期(1—2年)		
通过与利益相关方合作,确定各重点领域中的关键研究问题,并酌情加以整合。	在各重点领域进行研究整合并制定研究议程。	通过与相关方的合作,进行一系列研究整合并制定研究议程。
中期(3—4年)		
在适当情况下,利用机构投资解决关键研究问题。	通过发布征求建议书处理关键研究问题。国家科学基金会和教育部将调整一些研究申请和建议,以解决关键研究问题。	重点领域中受资助的研究、评估研究和相关活动组成跨机构的投资组合,从而引入一个监测系统。

行　动	成　果	指　标
长期		
相关方、研究人员、从业人员和联邦机构代表支持在各重点领域开展研讨。	收集并整理研究成果,在多个社区中共享相关理念。	在重点领域开展文献分析和经费资助工作,检测知识库的性质。

表5-20
由牵头机构在其目标领域指导评估设计,跨机构实现评估策略、研究策略和专业知识的改进和调整。

行　动	成　果	指　标
短期(1—2年)		
在适当情况下,建立一个跨机构STEM教育评估工作组,对能力和实践工作开展评估。	支持STEM教育评估能力发展的机构间协议。	在适当情况下,建立STEM教育评估能力的跨机构共享机制。
中期(3—4年)		
开展机构间合作,针对某个重点领域的一项投资开展重要的STEM教育投资评估,以求通过现有的最佳实践手段和评估方法获得关于投资成效的证据。	一组在重点领域中进行的STEM教育实施效果评估。	各机构合作开展在4个重点领域中的实施效果评估。
长期		
机构开发监测系统持续记录重点领域的工作进展。	新的监测系统和新的数据积累。	配套的数据系统和获取的开放信息。 在指标和监测系统间建立连接。

表5-21

简化流程(通过谅解备忘录、机构间协议、员工和设备共享等手段),降低跨部门协作的门槛。

行　动	成　果	指　标
短期(1—2年)		
机构根据环境背景调整设计原则,并实现CoSTEM机构间的共享。	在机构内部就投资设计的进程和注意事项开展讨论。	修订后的设计原则,合作机构的详细信息均实现机构间共享。
中期(3—4年)		
开发新流程,记录机构在新的STEM教育征求建议书的制定过程中,对设计原则和循证实践的运用。	针对在项目规划中运用设计原则和循证实践开展的机构间讨论,其文化发生的内部变化。	新的征求建议书中纳入了与设计原则和证据相关的重要注意事项。
长期		
对设计原则的应用成效以及在制定和修改项目时,对证据的使用效果开展跨部门的评估工作。	对设计原则和证据的运用进行文献记录。	跟踪设计原则和证据的应用成效的完善进程。

(三) 实施中的限制因素

有必要掌握那些在联邦机构直接控制之外且可能会阻碍本战略规划顺利实施的外部因素。比如,由国会决定的年度拨款将直接影响机构的协调以及评估工作的灵活性。

CoSTEM机构已经注意到一些潜在的、可能影响本规划成功实施的限制因素:

- 总体机构预算的波动增加了长期规划的难度。
- 在某些情况下,一些部门和机构或分机构的官方语言限制了它们针对较少参与STEM群体资助方面的工作。
- 在收集和分享学生数据的过程中遇到的问题可能会影响STEM教育项目评估战略。
- 大体而言,不同部门和机构对基础设施和专业知识的STEM教育投资存在相当大的差距。

七、结论

考虑到未来的许多工作都将与STEM紧密相关,并且STEM教育在多个层面上的发展对于构建公正和包容的社会至关重要,而目前美国的K—12学校系统在国际比较中仅占中间位置,因此持续促进美国的STEM教育刻不容缓。对于诸多改善STEM教育的相关知识和手段,各联邦机构可以通过合作而使其取得进展。本战略规划提出了促进协作和改善项目的相关目标、重点和新的框架及机制,并指出了持续发展的路线,指导STEM教育联邦投资项目的改善,帮助更多的学生、教育工作者和公众取得进步。战略规划的实施需要经历艰难的选择、建立新的合作伙伴关系、重点关注实施成果,而规划在实施过程中也需要不断进行调整。联邦机构将协力推进这一国家重点项目的发展。

八、参考文献

1. http://www.whitehouse.gov/sites/default/files/docs/stem_teachers_release_3-18-13_doc.pdf.

2. STEM fields are defined in the National Science Foundation's Science and Engineering Indicators, http://www.nsf.gov/statistics.

3. PCAST President's Council of Advisors on Science and Technology.(February 2012). Report to the President:Engage to excel: Producing one-million additional college graduates with degrees in science, technology, engineering, and mathematics. http://www.whitehouse.gov/sites/default/files/microsites/ostp/pcast-engage-to-excelfinal_2-25-12.pdf.

4. Fleischman, H.L., Hopstock, P.J., Pelczar, M.P., and Shelley, B.E. 2010. *Highlights From PISA 2009:Performance of U.S. 15-Year-Old Students in Reading, Mathematics, and Science Literacy in an International Context*(NCES 2011-004). U.S. Department of Education, National Center for Education Statistics.

5. Committee on Underrepresented Groups and the Expansion of the Science and Engineering Workforce Pipeline.2010. *Expanding Underrepresented Minority Participation: America's Science and Technology Talent at the Crossroads*. Committee on Science, Engineering, and Public Policy; Policy and Global Affairs; National Academy of Sciences, National Academy of Engineering, and Institute of Medicine. Available from http://www.nap.edu/catalog/

12984.html.

6. Economics and Statistics Administration. (2011). Women in STEM: A Gender Gap to Innovation. United States Department of Commerce, Washington, D.C.

7. This fifth priority, focused on the STEM workforce, was discussed in CoSTEM and was not specified as a goal in the progress report of February 2012. It has been recast as a goal in light of the President's FY 2014 STEM education reorganization. It has since been added in the development of this final report.

8. Economics and Statistics Administration. (2011). STEM: Good Jobs Now and for the Future. United States Department of Commerce, Washington, D.C.

9. U.S. Department of Commerce (January, 2012). The competitiveness and innovative capacity of the United States. http://www.commerce.gov/sites/default/files/documents/2012/january/competes_010511_0.pdf.

10. http://www.georgetown.edu/grad/gppi/hpi/cew/pdfs/stem-complete.pdf.

11. Business-Higher Education Forum. (2007). An American Imperative Transforming the Recruitment, Retention, and Renewal of Our Nation's Mathematics and Science Teaching Workforce. Retrieved from http://www.eric.ed.gov/PDFS/ED503709.pdf.

12. Tai, R. H., Liu, Q. C., Maltese, A. V., & Fan, X. (2006). Planning early for careers in science. *Science*. 312, 1143—1144.

13. Martin, M.O., Mullis, I.V.S., Foy, P., & Stanco, G.M. (2012). Chestnut Hill, MA: TIMSS & PIRLS International Study Center, Boston College.

14. Carnevale, A.P., Smith, Nicole, and Melton, M. *STEM*. 2011. Georgetown University, Washington, D.C. http://www.georgetown.edu/grad/gppi/hpi/cew/pdfs/STEMWEBINAR.pdf.

15. PCAST President's Council of Advisors on Science and Technology. (February 2012). Report to the President:Engage to excel: Producing one-million additional college graduates with degrees in science, technology, engineering, and mathematics. http://www.whitehouse.gov/sites/default/files/microsites/ostp/pcast-engage-to-excelfinal_2-25-12.pdf.

16. http://www.nsf.gov/statistics/seind12/pdf/c02.pdf.

17. National Research Council and National Academy of Engineering. *Community Colleges in the Evolving STEM Education Landscape: Summary of a Summit*. 2012. Washington, DC: The National Academies Press.

18. National Center for Education Statistics. (2011). (Table Illustration Digest of Education Statistics May 3, 2013).*Number of persons age 18 and over, by highest level of educational attainment, sex, race/ethnicity, and age:2011*. Retrieved from http://nces.ed.gov/programs/di-

gest/d11/tables/dt11_009.asp.

19. http://nces.ed.gov/pubs2011/2011317.pdf.

20. Division of Science Resources Statistics. *Women, Minorities, and Persons with Disabilities in Science and Engineering: 2011.* Special Report NSF 11-309. Arlington, VA.

21. http://www.whitehouse.gov/sites/default/files/microsites/ostp/pcast-engage-to-excel-final_2-25-12.pdf.

22. Federal Coordinating Council for Science, Engineering, and Technology, Committee on Education and Human Resources (1993). Pathways to excellence: A Federal strategy for science, mathematics, engineering, and technology education. http://www.eric.ed.gov/PDFS/ED360165.pdf.

23. NSTC Subcommittee on Education (2008). Finding out what works: Agency efforts to strengthen the evaluation of Federal STEM education programs. http://www.whitehouse.gov/files/documents/ostp/NSTCpercent20Reports/NSTC_Education_Report_Complete.pdf.

24. National Research Council. (2008). *NASA's Elementary and Secondary Education Program: Review and Critique*. Committee for the Review and Evaluation of NASA's Precollege Education Program, Helen R. Quinn, Heidi A. Schweingruber and Michael A. Feder, Editors. Board on Science Education. Washington, DC: The National Academies Press.

25. National Research Council. (2010). *NOAA's Education Program: Review and Critique*. Committee for the Review of the NOAA Education Program. J.W. Farrington and M.A. Feder, Editors. Board on Science Education. Washington, DC: The National Academies Press.

26. http://www2.ed.gov/programs/racetothetop/index.html.

27. http://www2.ed.gov/programs/innovation/index.html.

28. Clotfelter, C.T., Ladd, H.F., and Vigdor, J.L. (2007). Teacher credentials and student achievement in high school: A cross-subject analysis with student fixed effects. *Economics of Education Review*, 26(6), 673—782.

29. Rivkin, S.G. (2007). *Value added analysis and education policy*. Washington, DC: Urban Institute, Center for the Analysis of Longitudinal Data in Education Research.

30. Boyd, D., Grossman, P., Lankford, H., Loeb, S., Rockoff, J., and Wyckoff, J. (2008). The narrowing gap in New York City: Teacher qualifications and its implications for student achievement in high-poverty schools. *Journal of Policy Analysis and Management*, 27(4), 793—818.

31. Rockoff, J.E. (2004). The impact of individual teachers on student achievement: Evidence from panel data. *American Economic Review*, 94(2), 247—252.

32. Hanushek, E. A. & Rivkin, S.G. The Distribution of Teacher Quality and Implications for Policy. *Annual Review of Economics,* 4, September 2012, pp. 131—157.

33. Hanushek, Eric A. The Economic Value of Higher Teacher Quality. *Economics of Education Review,* 30(3), June 2011, pp. 466—479.

34. Ingersoll, R., & Perda, D. (2010a). How high is teacher turnover and is it a problem? Philadelphia: University of Pennsylvania, Consortium for Policy Research in Education.

35. Ingersoll, R.M. and Perda, D. (2010b). Is the supply of Mathematics and Science Teachers Sufficient? *American Educational Research Journal,* 47(3), 563—594.

36. Tai, R. H., Liu, Q. C., Maltese, A. V., & Fan, X. (2006). Planning early for careers in science. Science. 312, 1143—1144.

37. Bybee, R. W., Taylor, J., Gardner, A., Scotter, P., Powell, J., Westbrook, A. et al. (2006). *The BSCS 5E Instructional Model: Origins, Effectiveness, and Application.* Colorado Springs, CO: Commissioned Paper, National Institutes of Health, Office of Science Education.

38. *Many Experts, Many Audiences: Public Engagement with Science and Informal Science Education,* with Ellen McCallie, Larry Bell, Tiffany Lohwater, John H. Falk, Brice V. Lewenstein, Cynthia Needham, and Ben Wiehe, A CAISE Inquiry Group Report, 2009.

39. National Research Council and National Academy of Engineering, *Community Colleges in the Evolving STEM Landscape: Summary of a Summit,* 2012.

40. Carnevale, A.P., N.Smith, and J. Strohl. (2010). Help Wanted: Projections of Jobs and Education Requirements through 2018. Washington, DC: Georgetown University Center on Education and the Workforce.

41. Lacey, T. A. and B. Wright. (2009). "Occupational employment projections to 2018." Monthly Labor Review 132(11):82—123.

42. Langdon, D., G. McKittrick, D. Beede, B. Khan, and M. Doms. (2011). "STEM: Good Jobs Now and for the Future." ESA Issue Brief # 03-11. Washington, DC: U.S. Department of Commerce.

43. U. S. Census Bureau (2011a), Population Division, "Table 3. Annual Estimates of the Resident Population by Sex, Race, and Hispanic Origin for the United States: April 1, 2000 to July 1, 2009 (NC-EST2009-03)."

44. U.S. Census Bureau (2011b), Population Estimates, http://www.census.gov/popest.

45. U.S. Census Bureau (2009). U.S. Population Projections. Retrieved May 24, 2012 from http://www.census.gov/population/projections.html .U.S. Census, 2009.

46. http://pathwaysreport.org/rsc/pdf/ex_summary.pdf.

47. http://acd.od.nih.gov/biomedical_research_wgreport.pdf, http://www.fgereport.org/rsc/pdf/CFGE_report.pdf, http://www.nap.edu/rdp/, http://portal.acs.org/portal/PublicWebSite/about/governance/CNBP_031603.

48. This model, proposed in the President's FY 2013 Budget and included in the Senate appropriations bill for Labor/HHS/Education for programs serving disconnected youth, allows multiple Federal programs to blend funds to support outcome-focused strategies and to waive statutory requirements that are not necessary to meet outcome goals or ensure appropriate use of funds.

49. Clotfelter, C.T., Ladd, H.F., and Vigdor, J.L. (2007). Teacher credentials and student achievement in high school: A cross-subject analysis with student fixed effects. *Economics of Education Review*, 26(6), 673—782.

50. Rivkin, S.G. (2007). *Value added analysis and education policy*. Washington, DC: Urban Institute, Center for the Analysis of Longitudinal Data in Education Research.

51. Boyd, D., Grossman, P., Lankford, H., Loeb, S., Rockoff, J., and Wyckoff, J. (2008). The narrowing gap in New York City: Teacher qualifications and its implications for student achievement in high-poverty schools. *Journal of Policy Analysis and Management*, 27(4), 793—818.

52. Rockoff, J.E. (2004). The impact of individual teachers on student achievement: Evidence from panel data. *American Economic Review*, 94(2), 247—252.

53. National Center for Education Statistics. Accessed on January 3, 2013 at http://nces.ed.gov/programs/projections/projections2020/tables/table_16.asp.

54. Council of Chief State School Officers, Washington, DC, 2007.

55. National Center for Alternative Certification, Accessed at http://www.teach-now.org/intro.cfm on April 22, 2013.

56. Ingersoll, R. and Perda, D. (2010). Is the Supply of Mathematics and Science Teachers Sufficient?, *American Educational Research Journal*, Vol. 43(3). pp. 563—594.

57. Hess, F., Kelly, A., and Meeks, O. (2011). The Case for Being Bold A New Agenda for Business in Improving STEM Education. http://www.aei.org/papers/education/the-case-for-being-bold/ (April 2011).

58. Schmidt et al. (2010). Breaking the Cycle: An International Comparison of U.S. Mathematics Teacher Preparation, Michigan State University Center for Research in Mathematics and Science Education.

59. Ball, D., Hill, H., and Bass, H. (2005). Knowing Mathematics for Teaching. *Ameri-

can Educator. Fall 2005. pp.14—22, 43—46.

60. National Research Council. *Preparing Teachers: Building Evidence for Sound Policy*. Washington, DC: The National Academies Press, 2010.

61. http://www.whitehouse.gov/sites/default/files/microsites/ostp/pcast-stemed-report.pdf, 59.

62. Ball, D., Hill, H., and Bass, H. (2005). Knowing Mathematics for Teaching. *American Educator*. Fall 2005. pp.14—22, 43—46.

63. National Science and Technology Council, (December 2011). *The Federal Science, Technology, Engineering,and Mathematics (STEM) Education Portfolio. Washington, DC.*

64. National Research Council. (2011). *STEM Smart Brief STEM Smart: Lessons Learned From Successful Schools*. Committee on Highly Successful Science Programs for K—12 Science Education. Board on Science Education and Board on Testing and Assessment, Division of Behavioral and Social Sciences and Education. Washington, DC:The National Academies Press.

65. Ingersoll, R. and Perda, D. (2010). Is the Supply of Mathematics and Science Teachers Sufficient?, *American Educational Research Journal*, Vol. 43(3). pp. 563—594.

66. Authentic STEM experiences may be provided to K—12 teachers via internships, fellowships, and scholarships; "grade-appropriate" acknowledges that the nature of authentic STEM experiences is likely to differ for PK—5, 6—8 and 9—12 grade educators.

67. Authentic STEM experiences may be provided to P—12 teachers via internships, fellowships, and scholarships; "grade-appropriate" acknowledges that the nature of authentic STEM experiences is likely to differ for PK—5, 6—8 and 9—12 grade educators.

68. L. Deslauriers, E. Schelew, C. Wieman, *Science* 332, 862 (2011).

69. B. A. Nagda, S. R. Gregerman, J. Jonides, W. von Hippel, J. S. Lerner, *Rev.Higher Educ*. 22, 55 (1998).

70. See, for example, Sivan, Leung, Woon & Kember (2000), An implementation of active learning and its effect on the quality of student learning. *Innovations in Education and Training International* 37 (4): 381—389.

71. Might the NRC Learning Science in Informal Settings report.

72. Knox, K. L., Moynihan, J. A., & Markowitz, D. G. (2003). Evaluation of Short-Term Impact of a High School Summer Science Program on Students' Perceived Knowledge and Skills. *Journal of Science Education & Technology*, 12(4), 471—478; Markowitz, D. G. (2004). Evaluation of the Long-Term Impact of a University High School Summer Science Program on Students' Interest and Perceived Abilities in Science. *Journal of Science Educa-*

tion & Technology, 13(3), 395—407.

73. http://www.nasa.gov/offices/education/programs/national/dln/special/DigitalBadges.html.

74. http://www.nationalservice.gov/newsroom/press-releases/2013/president-obama-announces-stem-americorpsinspire-young-peoples.

75. http://www.mnh.si.edu/education/yes/about.html.

76. http://us2020.org/.

77. Committee on STEM Education, *The Federal Science, Technology, Engineering and Mathematics Education Portfolio*, Washington, D.C. National Science Technology Council.

78. Efforts should reflect the recent OSTP memorandum on Increasing Access to the Results of Federally Funded Scientific Research http://www.whitehouse.gov/sites/default/files/microsites/ostp/ostp_public_access_memo_2013.pdf.

79. Carnevale, A.P., N.Smith, and J. Strohl. (2010). Help Wanted: Projections of Jobs and Education Requirements through 2018. Washington, DC: Georgetown University Center on Education and the Workforce.

80. Lacey, T. A. and B. Wright. (2009). "Occupational employment projections to 2018." Monthly Labor Review 132(11):82—123.

81. Langdon, D., G. McKittrick, D. Beede, B. Khan, and M. Doms. (2011). "STEM: Good Jobs Now and for the Future." ESA Issue Brief #03-11. Washington, DC: U.S. Department of Commerce.

82. http://my-goals.performance.gov/sites/default/files/images/STEM%20Education%20CAP%20Goal%20-%20FY2012%20Quarter%204%20Update_2.pdf.

83. National Research Council. (2012). *Education for Life and Work: Developing Transferable Knowledge and Skills in the 21st Century*. Committee on Defining Deeper Learning and 21st Century Skills.

84. National Research Council and National Academy of Engineering, *Community Colleges in the Evolving STEM Landscape: Summary of a Summit*, 2012.

85. National Research Council, *Discipline-Based Education Research: Understanding and Improving Learning in Undergraduate Science and Engineering*, 2012.

86. PCAST (February 2012). Report to the President: Engage to excel: Producing one-million additional college graduates with degrees in science, technology, engineering, and mathematics. http://www.whitehouse.gov/sites/default/files/microsites/ostp/pcast-engage-to-excel-final_2-25-12.pdf.

87. http://cep.mit.edu.

88. http://my-goals.performance.gov/sites/default/files/images/STEM%20Education%20CAP%20Goal%20-%20FY2012%20Quarter%204%20Update_2.pdf.

89. http://www.nsf.gov/news/news_summ.jsp?cntn_id=127902&org=NSF&from=news.

90. Langdon, D.. McKittrick, G. Beede, D. Khan, B., Julian, T., Lehrman, R., and Doms, M. (2011). Education Supports Racial and Ethnic Equality in STEM. ESA Issue Brief #05-11. Washington, DC: U.S. Department of Commerce.

91. Langdon, D., McKittrick, G., Beede, D., Khan, B., and Doms, M. (2011). Women in STEM: A Gender Gap to Innovation. ESA Issue Brief #04-11. Washington, DC: U.S. Department of Commerce.

92. C. Loes *et al.*, Effects of diversity experiences on critical thinking skills over four years of college; http://www.education.uiowa.edu/centers/docs/cdre-documents/Loes_Pascarella_and_Umbach_2012_3.pdf?sfvrsn=0.

93. S. E. Page, The Difference: How the Power of Diversity Creates Better Groups, Firms, Schools, and Societies (Princeton Univ. Press, Princeton, NJ, 2007).

94. U.S. Department of Education, National Center for Education Statistics, Integrated Postsecondary Education Data System (IPEDS), Fall 2010, Completions component (prepared November 2011), *available at* http://nces.ed.gov/programs/digest/d11/tables/dt11_301.asp.

95. *ibid.*

96. *ibid.*

97. Wei, et al., "Science, Technology, Engineering, and Mathematics (STEM) Participation Among College Students with an Autism Spectrum Disorder," Journal of Autism and Developmental Disorders, November 1, 2012, Table 4, *available at* http://link.springer.com/article/10.1007/s10803-012-1700-z/fulltext.html.

98. The data from the CRDC, while covering 85% of the nation's public school students, are not intended to be an estimation of national data. All data in the CRDC are self-reported.

99. Alvarado, C. & Dodds, Z Women in CS: an evaluation of three promising practices, Proceedings of the 41st ACM technical symposium on computer science education, 2010.

100. Walton, G. M. & Spencer, S. J. (2009). Latent ability: Grades and test scores systematically underestimate the intellectual ability of negatively stereotyped students. *Psychological Science*, 20, 1132—1139.

101. Walton, G. M., & Cohen, G. L. (2011). A brief social-belonging intervention improves academic and health outcomes of minority students. *Science,331*(6023), 1447—1451.

102. *Employment Projections: 2010-2020*, Bureau of Labor Statistics, 2012.

103. PCAST (February 2012). Report to the President: Engage to excel: Producing one-million additional college graduates with degrees in science, technology, engineering, and mathematics.http://www.whitehouse.gov/sites/default/files/microsites/ostp/pcast- engage- to- excel-final_2-25-12.pdf.

104. *Survey of Doctorate Recipients*, NSF/National Center for Science and Engineering Statistics, 2008.

105. *Science and Engineering Indicators 2012* Arlington, VA (NSB 12-01) | January 2012.

106. http://grants.nih.gov/grants/guide/pa-files/PA-11-184.html.

107. Investing in the Future: NIGMS Strategic Plan for Biomedical and Behavioral Research Training; Blueprint for Implementation. http://www.nigms.nih.gov/Training/StrategicPlanImplementationBlueprint.htm.

108. National Research Council. "Goals for U.S. STEM Education." *Successful K—12 STEM Education: Identifying Effective Approaches in Science, Technology, Engineering, and Mathematics*. Washington, DC: The National Academies Press, 2011.

109. National Research Council. (2012). *Discipline-Based Education Research: Understanding and Improving In Undergraduate Science and Engineering*. Committee on the Status, Contributions, and Future Directions of Discipline-Based Education Research. Board on Science Education Washington, DC: The National Academies Press.

110. http://ies.ed.gov/ncee/projects/evaluation/tq.asp.

111. Charles T. Clotfelter, Helen F. Ladd, and Jacob L. Vigdor (2013), *Algebra for 8th Graders: Evidence on its Effects from 10 North Carolina Districts*, working paper.

112. http://grants.nih.gov/training/career_progress/index.htm.

113. National Research Council. (2007). *Taking Science to School: Learning and Teaching Science in Grades K—8.*Washington, DC: The National Academies Press.

114. National Research Council. (2009). *Learning Science in Informal Environments: People, Places, and Pursuits.*Committee on Learning Science in Informal Environments. Philip Bell, Bruce Lewenstein, Andrew W. Shouse, and Michael A. Feder, Editors. Board on Science Education, Washington, DC: The National Academies Press.

115. National Research Council. (2011). *Successful K—12 STEM Education: Identifying Effective Approaches in Science, technology, Engineering, and Mathematics*. Committee on Highly Successful Science Programs for K—12 Science Education. Board on Science Education and Board on Testing and Assessment. Washington, DC: The National Academies Press.

116. National Research Council. (2011). *Successful K—12 STEM Education: Identifying Effective Approaches in Science, technology, Engineering, and Mathematics.* Committee on Highly Successful Science Programs for K—12 Science Education. Board on Science Education and Board on Testing and Assessment. Washington, DC: The National Academies Press.

117. National Research Council. (2012). *Discipline-Based Education Research: Understanding and Improving In Undergraduate Science and Engineering.* Committee on the Status, Contributions, and Future Directions of Discipline-Based Education Research. Board on Science Education Washington, DC: The National Academies Press.

118. National Research Council (2001). *Expanding Underrepresented Minority Participation: America's Science and Technology Talent at the Crossroads.* Committee on Science, Engineering, and Public Policy. Washington, DC:National Academy Press.

119. National Mathematics Advisory Panel. (2008). Foundations for Success The Final Report of the National Mathematics Advisory Panel. Retrieved from http://www2.ed.gov/about/bdscomm/list/mathpanel/report/finalreport.pdf.

120. National Research Council. (2010). *Preparing teachers: Building evidence for sound policy*. Committee on the Study of Teacher Preparation Programs in the United States. Division of Behavioral and Social Sciences and Education. Washington, DC: The National Academies Press.

121. President's Council of Advisors on Science and Technology. (September, 2010). Prepare and inspire: K—12 education in science, technology, engineering, and mathematics (STEM) for America's future. http://www.whitehouse.gov/sites/default/files/microsites/ostp/pcast-stemed-report.pdf.

122. President's Council of Advisors on Science and Technology (February 2012). Report to the President: Engage to excel: Producing one-million additional college graduates with degrees in science, technology, engineering, and mathematics. http://www.whitehouse.gov/sites/default/files/microsites/ostp/pcast-engage-to-excel-final_2-25-12.pdf.

123. National Research Council. (2008). *NASA's Elementary and Secondary Education Program: Review and Critique.* Committee for the Review and Evaluation of NASA's Precollege Education Program, Helen R. Quinn,Heidi A.

124. National Research Council. (2010). *NOAA's Education Program: Review and Critique*. Committee for the Review of the NOAA Education Program. J.W. Farrington and M.A. Feder, Editors. Board on Science Education. Washington, DC: The National Academies Press.

125. Friedman, A. (Ed.). (March 12, 2008). Framework for Evaluating Impacts of Informal Science Education Projects [On-line]. Retrieved from http://insci.org/resources/Eval_Framework.pdf.

126. http://findyouthinfo.gov/docs/Common% 20Standards- Draft% 2002- 28- 13_508_3-11-13_Author.pdf.

127. http://www.regulations.gov/#!documentDetail;D=NSF-2012-OTR-0002-0001.

128. http://www.whitehouse.gov/sites/default/files/omb/memoranda/2012/m-12-14.pdf.

K—12年级STEM整合教育：

现状、前景和研究议程（2014）

一、概要

过去十年间,STEM 教育已引起广泛关注。人们要求更重视这些领域的学习,并提高课程与教学质量。鉴于此,大量新教材、项目和专门的学校正不断涌现。然而,它们大多分别教授STEM中的一个或几个学科。当前,更多的人呼吁加强STEM两种或多种学科间的联系。

倡导在K—12年级STEM教育中应用更一体化的教学法的人认为,以更具关联性的方式教STEM,特别是在现实生活的问题情境中,会使STEM学科更贴近师生。这也会提高学生的学习积极性,提高其学习兴趣,提高学生的学业成绩和学习毅力。倡导者认为,这些结果将更有助于学生做好升学与就业准备,也能促使更多学生考虑在STEM相关领域就职。

近来,《共同核心州际数学标准》(Common Core State Standards for Mathematics,CCSSM)和《下一代科学标准》(the Next Generation Science Standards,NGSS)都要求在STEM学科间建立更多更深的联系。《下一代科学标准》明确包含了工程学和科学的核心学科理念及实践知识,对科学教师提出了更高期望,希望他们以一种整合的方式教授科学和工程学知识。

尽管人们希望能为学生提供培养STEM学科间联系的学习经验,但很少有研究关注究竟该如何做,以及何种因素使整合更能提高学生的学习、兴趣、记忆、成绩,或产生其他有价值的效果。美国国家工程院(the National Academy of Engineering,NAE)和国家研究委员会(National Research Council,NRC)之科学教育理事会为此成立了专门委员会,用以调查K—12年级STEM教育整合的力度,并制定研究议程。如果研究议程得以实施,将为后续发展提供所需数据。

美国国家工程院和国家研究委员会联合成立的STEM整合教育委员会(Committee on Integrated STEM Education)主要负责:

- 鉴定和描述学校及校外环境中已存在的STEM教育整合方法。
- 检查各种整合方法对不同学生学习成绩的影响。
- 确定一系列重点研究问题以促进对STEM整合教育(Integrated STEM Education)的理解。

1. 描述性框架

STEM整合教育远不是单独的、定义明确的经验,它包括一系列不同的体验,涉及一定程度的联系。这些体验可能发生在一个或几个课时内、贯穿整个课程、体现在单一学科或整个学校中、包含于校外活动中。STEM整合教育的各种形式意味着面临各种挑战,需要不同的规划方式和资源需求,并产生不同的结果。

为了弄清这令人混乱的景象,STEM整合教育委员会(以下简称整合教育委员会)开发了描述性框架。该框架旨在为研究者、实践者以及其他人在美国K—12年级教育系统内提供鉴别、讨论和调查STEM整合的方案,意味着提供了一种共同的视角和词汇。虽然有很多潜在的变量可被纳入这个框架,整合教育委员会选择专注于四个高水平的特征:目标、结果、整合本质以及实施情况。

该框架中的目标应包括建设STEM素养和21世纪技能,培养具备STEM能力的劳动力、激励学生对STEM学科的兴趣和积极性。说到结果,框架考虑了学习和成绩、STEM课程的确定、STEM相关的就业情况、"STEM特性"的开发、STEM学科间的转化理解力。就整合的本质和范围来看,该框架解决了以下问题:哪些学科是相互联系的,哪些学科占主导地位;某个方案的持续时间、规模和复杂程度。至于实施情况,框架重点关注了包括基于问题的学习和工程设计方面的教学设计;目前教师支持的类型,如职前和在职专业培训、专业学习团体的发展;学习环境的调整,如延长课时、扩充教案、组建教学团队、校内外STEM教育者之间的合作。

2. STEM整合教育的影响研究

在文献检索中,整合教育委员会聚焦于对与STEM整合教育潜在影响相关的两个领域的研究,即学习与成绩以及兴趣与特性。就已有研究来看,STEM理念和实践的整合有望增强对学科间概念的学习。但是,对科学和数学学习的积极影响各不相同,基于目前对学科领域的评价(可能没有充分考虑STEM整合学习),其对数学学业成绩的积极影响证据较少。对科学和数学而言,其对学习和学业成绩的影响依赖于整合的方法,以及在教学中所提供的经验支持。STEM整合教育也有望使学生获得工程和技术知识。考虑到目前的研究通常数量少、样本小,且依赖于研究前后的(pre-and post-study)设计,因此,需要谨慎解读其蕴含的前景和结论。

已有证据表明,STEM整合教育经验能促进兴趣的培养,但这些研究的质量存在很大差异,并且通常没有考虑到兴趣发展的不同阶段,使研究所得出的结论受限。STEM整合教育经验可能以转变关于STEM科目特性的方式,为学生提供参与STEM的机会。这种影响对某些群体可能特别强烈,如曾在STEM班级中痛苦挣扎的学生,以及在高校STEM项目和从事STEM相关职业中力不从心的群体。然而,在STEM整合教育环境中对其特性的研究很少,且就本质而言大多数是定性研究。另外,相对于正式的教室情境,测试活动更多的是在课后校外环境中进行,并针对STEM整合教育对学生兴趣和特性的影响进行评估。

3. STEM整合教育设计研究的启发

除了检索与结果相关的研究,整合教育委员会还从认知心理学、学习科学、教育心理学角度,特别关注从STEM整合教育研究中检验整合的潜在效益以及由此形成的挑战。

就目前已有的认知和学习方面的知识来看,整合可能是有效的,因为认知的基本属性是希望学习者将不相关的概念建立联系,使它们更好地组织起来以便于未来的检索和意义建构。正是这种相联系的知识结构能支持学习者将知识和能力转移到新的不熟悉的情境中。另外,研究显示,整合还能使学习者在学科内和跨学科中以多种方式表现相同的概念,如以视觉的、物质形态的、书面的形式等,从而有利于学习和研究。但是整合也会妨碍学习,因为它在有限资源的认知过程中提出了过多的要求,如注意力和记忆能力等。

虽然某些社会文化体验对所有学习体验而言都是最基本的,如要求学生能相互合作、积极参与讨论、共同决策、合作解决问题等,但它们可能对STEM整合学习特别重要。一些社会进程能以特定的形式为学生传递知识和策略,支持学生的学习。某些技术,如支架(scaffolding)和团队协作能帮助孩子超越其原有的知识水平,成功应对具有挑战性的任务。

整合方法的特点,虽然不是独一无二的,但对解决现实世界的问题是有益的。尽管这些情境能使STEM领域的相关学科对学生而言变得生动活泼,使学生渴望能够进一步深化学习,但同时也会对学生形成挑战。例如,有证据表明,包含丰富感知信息的具体情境会阻碍学生识别抽象的结构特征,需要将他们的经验迁移到其他场景。

综上所述,研究结果对STEM整合教育方案的设计有所启发。三个核心的启发是:

(1)整合必须明确。大量对STEM场景的观察表明,学生对各种表征、材料和多个单元内容间的整合不是自发的,因此不能假定其会发生。这就要求重视整合经验的设计,为学生在学科内和学科间获取知识和技能提供有目的、明确的支持。在许多STEM整合实践中,缺失了这些支持,或者仅将其隐含在课堂活动、CAD软件、测量仪器或课堂的计算机工具中。

(2)应支持学生学习单个学科的知识。当学生不理解单个学科的相关概念时,建立学科间的联系就有困难。同样,在整合情境中,学生不会经常或自然地应用其学科知识。因此,在工程或技术设计情境中,学生需要支持以引出相关的科学或数学概念,有效联系这些概念,并以规范、科学的观点和实践方式重新组成他们自己的概念。

(3)整合并不一定越多越好。在STEM学科间建立联系的潜在效益和挑战,意味着需要以一种可测量的、策略性的方式实施STEM整合教育,要以其在认知和学习上的利弊为依据。

4. 实施STEM整合教育实践的环境

三个情境因素可能会为K—12年级实施STEM整合教育带来机遇和挑战,这三个因素分别为:标准、评价和教师支持。

最近新颁发的《共同核心州际数学标准》(CCSSM)和《下一代科学标准》(NGSS)有望使教育者重视帮助学生建立学科间联系。整合教育委员会认识到并非所有州都会采纳CCSSM和NGSS。但是,这两套标准的基本原则可能会影响到数学和科学的教育方法,即使对那些没有正式采纳新标准的州也会有影响。这些潜在的基本原则包括学生积极参与真实性任务、支持概念性知识和推理的研发、在现实情景中应用知识等。

利用CCSSM和NGSS提供的机会促进整合而面临的一个挑战是,在发展学科知识的同时要支持学生在学科间建立联系。已有的将数学或科学课程与其他STEM科目整合的研究强调,相比于数学,整合更可能对科学的学习结果产生积极影响。尽管效应值根据科学和数学的教授方式不同会有很大的变化(依次、并行、一起、单独、某学科作为课堂的主要内容或两个学科完全合并)。第二个挑战在CCSSM和NGSS的某些实践中都有局部体现,即对不同领域的专家而言,相同的术语有不同的含义。例如,数学论证与科学论证不同,为了让学生以同样的原则参与这两个学科的论证,需要使他们理解是什么使科学论证不同于数学论证。

不论是正式的课堂评价还是大规模的州绩效评价,评价都有可能会在某种程度上限制STEM整合知识纳入K—12年级教育中。已有的评价倾向于重视单科知识。此外,它们只重视内容知识,很少关注学科中的实践和知识应用。就改进措施而言,大型测试构成最大的挑战,虽然某些创新案例已经存在,如2014年国家教育进展评估(National Assessment of Educational Progress, NAEP)在八年级学生样本中测量了学生的技术和工程素养。其他可能适用于STEM整合的测试模型包括最近重组的大学理事会进阶先修(Advanced Placement, AP)生物考试、2009年NAEP交互计算机的基于计算机的测试任务、亲身实践科学任务测试。更普遍的是,数字和网络技术已日益有望扩大学业成就(例如,一系列STEM整合学习)的测量范围。

课后和校外的教育专家是决定STEM整合教育能否对学生产生积极影响的一个关键因素,有人会说这是独一无二的关键因素。教师有效性和自我功效的制约因素之一在于教师对所教学科内容的知识储备。例如,大多数科学及数学教师所学的学科课程比其各自的教师专业协会所推荐的课程要少,而所学的其他STEM学科领域的课程则更少。K—12年级技术学科教师(这些教师有些还讲授工程等)的少量现有的有效资料表明,他们在数学和科学方面的培训非常有限。另外,调查表明,K—12年级数学和科学教师对自己教授工程学的能力缺乏自信。

除了特定学科内容知识的储备,教师对讲授不同学科的能力和自信也对K—12年级STEM整合教育十分关键。教育者将需要知道如何提供教学支持以帮助学生认识学科间的联系,通过整合活动补充学生的学习方式以促进学生的能力发展。目前,教师教育项目在全国范围内很少有为未来的教师提供适当的STEM学科整合的内容。大量项目都提供与STEM整合教育相关的在职专业发展,绝大多数的培训都与现存的课程项目相关。

虽然可能很明显,但仍值得注意的是,成功实施STEM整合教育带来的许多变化将需要额外的财政资源。需要资金、时间和规划帮助教育者掌握超越其已有教育或经验的学科内容和学科教学知识。需要资金以设计、测试和实施大规模评估。

5. 建议

委员会提出了10项建议:两项针对K—12年级STEM整合教育的多个利益相关者;4

项针对参与设计STEM整合教育方案的人员;1项针对负责开发测试评估的人员;3项针对研究者。在整篇报告中,这些建议出现在第6章[1],以有别于此处呈现的顺序展开。为清楚起见,此处只呈现全篇报告所出现的建议数。

(1) 对多个利益相关方的建议

关注STEM整合教育的研究者、项目设计者、实践者,以及代表他们的专业组织需要开发一种通用语言以描述其工作。这篇报告可以作为一个起点。(建议2)

为了持续和有意义地发展,STEM整合教育方案的设计者、负责实施的人员、干预资助的组织应该明确地将其工作基于一种教育改进的迭代模型(iterative model)。(建议10)

(2) 对STEM整合教育设计者的建议

STEM整合教育方案的设计者需要明确设计STEM整合体验所要实现的目标。他们也需要更好地阐述其设计假设,即为什么和怎么样设计特定的STEM整合体验,会产生怎样的特征结果,以及如何测量这些结果。(建议5)

STEM整合教育方案的设计者需要使STEM各学科间的联系对学生和教师而言是清晰明确的(比如,通过适当的支架和充足的参与机会处理交叉观念的活动)。(建议6)

STEM整合体验设计者需要注意STEM单个学科中的学习目标和学习进程,以免不经意间破坏学生对这些学科的学习兴趣。(建议7)

为准备从事STEM整合教学的教师所设计的方案,需要提供帮助这些教育者识别学科间联系和使学生明晰这些联系的经验。这些教育者也需要与其同事共同合作和进行相应的培训,在某些情况下行政人员和课程协调者需要发挥创设这些机会的作用。最后,可能需要设计某些专业发展形式,以便为教育者、STEM专业人员和研究人员建立伙伴关系。(建议8)

(3) 对评价开发人员的建议

评价研究与开发的专业机构应创建合适的评价机制以测量STEM整合教育的各种学习和情感结果。这项工作不仅包括修改现有的评价工具和技术,还包括探索新方法。对支持STEM教育发挥主导作用的联邦机构,如教育部和国家科学基金会,应考虑支持这些工作。(建议9)

(4) 对研究者的建议

今后对STEM整合教育的研究,研究者应该更详细地记录课程、方案和其他干预,特

---

[1] 本篇只选录该篇报告的第1章"导言",其余各章未选入。——选编者

别注意整合的本质及其支持方法。当报告结果时,研究者应明确整合的本质、支架的类型、所应用的教学设计、所收集的证据类型以证明干预是否实现了目标。应明确具体的学习机制并提供支持的证据。(建议1)

研究结果一开始就应基于清晰的假设机制,即以何种机制使STEM整合教育支持学习、思考、兴趣、特性和持久性。所选择或开发的测量应基于这些结果。(建议3)

聚焦于兴趣和特性的STEM整合教育研究应包括更多的纵向研究,应用多种方法,包括设计实验,解决多样性和公平性问题。(建议4)

6. 研究议程

为有助于指导今后的研究,整合教育委员会应根据描述性框架提出问题,如果能解决,则有望提高美国K—12年级STEM整合教育的质量和成效。该问题也属于前面所提到的三大类:STEM整合教育的结果、STEM整合教育的本质以及STEM整合教育的设计和实施。确定每一类别的具体研究问题,如"什么教育方法和情境最可能使学生在STEM两个或更多学科间建立联系?""应如何设计STEM整合体验以应对教师和学生整合学习能力和STEM内容水平的不同?"总之,这些问题构成了STEM整合教育的研究议程。

7. 最后构想

应该更多地了解STEM整合教育的结果、本质、设计和实施,但不应阻碍STEM教育方案的设计、实施和研究。相反,我们的研究成果、建议以及研究议程强有力地显示了某些形式的STEM整合教育有望对学习、兴趣以及其他有价值的结果产生积极影响。

整合教育委员会所收集的证据还不足以建议STEM整合教育能够或应该取代高质量的STEM分科教育。实际上,STEM整合教育要求学生加强与其相关联的不同学科专业知识的学习。然而,部分STEM教育团体已经在走向整合教育。这意味着研究者、实践者和相关资助方应该将精力、创造力和资源投向能产生更周到、更高质量且基于证据的工作,探索STEM整合教育的益处和限制因素。考虑到其内在复杂性,创立设计和记录有效方案费时费钱就毫不令人惊讶。尽管有这些挑战,向STEM教育工具箱增加新工具的可能性仍令人兴奋,并应结合以严格的研究和对实施结果的评价。

二、导言

在过去十年中,人们日益关注STEM教育,要求更重视这些领域,提高这些学科的课程和教学。政界及越来越多的教育界人士,将这些学科一起称为STEM(见专栏6-1)。

专栏6-1

STEM的四个学科

科学是对自然界的研究,包括与物理、化学、生物有关的自然法则,以及与这些学科相关的事实、原则、概念或习俗的处理与利用。科学是伴随时间而积累起来的知识,以及通过科学探索过程而产生的新知识。科学知识可为工程设计过程提供信息。

技术,从严格意义上来讲,并不是一门学科,它由创造和运行技术产品的人力、组织、知识、程序、设备等整个系统组成,包括技术产品本身。在历史上,人们创造技术以满足其欲望和需要,大多数现代技术是科学和工程的产物,技术工具在科学和工程这两个领域被应用。

工程既是大量关于设计和创造人工产品的知识,也是解决问题的程序。这个程序在约束条件下被设计。工程设计的制约条件之一是自然法则,或者科学。其他制约条件包括时间、财力、可用的材料、工效、环境法则、可制造性、可修复性等。工程学利用科学和数学概念以及技术工具。

数学研究量、数和空间的模式以及相互关系。它不像科学那样需要寻找实证性数据去证明或推翻论点,数学中的论点通过基于基本假设的逻辑论证予以证明。逻辑论证本身和论点是数学的一部分。与科学一样,数学中的知识也会增长,但不同于科学的是,数学中的知识不会被推翻,除非基本假设被改变。K—12年级数学的具体概念范畴包括算术、代数、函数、几何、统计和概率。数学被广泛运用于科学、工程和技术领域。

资料来源:改编自NRC(2009)

有影响力的教育、政策和企业团体已发表了多篇报告,建议扩大和改善STEM教育〔如,美国科学促进会(Association for the Advancement of Science, AAAS) 1990,1993;卡内基公司(Carnegie Corporation) 2009;竞争力委员会(Council on Competitiveness) 2005;NCMSTC 2000;NGA 2007;NRC 1996, 2007a, 2012a;NSB 2007;PCAST 2012〕。除其他方面外,这些报告认为,STEM教育能促进生产性就业,对国家的创新能力至关重要。许多雇主和公职人员认为,所有人,特别是年轻人,不论他们是否在STEM相关领域工作,都需要具备某种程度的科学和技术素养,以便过上富有成就的公民生活。在当前科学和技术发达的社会,这样的素养对人们成为精明的消费者、深思熟虑的民主决策参与者以及更全面地了解世界都很重要。整合已在尖端技术的研究与开发领域(见专栏6-2)以及日益科技化和信息化的社会中变得越发普及,因此STEM教育有助于培养科学和技术劳动力。

> **专栏6-2**
>
> **新生物学**
>
> 　　新生物学的本质是整合——重新整合许多生物学的分支学科,由物理学家、化学家、计算机科学家、工程师、数学家组建的研究团队进行整合,以应对一系列科学和社会问题。
>
> 　　资料来源:NRC(2009,p.Vii)

在K—12年级提高科学和数学教育的努力并不是新出现的。自20世纪60年代以来,这些努力就包括在课程开发项目、专业发展网络、全国性标准文件的创建过程中(如AAAS 1993；NCTM 1989；NRC 1996)。《共同核心州际数学标准》(NGACPB 2010)和《下一代科学标准》(NGSS；Achieve 2013)的颁发,后者以《K—12年级科学教育框架:实践、跨学科概念和核心理念》(NRC 2012a)为蓝本,进一步聚焦于国家对这些学科教与学的重视。对工程和技术学科,则关注于在大学前广泛重视这些学科,包括通过开发教育标准(如ITEEA 2000)和支持学生接触STEM中的工程和技术以提高对科学和数学的学习(NAE and NRC 2009)。

然而,虽然政策与资助方面对STEM教育日益重视,但有关STEM的各个独立学科、学科整合、甚至是STEM[1]的构成方面仍存在混乱。特别是最近这个术语的应用,引起了对这些学科整合是否有用,以及整合方法或联系方法的兴趣,人们不再单独看待这些学科的教与学。这篇报告检索了当前对STEM整合教育的方案及其影响的证据。

1. K—12年级课程中的STEM

K—12年级的课程历史以及每门学科在课程体系中的"位置",使STEM学科间建立联系变得很难。当前课程的根源可追溯到哈佛十人委员会的工作(NEA 1894),即强调分科领域的学习。重视单个学科的学习很重要,因为关于学生如何掌握各个领域的知识和技能,这个问题很复杂,还有诸多问题需要弄清楚。每门学科由其知识基础、专业实践、特定

---

　　[1] 值得注意的是,虽然STEM首字母缩写在政界和教育界盛行,但许多美国人根本没有意识到这个术语与教育相关,而是与某些非常不同的概念联系在一起,如干细胞(stem cell)研究或者植物的一部分(Keefe 2009)。

的思维习惯构成。这样,STEM教育继续重视学科的理解和提高是恰当和必要的[1]。同时,对单个学科的一贯性重视,几十年来影响着课程开发和师资培养,也对K—12年级STEM教育的跨学科整合形成了实践挑战。

(1) 数学教育

数学教育通常包括算术、几何、代数、三角函数、微积分,自20世纪初以来一直是美国K—12年级教育的常规部分(Stanic and Kilpatrick 1992)。在小学阶段,通常由同一个教师教授所有的核心课程,包括数学。自2001年《不让一个孩子掉队法》要求对数学定期测试后,小学阶段开始更加重视数学,虽然它仍没有获得与阅读和语言艺术同样多的课时。比如,在2011年全国教育进展评估中,四年级教师报告了每门学科的课时数。对于阅读,49%的教师报告语言艺术的教学每星期都超过了10个小时,而只有29%的教师报告用于数学教学的时间多于7个小时,多数教师(59%)报告每星期数学教学时间为5—6.9个小时(Ginsberg and Chudowsky 2012)。

从初中到高中,数学由专业教师分班教学。大多数州要求学生的代数水平为"熟练"以达到高中毕业要求,学生通常按照内容、水平、严格程度不同对各种数学课程进行排序。

自2008年起,43个州对数学的毕业条件要求为至少学习两年的数学课程(只有伊利诺伊州例外,只要求1年)(NSF 2012)。

(2) 科学教育

科学教育通常包括生物、化学、物理、地球及空间科学。在美国的学校教学中,科学虽然不像数学一样盛行,却也成为大多数K—12年级学生学校教育的常规部分。然而,科学在小学阶段并没有受到太多关注,特别是在K—2年级。它通常由教授阅读、数学和社会科学的教师兼任。与数学一样,专业的科学课程始于中学或初中。

44个州的科学毕业条件要求具有2—3年的科学课程学习经历(NSF 2012)。根据《不让一个孩子掉队法》,相比于数学和阅读测试(2003),对科学的强制测试要求比较晚(2007)且测试频率低。科学从未像数学和阅读测试那样,成为学校为评估学生进步情况而设置的"年度进步评估"的一部分。在过去10年中,要求学生花更多时间学习阅读和数学,花较少时间学习科学,这已成为小学的一个趋势,至少部分原因可归为《不让一个孩子掉队法》的颁发(Blank 2012)。

---

[1] 这些努力在本科生层次是综合的(NRC 2012b)。

(3) 技术教育

与技术相关的教育,即STEM中的"T",被以各种方式诠释和处理。20世纪80年代中期以前,技术教育学科被称为工业艺术,而在此之前被称为手工艺术。技术教育当前的某些版本与职业教育相似,且经常容易混淆,而职业教育在美国,作为商业或工作技能课程已有较长的历史。然而,在过去的10年,许多职业教育已采用了更学术化的研究方案,以职业和技术教育或CTE的名义涵盖与STEM学科相关的素材。

此外,当前的技术教师包括各类群体。有些人负责传统的实验室,学生在实验室里用木头、金属、塑料和其他材料学做各种产品。其他人则用更广阔的视野看待技术及其和社会的相互作用,将技术视为理解制造、建筑、交通和电信等主题的关键。在过去的10年,随着《技术素养标准》(Standards for Techological Literacy, ITEEA 2000)的颁发及全国性项目如"项目引路"[1]的推动,一些技术教师开始教授工程。

对STEM中的"T"的其他诠释被称为教育技术或教学技术。多年以来,这些技术包括幻灯片、电影、电视、视频、学习教具如计算机和电子白板。不可否认,目前最有影响力的教育技术是个人电脑和因特网,包括网络资源和教育软件。随着处理速度和数据存储的持续发展、更低的售价、快速的无线网络和云计算的结合,使个人电脑(如笔记本电脑、平板电脑和智能手机)成为课堂内外的主要学习工具。

电脑、软件、传感器和其他数据收集工具也已成为对STEM教育中"技术"的第三种理解的主要成分,即科学、数学和工程从业者所应用的工具。这些工具包括从精确测量物体体积或质量的测量工具、用于研究非常微小和遥远物体的显微镜和望远镜,到用于模仿复杂现象(如天气)的超级计算机,以及展现物质微小建构模块的粒子加速器。

(4) 工程教育

在K—12年级层面,STEM四重奏中最新和最少被开发的部分是工程。它在中小学所占比重比数学、科学和技术要少得多。大多数工程教育的努力都发生在最近的15年,随着大量聚焦工程的中小学课程被设计和实施而出现(可参看NAE and NRC 2009,获知更多这方面信息)。少数但不断增长的教师专业发展方案正被提供给教师,以便帮助教师吸引学生参与工程活动。

---

[1] 更多有关信息可由该网站获得:www.pltw.org

目前,对K—12年级工程知识和技能的构成要素还没有正式协议,但人们正日益认识到工程设计程序以及诸如约束条件、标准、最优化和权衡等概念的重要性。自2010年起,有9个州已将工程包含在其科学教育标准中(NAE 2010)。《下一代科学标准》(Achieve 2013)包含了科学所伴随的工程概念及实践。有26个州参与了该标准的开发,许多州期望采纳这些标准,这为工程教育更好地融入K—12年级铺平了道路。

2. STEM教育的联系

当大多数新项目和专门学校继续分科教授一到几门STEM学科时,也有一些努力在尝试加强这些STEM学科内或两门乃至更多学科间[1]的联系。以下列举几个强调这种努力的理由。

虽然他们的努力主要聚焦于科学而不是STEM,但国家研究委员会已经提出了科学学习如何在获得内容知识的同时形成思维和实践习惯的愿景,这些内容知识被视为是整合的,且有助于形成那些被认为在职场非常有用的技能。例如,《科学推进学校:K—8年级科学教与学》编委会(NRC 2007b)建议科学教学和课程应包括以下四个方面以作为这些学科内的学习框架:

- 了解、应用和理解自然界的科学解释。
- 生成与评价科学的证据和解释。
- 理解科学知识的本质和发展。
- 有成效地参与科学实践和论述。

这四个分支不应被视为需要独立教授的元件。相反,整合教育委员会建议提高科学学习应以这四方面紧密联系的方式展开。委员会发布的《在非正式环境下学习科学:人、地点和诉求》(NRC 2009b)接受了这四个分支,并额外增添了两个:

- 经历对自然和物质世界现象学习所带来的激动、兴趣和动机。
- 作为科学学习者进行思考,发展能够了解、应用和促进科学的特性。

主张在学科内和跨学科中应用更加整合的方式(integrated approaches)开展教学的倡导者注意到,在许多工作和研究场所中,企业由专注于单学科的专业实践,转变为强调多学科合作,如生物医学工程。更普遍的是,许多现实世界的情境和问题很典型地包含了多

---

[1] STEM整合教育委员会用"between"和"among"识别只在两门STEM学科间和在三门或更多学科间建立联系的整合STEM教育方案。

个学科的知识。比如,设计可替代的能源系统(太阳能或风能)、理解如何保持清洁水供应或维护脆弱的生态系统,都能从STEM跨学科中获得知识和实践经验。

而且,从广义上看,开发新的产品和服务的专业科学家和工程师、交互联系的企业、学术机构和政府实验室,几乎都以整合STEM学科的方式运作。事实上,在许多研究领域,跨学科方法的必要性都在增加。例如,生命科学领域就认识到在现代生物学中,大多数重要和值得关注的问题不仅需要生物学各分支学科间密切的交互作用,也需要生物、化学、物理、计算机科学、数学和工程学等专家(NRC 2009a)的密切合作。同样,为解决人类和地球所面临的关键问题,地球科学、行为科学和社会科学间的相互作用也变得更加重要。

更普遍的是,科学家应用技术工具进行实验,用数学和统计学诠释实验所产生的数据;工程师利用科学知识和数学推理,对潜在的设计方案和解决方法进行建模;技术专家要建造和维护工程师所设计的产品和系统,就必须理解规范其运作的科学和数学原理。这些专业人士在日益多样化并且和多学科的团队进行相互交流。STEM学科间的联系还扩展到职场外,在日常事务中,公民也会遇到需要他们应用STEM相关知识和技能做决定的情境(例如,如何选择合适的医疗护理、诠释最新政治选举的投票数据、如何购买节能家电等)。事实上,支持一般的科学和技术素养以及计算能力的理由已经得到清晰的阐述(如AAAS 1991;NAE and NRC 2002;NRC 1989)。倡导在K—12年级STEM教育中应用更整合方法的人士认为,这有利于学习和激发动机。他们主张在现实世界问题和挑战[1]的情境下教授STEM,以整合的方法使这些学科与教师和学生的关系更加密切,从而激发学生的学习动机,提高学生的成绩和毅力。进而,这些方法可能提高升学与就业能力,提高在STEM相关领域就业的学生数量。这些问题在报告的第三章中有更详细的讨论。

整合STEM学科间的努力并不是新出现的,但直到最近,大都仅集中在科学和数学之间建立联系,例如,自1901年成立以来,学校科学和数学联盟(www.ssma.org)就已成为讨论整合的场所。近20年以前,基于标准的教育改革运动发起时,人们就已认识到超越仅仅是数学和科学的STEM整合的价值。如《科学素养的基准》就将科学定义为"基础的和可应用的自然和社会科学,基础的和可应用的数学、工程和技术,以及交互链接,即科学事业是一个整体"(AAAS 1993)。《科学素养的基准》和《全国科学教育标准》(NRC 1996)都呼吁学生在科学课学习相关的"技术和社会"和"技术设计"。《技术素养标准》(ITEEA 2000)

---

[1] 现实世界,意指学生将察觉到值得解决的挑战,并不一定指这个挑战精确复制了发生在科学或工程研究或者商业性或学术性技术企业中的问题之复杂性或微妙性。

用大量篇幅清晰阐述了与工程设计相关的学习目标,强调学生应该理解技术与科学、工程和数学之间的联系。

最近,《下一代科学标准》要求在数学、科学和工程之间建立更深的联系,鼓励科学的分支学科之间建立联系,如生物学和物理学如何理解能量。如上所述,标准明确包括了应在科学课中教授的工程实践和核心概念。《共同核心州际数学标准》(NGACPB 2010)也建议在STEM学科中建立联系,如"数学建模"实践要求学生"应用其了解的数学知识来解决日常生活、社会和职场中的问题",这必然包含科学、工程和技术的概念与实践。

尽管有支持在STEM学科中建立联系的理由,以及许多不断努力设计培养此类联系的学习经验,但是很少研究如何做得最好,或在学科间是否有更多清晰的联系或整合能明显促进学生学习、记忆,取得成就或其他有价值的成果。认识到需要更有利的证据基础,美国国家工程院和国家研究委员会科学教育理事会召集了一个委员会,以检验当前应用综合方法整合K—12年级STEM学科的努力,开发的研究议程将能为检验这些努力提供所需的数据。

3. 整合教育委员会负责事项

STEM整合教育委员会负责为最可能对K—12年级STEM整合教育产生积极成果的方法和情况开发研究议程[1]。项目的具体目标如下:

- 鉴定和表征现存于正式场合、课后和非正式[2]场合的STEM整合教育方法。
- 依据各种效果参数检查整合方法的影响证据,如增强学生对STEM学科的意识、兴趣、动机;通过提高STEM学科成绩来提高升学技能;提高考虑在STEM相关领域就业的学生数量和质量。
- 确定一系列优先研究问题以促进对STEM整合教育影响的理解。
- 提供解决这些问题的方法。
- 验明可能开展研究的一批人员。

4. 确定负责范围

对整合教育委员会来说,精确定义STEM整合教育是一个难题,因为这种整合的方式多种多样。它可能包括不同STEM学科的组合、更强调某一门学科、在正式或非正式场合

---

[1] 整合教育委员会限定其收集的是发生在美国的这类工作的数据及其分析结果。
[2] 整合教育委员会考虑的非正式场合包括课后和校外环境。

发生、包括一系列教学策略等。比如,某一强调"整合"STEM教育的模型必须包含技术或工程设计,以此作为从数学或科学(或数学和科学)概念和实践中创建联系的基础(Sanders 2009)。

在教育实践和研究中,"整合"这个术语应用得很轻率,与相关术语如**"联系""统一""学科间""交叉学科""多学科""跨学科"**等没有仔细区分。由于能同时反映学科间联系的不止一层,包括学生的思维和行动、教师的教学、课程、教师相互之间、在整个教育系统如学校组织内,这样的事实使得定义STEM整合教育变得更加复杂。整合STEM教育的多维性使得整合教育委员会的主要任务之一是"鉴定和表征现存的STEM整合方法"。报告的第二章论述了这部分负责的事项。

虽然整合教育委员会不能就STEM整合教育的简明和有用定义达成一致,它仍然需要确定和思考有哪些项目、研究和评价包含在STEM整合教育之下。在这种情况下,整合教育委员会成员承认他们会查找那些没有被标为"整合",但能为STEM学科间建立联系提供重要视角的相关项目或措施。最后,整合教育委员会选用广泛、有包容性的视角指导其对STEM整合教育的检查。文献检索的细节和项目鉴定的过程将在下节呈现。

整合教育委员会认为,报告缺乏严格的定义可能导致参与STEM教育的学校和项目组只说不做。这是真正的危机。但是在整合教育委员会看来,该领域在开发的早期阶段,人为地或不明智地作出界定,从而限制能促进对STEM整合教育理解所需的研究和实践、实验和创新比没有明确定义的危害更大。

在研究过程中,整合教育委员会开始认识到,依据学习经验的设计和预期的学生成果考虑整合是非常重要的。在许多情况下,经验被标示为"整合"是因为学生的活动涉足多个学科的理念和实践,但对学习结果(或其他结果)的测量却局限于一个学科。整合教育委员会也发现在某些案例中,课程或方案设计者可能已陈述了其创建整合经验的意图,只是学习者没有经历或认识到。报告在第三章和第四章将讨论这些情况的意义。

整合教育委员会还指出,STEM整合教育与特定的一体化教学方法容易在字面意义上混为一谈。例如,创造者或程序开发人员似乎认为,不自觉地采用一个问题或项目,意味着是学科间的整合。对整合教育委员会而言,在一定情况下这是不明确的。因为这个原因,委员会成员试图通过指定教学方法和详细描述整合不同干预措施和程序的方式来解决这一问题。

尽管这篇报告的重点是STEM整合教育,但整合教育委员会绝不期望用STEM整合教育替代在许多情况下适用的STEM分科学习。STEM整合教育及其报告的部分挑战,在于确定整合方法能为学生提供超越分科学习价值的适当时机、情境和目标。虽然委员会认识到也有大量整合一到几门STEM学科与其他诸如英语语言艺术、艺术和历史学科的努力,但我们的整合分析仅限于STEM学科。

最后,关于STEM整合教育,该报告提出的问题比解决的问题更多,这与当前该问题在研究文献中几乎没有得到系统关注的情况是相符的。因此,报告没有提出针对STEM整合教育的具体的方法或实施策略。

5. 研究过程

为开展负责事项,整合教育委员会在18个月的时间内安排了5次会面,举办了3次信息收集会议,发表了与工作相关的专题论文。

信息收集会议召集了来自全国各地的演讲者,提出并讨论有关STEM整合教育的相关工作。除了讨论具体方案、课程和校基成果,还讨论以下专题,如STEM整合教育的多样性、技术在STEM教育中的作用、整合STEM标准的可能性和实施STEM教育的挑战等。

在这篇报告编写过程中,整合教育委员会与外部顾问如大卫·黑尔及合伙人(David Heil and Associates,以下简称DHA)合作,DHA综述了正式与非正式场合STEM整合教育相关的研究文献(如,机器人竞赛、科技中心);DHA还综述了与STEM整合教育相关的认知科学文献。该文献综述主要是从多学科检索引擎开始,如斯高普斯数据库、科学网和科学文摘数据库,以获取大量的研究。检索应用了以下术语的组合:**整合课程,整合教育,整合的,跨学科,交叉学科,多学科,基于项目,K—12年级教育,一体化学习课程,STEM,STEM教育,STEM整合教育;科学、数学、技术和工程教育,基于探究的教和学;建构主义,认知发展,认知,学习,成绩,非正式教育,非正规教育,导师,校外,课后,改进,课外课程。**

总的来说,在正式教育、非正式教育和认知领域的多种检索中得到了超过500条相关引文。综述了这些文章的摘要以收集更多内容和相关信息。最初收录的文章描述或研究了至少两个STEM学科的整合,也有以下4个考虑标准:

- 有将工程作为其整合科目之一吗?
- 文章提供了关于项目或整合课程产生的影响的实证性证据吗?
- 作者展现了可能有助于解决委员会工作的信息或视角吗?
- 文章的重点是K—12年级教育和(或)非正式教育项目吗?

文章满足的标准越多,越可能被考虑选用。初始文献检索也用了查找关键作者作为补充,这些作者是由整合教育委员会建议的或在文章中被视为检索术语。

整合教育委员会关于社会认知、体验认知、兴趣和特性发展和测试的文件也成为文献检索的补充。编写该报告时,委员会同时考虑了文献综述和这些委托文件。

在整合教育委员会的指导下,大卫·黑尔及合伙人(DHA)审核了大量声称参与STEM整合教育的计划、项目、学校和其他方案的实例。在213个可能的项目或计划中,减掉了其中的55个,因为就目前已有资料来看,它们并没有加以整合,或目前没有可用的信息,或没有任何具有影响力的证据。其余158个方案包括98个正式教育项目、46个非正式教育项目、14个以某种方式结合正式与非正式元素的项目。根据这样的分组并考虑到时间和资金的限制,DHA选择了28个(包括14个正式和14个非正式)项目进行更详细的综述(见附录,报告中选用了这些综述)。选择是基于专家评审、各方案资料的可获得性、项目开发人员或实践探索者的反馈信息、综合证据、确定某些项目影响力的证据。另外,所选用的项目代表了整合的不同类型和规模。正式教育项目被分为活动、模块、完整课程、学校范围内的项目、教师培训或专业发展。非正式项目分类包括课程、专业发展、课后、野营活动、学院、社区活动、竞赛、展示/现场嵌入式方案、辅导/见习、媒体(如电视、网站)。

最后,DHA对教育界、政策制定方和产业界的30名利益相关者进行了访谈,为整合教育委员会对STEM整合教育的理解以及如何使该报告有益于读者提供了信息。

6. 研究报告

这篇报告的第二章呈现了STEM整合教育的描述性框架。该框架能用于帮助设计和研究整合方法。第三章聚焦于与STEM整合教育最密切相关的证据,考虑与学习、成绩、兴趣和特性相关的结果。第四章研究了一系列文献,确定设计STEM整合学习经历的潜在含义。第三章和第四章都利用了DHA的文献综述和委托文件,以及委员会的专业知识。第五章讨论了STEM整合教育的情境,考虑标准、评价和教师支持。第六章总结了基于前面几个章节讨论的证据所得出的关键研究结果,展示了整合教育委员会的建议及其开发的研究议程。

三、附录

综述项目列表[*]

正式项目

Active Physics （活跃的物理学）

http://its-about-time.com/physics/ap.html

A World in Motion （运动中的世界）

http://www.awim.org

Biological Sciences Curriculum Study （生物科学课程研究）

http://www.bscs.org

Engineering by Design—EbD-TEEMS™ （工程设计—EbD-TEEMS）

http://www.engineeringbydesign.org

Engineering is Elementary （工程入门）

http://www.eie.org/

Engineering the Future （未来之工程）

http://www.mos.org/etf/

Everyday STEM （每日STEM）

http://www.shop.pitsco.com/store/item.aspx?art=4725

Engaging Youth through Engineering （通过工程吸引青少年）

http://www.maef.net

Harrisonburg Public Schools （哈里森堡公立学校）

http://www.i-stem-harrisonburg.com/

I-STEM Summer Institute （I-STEM暑期学校）

http://www.sde.idaho.gov/site/istem

Integrated Mathematics, Science, and Technology （整合数学、科学和技术）

http://cemast.illinoisstate.edu/educators/stem/index.shtml

---

[1] 访问时间：2013年11月15日。

Manor New Tech High（迈诺新技术高中）

http://mnths.manorisd.net

The National Center for STEM Elementary Education（全国STEM小学教育中心）

http://www.stem.stkate.edu/stk/center.php

WISEngineering（系统工程）

http://www.wisengineering.org

非正式项目

Build IT（建造IT）

http://buildit.sri.com/index.html

Camp Invention（发明营）

http://www.invent.org

CSTEM Challenge（CSTEM挑战赛）

http://www.cstem.org

Design It!（设计它！）

http://npass2.edc.org/resources/design-it

Design Squad Nation（纳新设计团）

http://www.pbskids.org/designsquad/

DREAM—Achievement Through Mentorship（梦想——通过师徒制实现）

http://dream.rice.edu

Family Engineering[1]（家庭工程[1]）

http:\\www.familyengineering.org

Jr. FIRST LEGO League, FIRST LEGO League, FIRST Tech Challenge, FIRST Robotics Competition（初级第一乐高联盟，第一乐高联盟，第一技术挑战，第一机器人竞赛）

http:\\www.usfirst.org

MathAlive!（活数学）

---

[1] 大卫·黑尔及合伙人，负责监督该项目的文献综述和方案检索，帮助开发和实施了家庭工程项目的形成性评价。

http://www.mathalive.com

National Partnerships for Afterschool Science（NPASS）and NPASS2 （美国全国校外科学伙伴联盟）

http://npass2.edc.org

Techbridge （技术桥梁）

http://www.techbridgegirls.org

TechXcite （技术X网）

http://www.techxcite.org

Tinkerer's Workshop[1] Waterbotics[2] （工匠工作坊[1]）

http://www.waterbotics.org

四、参考文献

1. AAAS（American Association for the Advancement of Science）. 1990. Science for All Americans. New York: Oxford University Press.

2. AAAS. 1993. Benchmarks for Science Literacy. New York: Oxford University Press.

3. Achieve, Inc. 2013. Next Generation Science Standards. Available at http://www.nextgenscience. org/next-generation-science-standards（retrieved July 17, 2013）.

4. Blank, R. 2012. What is the impact of decline in science instructional time in elementary school? Time for elementary instruction has declined, and less time for science is correlated with lower scores on NAEP. Paper prepared for the Noyce Foundation. Available at http://www.csss-science.org/downloads/NAEPElemScienceData.pdf（retrieved July 17, 2013）.

5. Carnegie Corporation of New York. 2009. The Opportunity Equation: Transforming Mathematics and Science Education for Citizenship and the Global Economy. Available at http://opportunityequation.org/uploads/ files/ oe_report.pdf（retrieved August 14,2013）.

6. Council on Competitiveness. 2005. Innovate America. Available at http://www.compete.org/images/uploads/ File/ PDF%20Files/NII_Innovate_America.pdf（retrieved August 14, 2013）.

---

[1] 这项奥斯丁儿童博物馆旷日持久的展览(现在称"思考者")强调熔补和工程设计过程,现在已不存在。
[2] Waterbotics是由斯蒂文斯理工学院工程和科学教育创新中心开发的,在开展综述时,整合教育委员会成员贝斯马格拉斯是主任。

7. Ginsberg, A., and N. Chudowsky. 2012. Time for Learning: An Exploratory Analysis of NAEP Data. Prepared for the National Assessment Governing Board. Available at http://www.nagb.org/content/nagb/assets/documents/what- we- do/quarterly- board- meetingmaterials/2012-11/time-for-learning-naep-data-analysis.pdf (retrieved November 14,2013).

8. ITEEA (International Technology and Engineering Educators Association). 2000. Standards for Technological Literacy: Content for the Study of Technology. Reston, VA.

9. Keefe, B. 2009. The Perception of STEM: Analysis, Issues and Future Directions. Entertainment and Media Communication Institute, Division of Entertainment Industries Council, Inc. (EIC). Burbank, CA: EIC.

10. NAE (National Academy of Engineering). 2010. Standards for K—12 Engineering? Available at http://www.nap.edu/ catalog.php?record_id=12990 (retrieved August 15, 2013).

11. NAE and NRC (National Research Council). 2009. Engineering in K—12 Education: Understanding the Status and Improving the Prospects. Washington: National Academies Press.

12. NAE and NRC. 2002. Technically Speaking: Why All Americans Need to Know More About Technology. Available at http://www.nap.edu/catalog.php?record_id=10250 (retrieved August 15, 2013).

13. NGACPB (National Governors Association Center for Best Practices). 2010. Common Core State Standards for Mathematics. Available at http://www.corestandards.org/assets/CCSSI_Math%20 Standards. pdf (retrieved January 14, 2014).

14. NCMSTC (National Commission on Mathematics and Science Teaching for the 21st Century). 2000. Before It's Too Late: A Report to the Nation from the National Commission on Mathematics and Science Teaching for the 21st Century. Available at http://www.ptec.org/document/ServeFile.cfm?ID =4059&DocID =2813 (retrieved August 14, 2013).

15. NCTM (National Council of Teachers of Mathematics). 1989. Curriculum and Evaluation Standards for School Mathematics. Reston, VA.

16. NEA (National Education Association). 1894. Report of the Committee of Ten on Secondary School Studies: With the Reports of the Conferences Arranged by the Committee. New York: American Book Company. Available at http://books.google.com/books?id=PfcBAAAAYAAJ&pg=PA3&lpg=PA3#v =onepage&q&f=false (retrieved April 8, 2012).

17. NGA (National Governors Association). 2007. Innovation America: A Final Report. Available at http://www.nga.org/files/live/sites/NGA/files/pdf/0707INNOVATIONFINAL.PDF (retrieved August 14, 2013).

18. NRC. 1989. Everybody Counts: A Report to the Nation on the Future of Mathemat-

ics Education. Available at http://www.nap.edu/catalog.php?record_id=1199（retrieved August15, 2013）.

19. NRC. 1996. National Science Education Standards. Washington: National Academy Press. Available at http://www.nap.edu/catalog.php?record_id=4962（retrieved July 23, 2013）.

20. NRC. 2007a. Rising Above the Gathering Storm: Energizing and Employing America for a Brighter Economic Future. Available at http://www.nap.edu/catalog.php?record_id=114639（retrieved August 14, 2013）.

21. NRC. 2007b. Taking Science to School: Learning and Teaching Science in Grades K—8. Washington:National Academies Press. Available at http://www.nap.edu/catalog.php?record_id=11625（retrieved October 29, 2013）.

22. NRC. 2009a. A New Biology for the 21st Century: Ensuring the United States Leads the Coming Biology Revolution. Washington: National Academies Press. Available at http://www.nap.edu/catalog.php?record_id=12764（retrieved July 23, 2013）.

23. NRC. 2009b. Learning Science in Informal Environments: People, Places, and Pursuits.Washington:National Academies Press. Available at http://www.nap.edu/catalog.php?record_id=12190（retrieved October 29, 2013）.

24. NRC. 2012a. A Framework for K-12 Science Education: Practices, Crosscutting Concepts, and Core Ideas. Washington: National Academies Press. Available at http://www.nap.edu/ catalog.php? record_id=13165（retrieved July 17, 2013）.

25. NRC. 2012b. Discipline Based Education Research: Understanding and Improving Learning in Undergraduate Science and Engineering. Washington: National Academies Press. Available at http://www.nap.edu/catalog. php?record _id=13362（retrieved October 29, 2013）.

26. NSB（National Science Board）. 2007. National Action Plan for Addressing the Critical Needs of the U.S. Science, Technology, Engineering and Mathematics Education System. Available at http://www.nsf.gov/nsb/documents/ 2007/stem_action.pdf（retrieved August 14, 2013）.

27. NSF（National Science Foundation）. 2012. Science and Engineering Indicators. State graduation requirements for mathematics and science, by number of years required: Selected years, 1987—2008. Available at http://www.nsf.gov/ statistics/seind12/c1/tt01-06.htm（retrieved July 17, 2013）.

28. OSTP（Office of Science and Technology Policy）. 2011. The Federal Science, Technology,Engineering, and Mathematics（STEM）Education Portfolio: A Report from the Federal Inventory of STEM Education Fast-Track Action Committee, Committee on STEM Education, National Science and Technology Council. Available at http://www.whitehouse.gov/sites/default/files/microsites/ostp/costem__federal_stem_education_portfolio_report.pdf（retrieved April 4,

2012).

29. PCAST (President's Council of Advisors on Science and Technology). 2012. Report to the President. Engage to Excel: Producing One Million Additional College Graduates with Degrees in Science, Technology, Engineering and Mathematics. Available at http://www.whitehouse.gov/sites/default/files/microsites/ostp/pcast-engage-to-excel-final_feb.pdf(retrieved August 14, 2013).

30. Sanders, M. 2009. STEM, STEM education, STEMmania. The Technology Teacher, December/January, 20—26.

31. Stanic, G.M.A. and J. Kilpatrick, 1992. Mathematics curriculum reform in the United States:A historical perspective. International Journal of Educational Research 17:407—417.

用21世纪技能培养美国人：

2015年STEM教育预算（2014）

美国总统奥巴马说："从田纳西州到华盛顿特区，校长和教师在帮助学生培养新经济时代的技能——问题解决能力、批判性思维、STEM能力等——方面取得了长足的进步。有一些方面的变化是艰难的……但是非常值得，并且行之有效。"他坚信美国必须储备更多在STEM领域表现杰出的学生。这也就是为什么总统在2015年财政预算中投资29亿美元（比2014年同比增长3.7%）用于整个联邦政府的STEM教育。2015年的财政预算包括以下几项重要的投入，学生将是最大的受益者：

● 招聘，培训和支持优秀的STEM教师。投入4000万美元用于支持总统期望的在未来10年里储备10万名优秀STEM教师的目标，投入2000万美元用于推动试点STEM名师团队（STEM Master Teacher Corps）计划。

● 支持更多的以STEM为重点的学区。投入1.1亿美元用于创造新的STEM创新网络（STEM Innovation Networks），以便更好地连接学区与本地、区域和国家资源，改变K—12年级的STEM教与学。预算中还提供1.5亿美元用于支持一个重新设计高中的新项目，这类高中将集中为学生提供具有挑战性的相关学习经验，帮助他们获得在当今经济时代——包括在STEM领域——取得成功必须的知识与技能。

● 提升本科生的STEM教育。国家科学基金会投资1.18亿美元用于增加本科STEM专业数量，改善本科生STEM科目的教与学状况，以满足总统期望在未来10年里储备100万名以上STEM毕业生的目标。

● 投资与STEM教与学相关的突破性研究。约5000万美元将用于支持开展教育高端项目研究的机构（APRA-ED），教育部通过这种方式为高风险、高回报的新一代学习创新和技术研究——包括STEM教育——提供支持。

此外,预算还提出了一个全新的联邦STEM教育项目重组方案,以促使STEM教育领域的投资更具战略性,使对于成果的评估更具批判性。这一提议将整合政府的STEM教育项目,把精力重点放在"联邦STEM教育五年战略规划"所确立的5个关键领域:K—12年级教育,本科教育,研究生教育,提高STEM教育和STEM职业领域中妇女和少数族裔这些传统弱势群体的参与度,以及典型的课外活动。

一、K—12年级教育

总统的2015年财政预算包括投资促进K—12学校的STEM教育,使之拥有优秀的教师、严谨的课程以及区域伙伴合作,包括促使学区与地方企业主、博物馆、大学和其他组织展开合作。教育部将统筹这项工作,把3.2亿美元用于STEM自发性创新,其中包括:

• STEM创新网络计划:预算中有1.1亿美元的投资将用于帮助学区独立地或与企业、大学、博物馆、联邦科学机构、有技能的志愿者,以及其他教育实体合作建立战略联盟——STEM创新网络,一起通过提供有助于促进学生灵感、成就和为STEM学科培训的合理计划来改变STEM的教与学;改善STEM指导;建立支持STEM教育的区域网络系统。预算周期的第一年,竞争性拨款项目将用于支持约10个伙伴联盟,建立诸如俄亥俄州STEM学习网络、克里夫兰大都会学区、GE和MC2高中这类有望成功的案例。预算还支持建设STEM虚拟学习网络——一个全国性的STEM在线教育社区,该网络将是教育部持续投资了1.5亿美元的一个数学和科学合作项目的补充。

• 在未来10年里培养10万名优秀的STEM教师:在2011年国情咨文中,总统呼吁国家致力于在未来10年中培养10万名具有较强教学能力和深厚知识储备的STEM教师。响应总统的呼吁,已经有超过150个组织形成了联合体,称为*100Kin10*。这些组织已经制订了150多个可测评的方案用于:增加优秀STEM教师的供给;招聘、培养和留住优秀的STEM教师;创立*100Kin10*运动。*100Kin10*创立了两个基金,已经募集了超过5000万美元,基金来源于一批基金会和慈善家成立的一个独特的"资金市场",资助者的回报是有机会获得优质的项目。为了指望这些私人部分的投资,教育部正提议在2015年预算中拿出4000万美元来支持基于实证的STEM教师培训,为顶尖的学校招收和培养合格的STEM教师。

- STEM名师团队计划:预算包括了2000万美元用于开展一项名为STEM名师团队的试点项目,致力于支持美国最优秀、最聪慧的科学和数学教师,他们将促进学校和学区教育的提升,并将作为一种国家资源在科学与数学教学实践领域发挥作用。

总统预算中还有其他一部分投资用于支持教育部开展的STEM自发性创新:

- 重新设计教授面对真实世界之技能的高中:总统呼吁全面努力重新思考高中生应获得的经验,鼓励学校增加创新模式、个性化地开展教学,让学生在毕业前能够接受严谨的、适合他们的教育,为他们顺利过渡到大学学习和未来职业提供保障。预算为新项目提供1.5亿美元用来重新设计高中课程,与高等院校、用人单位和其他实体的合作伙伴一起专注于为学生提供具有挑战性的学习体验并加强对他们的指导,以及为学生提供获得所需知识和技能的机会,帮助学生在当今经济社会——包括关键的STEM领域——获得成功。在《机会、成长和安全提案》中还将提供一些额外的资源。

- 认证和扩大有前景的STEM教育实践:管理者计划使用超过1亿美元用以支持美国国家科学基金会的K—12年级研究,一部分用于支持研究STEM教与学,一部分用于支持教育部致力投资的创新(i3)项目。此外,教育部的合作伙伴,美国国家卫生研究院(NIH)将投资1500万美元给科学教育合作奖(SEPA)计划,用以协调生物医学研究社会资源,为K—12学校提供专业支持。

- 帮助更多有志于军事领域的学生修读严格的STEM课程:自2011年起,美国国防部(DOD)与美国国家数学和科学计划(National Math and Science Initiative,NMSI)合作,在40所与军事相关的高中增加了先修课程。随着更多民间合作伙伴的资助,另外31所学校也正在加入到国家数学和科学计划的大家庭中来。通过这一官方与民间的战略性合作,自2011年以来,这71所学校的数学、科学和英语的AP课程成绩通过率平均增长了67%——超出全国平均水平9倍——非洲裔和拉美裔学生的AP课程成绩通过率增长高达80%,年轻女性数学和科学AP课程成绩通过率增长了62%。在如此成功的基础上,国防部将继续努力把AP课程计划推向更多的学校和社区。

二、本科STEM教育

本科STEM教育投资的重点是实现总统的目标——在未来10年中增加100万名合格的STEM领域的本科毕业生。投资包括:

- 国家科学基金会用于改变本科教与学的投资:财政预算计划拨款1.18亿美元,用以实现基于实证的教学实践,扩大实证基础,并支持研究如何利用新技术来促进采纳和使用新的教学方法。财政预算还计划拨款7500万美元用于国家科学基金会的本科生研究体验项目(REU),为学生提供早期的研究机会,这将有助于保持学生在科学、工程和数学领域的兴趣。
- 改善社区学院的STEM教育:政府建议为国家科学基金会的高级技术教育(ATE)项目提供超过6000万美元的拨款,该项目以高科技领域的技术教育为中心,重点是在学术机构和雇主之间建立合作伙伴关系。

三、研究生教育

2015年预算中,研究生STEM教育投资的重点是培养高级科学家和工程师来支持美国的创新。针对此目标的重点投资包括:
- 国家科学基金会致力于培养更多未来的劳动力:预算提供3.33亿美元支持数以千计的优秀研究生成为未来各种创新经济职业的领导者。预算还提供700万美元用于国家科学基金会的新项目——通过提供奖励来激发高校探索培养研究生的新方法。
- 继续支持专业研究生培训计划,其中包括国家卫生研究院的Ruth L. Kirschstein国家研究服务奖教、研、训基金,它为准备以生物医学、行为学和社会科学领域为职业的个人提供赞助。此外,美国国防部将投资超过8000万美元作为科学、数学和研究改造(SMART)奖学金,以及美国国家国防科学与工程研究生(NDSEG)方案,以满足对国防安全核心劳动力的需求。

四、非正式的STEM教育

总统认为,我们需要为尽可能多的孩子提供STEM实践机会,向他们展示这些高薪资职业的潜力,这就是为什么总统主持了首次白宫科学博览会。他录制视频,鼓励学生尝试做一小时编程和连接100万个想法,要求学生成为创客,并呼吁全国20万名科学家和工程师在地方社区担任志愿者,为鼓励学生参与到STEM创新活动中出谋划策。

此外,今年下半年,政府将举办有史以来的第一次白宫创客博览会,其中包括领先企业承诺帮助更多的学生通过必要的工具和技能来设计和制造任何东西,并且鼓励他们从事设计专业、先进制造业及相关的STEM领域。

在总统的领导下,2015年的财政预算将主要包括:

• 认证和扩大鼓励青少年参与的最佳STEM实践:政府提出5500万美元用于国家科学基金会的推进非正式科学学习计划,该计划聚焦于研究和建立鼓励今天的年轻人及成年人在学校体系以外参与到科学中的有效方法及创新模型。此外,教育部将为21世纪学习中心项目创设更多机会,以带动更多的学生参与到传统课堂之外的引人入胜的STEM活动中。

• 史密森学会和更广泛的博物馆、社区图书馆的领导力:预算额外提供1000万美元给史密森学会,用以提高非正式STEM教育,使其所用的学习材料与学生在课堂学习中用到的材料尽量保持一致。此外,博物馆和图书馆服务研究机构(IMLS)将在现有的IMLS基金支持下,优先考虑支持STEM和创客项目,特别关注喜欢冒险的青少年。

• 支持美国宇航局(NASA)提供高端非正式STEM教育项目:预算支持NASA进行内部结构调整,以更好地整合其STEM教育项目,吸引更多的学生和教师。结合教育部的8900万美元项目和美国宇航局科学部提供的1500万美元补助,强力资助美国宇航局拥有符合STEM教育目标的最佳装备。

五、支持创新和下一代学习技术

建立在总统的《美国创新战略》和政府《解决21世纪的重大挑战》的承诺上,预算为以下方面提供支持:

• ARPA-ED:约5000万美元提供给教育高级研究项目机构(Advanced Research Projects Agency for Education, ARPA-ED),名为"DARPA"教育。ARPA-ED将允许教育部支持高风险、高回报的关于下一代学习的创新和技术的研究。它将引领教育领域研发、展示、合成企业和个人的研发成果,认证突破性的发展机会,塑造下一波研发潮流,投资开发教育创新和技术、学习系统,以及数字化的学习材料,认证和转换其他联邦机构最好和最相关的研发成果。

• 虚拟学习实验室:此外,教育部的教育科学研究所(IES)和国家科学基金会将合作打造"虚拟学习实验室",投资支持快速实验和使用"大数据"来发现更好的方法,帮助学生掌握如STEM等核心学科的重要概念。

这些对于下一代学习技术的投资将补充政府对于"联结教育部"项目的主动性。总统呼吁美国联邦通信委员会采取措施,逐步让99%的美国学生通过新一代宽带及高速无线网络连接到他们的学校和图书馆。预算建议投入2亿美元用于教育部的"联结教育部"项目,确保学生得到所有联结的好处,包括为全国各学区的教师提供专业发展的机会,以帮助他们有效利用这些新的资源。"机遇、成长和安全主动性"项目将在这方面额外投入3亿美元,为全美500个学区的10万名教师提供专业发展的途径。

六、STEM教育投资最大化

总统2015年财政预算将强有力地承诺对STEM教育的投入和支持2014年财政预算的核心原则及五年战略计划的目标,同时根据STEM教育中反映出来的投入价值作出重要的改变。这意味着:

• 政府没有要求资金在机构之间转移。结果,部分机构较2014年预算保留了一部分STEM教育经费。这意味着,例如,经费提供给了美国宇航局、美国国家卫生研究院,以及美国国家海洋和大气管理局,以保证在K—12年级的STEM教育中可以利用这些机构在各自专业领域的优势。

• 机构将重点放在内部整合与淘汰,同时资助他们觉得最有效的项目。结果,2015年的财政预算继续减少碎片化,大量地进行内部整合与淘汰2013年和2014年开始实施的项目。

• 机构将通过实施《联邦STEM教育五年战略规划》来协调STEM教育投资,发现基于实证的机会,分享成果,以及充分借用各自的专业知识和资源。联邦机构与STEM教育委员会(Committee on STEM Education, CoSTEM)共同合作来运行STEM教育,召集工作组,专注于在五年战略规划中已确认的五个优先领域中的每一个,并努力开发共同的试点项目、项目的联合管理以及数据共享策略。最近的例子是美国宇航局与教育部的21世纪学习中心项目的合作,以及教育部同国家科学基金会共同推出的《教育研究通用指南》。

• 为了支持这些相关活动,预算为那些正在实施五年战略规划的机构提供切实的支持,旨在重点建立和开展基于实证的实践并开发新型的发挥各自资源优势的跨界合作案例。

2015年STEM教育法（2015）

一部关于界定STEM教育以将计算机科学包括在内并支持国家科学基金会现有各项STEM教育计划的法律

本法由美利坚合众国国会参众两院通过。

第1节 简称
本法在被引用时可称为《2015年STEM教育法》(STEM Education Act of 2015)。

第2节 STEM教育的界定
就国家科学基金会、能源部、美国宇航局、国家海洋和大气管理局、国家标准与技术研究所,以及环境保护署所进行的各项STEM教育活动而言,术语"STEM教育"是指科学、技术、工程、数学等学科的教育,其中还包括计算机科学的教育。

第3节 非正式STEM教育
(a) 拨款——国家科学基金会主席通过其教育和人力资源部,将继续提供竞争性的、经绩效评审的拨款,以支持——

　　(1) 为改进STEM学习效果和对STEM参与程度而进行的关于创造性校外STEM学习和新出现的STEM学习环境的研究和开发;和

(2) 有关促进非正式STEM教育领域发展的研究。

(b) 基金的使用——根据本节拨款所支持的各项活动,可以包含单个STEM学科领域、多个STEM学科领域,或者整合性的STEM学科活动计划,而且将包括——

(1) 能增进我们对非正式环境中学习和参与程度的理解,包括对非正式环境在扩大STEM参与面中之作用的理解的研究和开发;和

(2) 为改进STEM学习效果和提高K—12年级学生、K—12年级教师和一般公众的参与程度而对非正式学习环境下创造性STEM学习模式、课程计划和其他资源的设计和测试,包括对学习模式、课程计划和其他资源的可扩展性的设计和测试。

第4节 诺伊斯奖学金计划的修正

(a) 修正——对《2002年国家科学基金会授权法》的第10A节(42 U.S.C.1862n-1a)作如下修正——

(1) 在第(a)条第(2)款第(B)项中,在"master's"(硕士)后面插入"or bachelor's"(或学士);

(2) 在第(c)条中——

(A) 删去第(2)款第(B)项末尾的"and"(和);

(B) 在第(3)款中——

(i) 在"Teaching Fellowships"(教学特别奖学金)后面插入"for teachers with master's degrees in their field"(给予在其领域拥有硕士学位的教师);和

(ii) 在第(B)项末尾删去句号,插入";and"(和);并

(C) 在末尾新增加一款如下:

"(4)在国家科学基金会高级教学特别奖学金给予在其领域拥有学士学位并正努力争取硕士学位的教师的情况下——

"(A) 提供导向硕士学位的专业课程以及领导能力的培训,以培养个人成为小学和中学的高级教师;和

"(B) 在奖学金获得者参加某课程计划(其奖学金即因该项课程计划而获得)的入学考试期间及之后,提供相应的计划,以使他们能成为有高度工作效率的数学课和科学课的教师,计划中包括辅导、培训、入门指引,和专业发展等各种活动,从而完成本节的服务要求,包括第(e)

条的要求,并同其领域中的其他人交流思想。"

(3)在第(e)条和第(f)条中,凡出现"subsection(g)"[第(g)条],均予删除,代之以"subsection(h)"[第(h)条];

(4)将第(g)条至第(i)条重新编号,依次编为第(h)条至第(j)条;和

(5)在第(f)条后面新插入一条如下:

"(g)对高级教学特别奖学金获得者在被某硕士学位课程计划录取后的支持——一位国家科学基金会高级教学特别奖学金获得者,在被第(c)条第(4)款第(B)项所描述的某硕士学位课程计划录取后,可得到至多一年的奖学金支持,除非这位奖学金获得者是被一个非全日制课程计划所录取,这时,奖学金数额将根据该课程计划的长度按比例给予。

(b)界定——在《2002年国家科学基金会授权法》的第10节第(i)条第(5)款[42 U.S.C.1862n-1(i)(5)]中作出修改:在"means a science,"(是指一门科学)后面插入"computer science,"(计算机科学)。

众议院议长
美国副总统兼参议院院长

附录

美国STEM教育相关政策、法规、研究报告一览表（1983—2015）

年份	文献名称（译文）	发布单位	文献名称（原文）
1983	国家在危急中：教育改革势在必行	美国国家教育优异委员会	A Nation at Risk: The Imperative for educational Reform
1986	科学、数学和工程本科生教育	美国国家科学基金会之国家科学委员会	Undergraduate Science, Mathematics and Engineering Education
1991	美国2000年教育战略	美国联邦教育部	Amerrican 2000: an Education Strategy
1996	从分析到行动：科学、数学、工程和技术的本科生教育	美国国家科学院之国家研究委员会	From Analysis to Action: Undergraduate Education in Science, Mathematics, Engineering, and Technology
1996	塑造未来：科学、数学、工程和技术的本科生教育新期望	美国国家科学基金会	Shaping the Future: New Expectations for Undergraduate Education in Science, Mathematics, Engineering, and Techology
2003	评价和提高科学、技术、工程和数学的本科生教学	美国国家科学院之国家研究委员会	Evaluating and Improving Undergraduate Teaching in Science, Technology, Engineering, and Mathematics
2005	创新美国：在挑战和变革的世界中繁荣昌盛	美国竞争力委员会	Innovate America: Thriving in a World of Challenge and Change
2005	迎击风暴：为了更辉煌的经济未来而激活并调动美国	美国国家科学院	Rising above the Gathering Storm: Energizing and Employing America for a Brighter Economic Future
2006	美国竞争力计划：在创新中领导世界	白宫科学技术政策办公室	American Competitiveness Initiative: Leading the World in Innovation
2007	国家行动计划：应对美国STEM教育体系的重大需求	美国国家科学基金会之国家科学委员会	National action Plan for Addressing the Critical Needs of the U.S. Sciences, Technology, Engineering, and Mathematics Education System
2007	STEM师资培养：全球竞争力的关键	美国教师教育学院协会	Preparing STEM Teachers: The Key to Global Competitiveness
2007	创新美国：拟定STEM教育议程	美国州长协会	Innovation America: Building a Science, Technology, Engineering and Math Education Agenda
2007	学术竞争力委员会报告	美国教育部	Report of the Academic Competitiveness Council
2007	美国为有意义地促进技术、教育和科学之卓越而创造机会法（简称《美国竞争法》）	美国国会	America Creating Opportunities to Meaningfully Promote Excellence in Technology, Education, and Science Act (America COMPETES Act)

(续表)

年份	文献名称（译文）	发布单位	文献名称（原文）
2009	K—12年级的工程教育：理解现状和改进预期	美国国家工程院	Engineering in K-12 Education: Understanding the Status and Improving the Prospects
2010	2010年美国竞争再授权法	美国国会	America COMPETES Reauthorization Act of 2010
2010	培养与激励：为美国的未来实施K—12年级STEM教育	美国总统科技顾问委员会	Prepare and Inspire: K-12 Science, Technology, Engineering, and Math (STEM) Education for America's Future
2011	拟定STEM教育议程：州级行动之更新	美国州长协会	Building a Science, Technology, Engineering and Math Education Agenda: An Update of State Actions
2011	联邦STEM教育图景	美国国家科学技术委员会	The Federal Science, Technology, Engineering, and Mathematics (STEM) Education Portfolio
2012	致力于超越：再培养百万名STEM领域大学毕业生	美国总统科技顾问委员会	Engage to Excel: Producing One Million Additional College Graduates with Degrees in Science, Technology, Engineering, and Mathematics
2013	联邦STEM教育五年战略规划	美国国家科学技术委员会	Federal Science, Technology, Engineering, and Mathematics (STEM) Education 5-Year Strategic Plan
2013	下一代科学标准	美国国家研究委员会	Next Generation Science Standards
2014	K—12年级STEM整合教育：现状、前景和研究议程	美国国家工程院和国家研究委员会	STEM Integration in K-12 Education: Status, Prospects, and an Agenda for Research
2014	用21世纪技能培养美国人：2015年STEM教育预算	白宫科学技术政策办公室	Preparing Americans with 21st Century Skills: Science, Technology, Engineering, and Mathematics (STEM) Education in the 2015 Budget
2014	探寻提升STEM教师领导力的机会：研讨会概述	美国国家科学院国家研究委员会	Exploring Opportunities for STEM Teacher Leadership: Summary of a Convocation
2015	2015年STEM教育法	美国国会	STEM Education Act of 2015

注：此表系编者根据相关文献内容所制。